本著作的完成，得到了河南省高等学校哲学社会科学研究优秀学者资助项目（2018-YXX-06）、河南省高校科技创新人才(人文社会科学类)支持计划(2017-cxrc-04)、教育部人文社会科学基金项目“高新技术主导企业的供应链质量管理、动态能力对质量绩效的作用机制研究”(15YJC630006)、河南省社会科学规划项目“供给侧背景下高新技术企业供应链质量管理的创新驱动机制研究”(2016BJJ017)、河南省教育厅人文社会科学项目“生态系统视角下跨境电商与跨境物流的协同化机制研究”(2018-ZDJH-015)、河南省教育厅人文社会科学重点研究项目“新常态背景下高新技术企业供应链质量管理的作用机理研究：网络嵌入性视角”(2016-zd-046)和“免疫理论视阈下的供应链质量管理机理研究”(2014-zd-011)的资助。

高新技术企业供应链质量管理实证研究

曹永辉 ◎著

中国社会科学出版社

图书在版编目（CIP）数据

高新技术企业供应链质量管理实证研究/曹永辉著．—北京：中国社会科学出版社，2018.6

ISBN 978－7－5203－1182－3

Ⅰ.①高…　Ⅱ.①曹…　Ⅲ.①高技术企业—供应链管理—质量管理—研究　Ⅳ.①F276.44

中国版本图书馆 CIP 数据核字（2017）第 244234 号

出 版 人　赵剑英
责任编辑　卢小生
责任校对　周晓东
责任印制　王　超

出　　版　中国社会科学出版社
社　　址　北京鼓楼西大街甲 158 号
邮　　编　100720
网　　址　http：//www.csspw.cn
发 行 部　010－84083685
门 市 部　010－84029450
经　　销　新华书店及其他书店

印　　刷　北京明恒达印务有限公司
装　　订　廊坊市广阳区广增装订厂
版　　次　2018 年 6 月第 1 版
印　　次　2018 年 6 月第 1 次印刷

开　　本　710×1000　1/16
印　　张　16.25
插　　页　2
字　　数　242 千字
定　　价　70.00 元

前　言

经济全球化发展的今天，质量的竞争已经从企业之间拓展到供应链之间。企业要想获得可持续发展，传统的封闭性“纵向一体化”方式需要进行转变，“横向一体化”成为企业的必然选择。随着质量管理和供应链管理研究的逐步深入，将两者相结合，并聚焦于供应链质量管理，成为学术界、企业界共同关注的研究话题。许多学者从各种不同的角度对其进行了探讨。但是，目前研究的成果多是仁者见仁，智者见智，没有形成普遍认可的系统分析方法和理论体系。

在此背景下，本书综合运用文献研究、扎根方法、问卷调研、案例分析等一系列研究方法以及 SPSS 和 AMOS 等数理统计工具，在融合质量管理理论、供应链理论、动态能力理论与权变理论的基础上，针对高新技术企业供应链质量管理问题进行了实证研究，明晰了供应链质量管理、供应链动态能力和质量绩效三者之间的作用机理。

本书共有七章，具体内容结构如下：

第一章首先论述了研究背景，提出研究问题及切入点，对核心概念（供应链质量管理、供应链动态能力、质量绩效、环境动态性、组织结构有机性）进行了界定，并对本书的技术路线、研究核心内容、方法和创新点进行了阐述。

第二章为了厘清本书所研究问题与相关理论的传承关系，针对书中的核心概念和理论进行了系统梳理，包括供应链质量管理、供应链动态能力、企业质量绩效等。把握了上述理论的整体框架和前沿热点，明晰了研究的切入点，为本书构建“供应链质量管理—供应链动态能力—企业质量绩效”分析框架奠定了理论基础。

第三章通过理论预设和探索性案例，构建了供应链质量管理作用质量绩效的总体框架，并将总体框架进行解构，在此基础上，并提出了研究子模型以及相应的命题假设。

第四章通过对 10 家典型企业进行实地访谈，运用规范的扎根技术，对原始资料进行三级编码，抽取出供应链动态能力的构思维度。并对其进行了因子分析，确保了其信度和效度水平。

第五章共有两个子研究。子研究 1 主要是供应链质量管理有效性检验及对企业质量绩效影响时行进分析，通过该子研究，厘清先前的结论分歧；子研究 2 主要探析供应链质量管理（SCQM）—供应链动态能力（SCDC）—企业质量绩效（QP）之间的作用机制。

第六章深入探讨环境动态性和组织结构有机性两个权变变量的构思，以及对 SCQM 与企业质量绩效关系的调节效应。根据前述文献的梳理，提出了调节效应研究模型以及相应的理论假设。通过大样本数据采集和多元统计回归分析，对提出的研究模型进行检验与修正，全面揭示了不同情景下供应链质量管理对企业质量绩效的差异性影响。

第七章主要总结供应链质量管理（SCQM）对企业质量绩效的各种促进作用及其大小、供应链动态能力的中介效应以及权变变量的调节效用等研究结论，分析了其理论价值和实践意义。同时，反思了本书研究的局限性，并提出了未来的研究方向。

与国内外的相关著作相比，本书以现实问题和理论驱动为背景，综合运用多种规范的科学研究方法，聚焦于高新技术企业的供应链质量管理问题，既注重研究问题的针对性，又具有系统性；既注重研究成果的普适性，又保证前瞻性，取得了一定的理论成果。

（1）基于扎根理论，探索并开发了供应链动态能力的概念、结构表征以及测量量表。这不仅是对一般动态能力理论的传承，也是对动态能力在供应链环境下进行研究的拓展，丰富并推动了企业动态能力理论。

（2）基于动态能力理论，解析了供应链质量管理对企业质量绩效的内在作用机制，提出了“供应链质量管理—供应链动态能力—企业质量绩效”的 IPO 模型，为供应链质量管理等理论的发展提供了理论参考和实践借鉴。

（3）基于权变理论，明晰并深化了供应链质量管理对质量绩效的权变影响，提出了内外部双重情景视角下的供应链质量管理作用于质量绩效的影响机制模型，从而回答了“在何种情景下供应链质量管理对质量绩效的影响呈现变异表现”这一基本问题，全面阐释了供应链质量管理影响企业质量绩效的过程机理。

总之，本书的研究架起了供应链理论、质量管理理论、动态能力理论与权变理论之间联系的桥梁，对相关理论研究进行了拓展与深化，具有一定的理论前沿探索性和现实问题针对性。

本书可以作为供应链管理、质量管理等相关专业教师和研究生的参考用书，也适用于从事高新技术企业供应链质量管理的相关政府部门、企业组织以及研究机构人员等。

本著作的完成，得到了河南省高等学校哲学社会科学研究优秀学者资助项目（2018－YXX－06）、河南省高校科技创新人才（人文社会科学类）支持计划（2017－exre－04）、教育部人文社会科学基金项目“高新技术主导企业的供应链质量管理、动态能力对质量绩效的作用机制研究”（15YJC630006）、河南省社会科学规划项目“供给侧背景下高新技术企业供应链质量管理的创新驱动机制研究”（2016BJJ017）、河南省教育厅人文社会科学项目“生态系统视角下跨境电商与跨境物流的协同化机制研究”（2018－ZDJH－015）、河南省教育厅人文社会科学重点研究项目“新常态背景下高新技术企业供应链质量管理的作用机理研究：网络嵌人性视角”（2016－zd－046）和“免疫理论视阈下的供应链质量管理机理研究”（2014－zd－011）的资助。

由于时间仓促和笔者能力有限，书中难免有不当或者疏漏之处，敬请谅解并提出宝贵建议。

目　录

第一章 绪论

本章首先根据相关背景（包括现实背景和理论背景），提出了研究的 4 个主要问题，同时根据研究需要，对供应链质量管理、供应链动态能力、企业质量绩效、环境动态性和组织结构有机性等概念进行了界定。其次介绍了本书的研究路线、研究方法和研究内容。最后阐述了本书研究的创新之处。

第一节 研究背景

一 现实背景

（一）供应链质量管理相关问题频发，给社会和企业造成了巨大损失

案例 1：肯德基的“苏丹红”事件

“苏丹红”事件曾使知名的肯德基公司陷入尴尬的公关危机之中。3 月 15 日，媒体报道肯德基的产品：“新奥尔良烤翅”“烤鸡堡”含有“苏丹红”，这让肯德基异常紧张。3 月 16 日一早，肯德基通知所有门店：第一，停止销售“新奥尔良烤翅”和“烤鸡堡”；第二，回收处理所有污染的原料等；第三，追究供应商的相关责任。然而，这个问题尚未结束，肯德基自家的北京产品所使用的“辣腌泡粉”原料，又被发现含有“苏丹红”。

事件分析：作为全球知名品牌的餐饮连锁企业，肯德基由于其经

营业务涉及产品的设计、生产、销售、回收等各个环节，同时参与供应链的节点企业相对较多，使肯德基供应链质量问题变得较为复杂。同时，如果在供应链环节上出现信息缺失、协调不一以及管理混乱，将会使本来就脆弱的供应链变得更加难以管理，供应链任何环节出现的问题将会出现放大效应，导致供应链质量管理的整体失控，给企业造成极大的损失。

案例2：丰田的“召回门”事件

事件回放：我国2004年开始实施汽车召回制度，2009年8月25日，丰田在华的两家合资企业，即广汽丰田和一汽丰田汽车，成为召回汽车数量最多的厂商，涉及的汽车数量达688314辆，包括凯美瑞、卡罗拉、威驰、雅力士等多款轿车。这是因为，丰田汽车零部件存在一定的缺陷，造成了消费者的投诉，也使丰田的声誉受到了损害。

事件分析：丰田汽车的“召回门”事件，让人们以新的眼光重新审视其卓越的管理模式，包括精益生产和敏捷供应链。丰田这次大面积召回汽车的事件，究其原因，在于其供应链质量管理存在较多的漏洞，也反映了丰田供应链环节的脱节和脆弱。丰田经过调查指出，其供应商——美国CTS公司生产的加速器脚踏板存在质量问题，造成了汽车行驶安全。与此说法不同的是，有专家指出，日本企业为了技术保密，国内工厂、海外工厂以及协作厂所使用的技术标准口径不一，在国内的工厂采用了较其他工厂相对较高的技术版本。理论表明，供应链质量管理，非常注重标准的统一性、管理的协调性，而在全球化同一个链条上采用不同的测量和监督尺度，加大了供应链质量出现问题的概率。

分析上述案例，无论是在餐饮行业还是制造行业，可以看出供应链都存在质量安全问题，导致企业质量绩效受到极大的影响，给企业造成了不可弥补的损失。所以，在竞争异常激烈的背景下，研究供应链质量管理的作用机制显得意义非凡（景平，2009；Wisner，Tan and Leong，2015）。

（二）供应链质量管理成为企业价值增值的一种有效手段

在经济全球化背景下，企业竞争更加激烈，各种风险层出不穷，企业的发展也是在应对风险和提升质量水平中艰难前进（温德成，2012）。供应链质量管理的出现，为企业提供了合作竞争的新思维（陈瑞义等，2015）。在供应链网络化的今天，企业如何通过与供应链节点企业的良好协作，共同降低供应链运营成本，提升企业质量水平，对于企业把握市场主动权，获得较高收益，都是十分有利的，也是迫在眉睫需要解决的企业管理课题（王洁，2010；Huo，2012，2013；霍宝锋，2015）。自20世纪90年代以来，供应链管理及其相关理论逐渐成为研究的热点，但是，对于在整个供应链上进行质量管理的研究却一直不多，且相对比较滞后。

Huo（2014）等指出，针对供应链上的质量问题其实一直没有引起足够重视，尚没有丰富的理论成果来指导实践，因此也影响了企业的发展和它的经营绩效；同时，在供应链质量管理方面的经验性研究也是比较缺乏。熊伟（2014）总结说，传统的质量管理总是关注企业内部质量绩效，对于供应链上的质量通常保持着狭义的理解，只是将供应商原材料的供给和库存作为关注重点。

供应链管理的本质是通过跨企业之间的合作，形成一种上游与下游的供需关系，从而提升其协同效应（陈剑，2002；Blome，Paulraj and Schuetz，2014；许可、何桢、王瑞，2015）。同时，任何一个环节的质量问题，都将不同程度地影响到其他各个业务来往企业（李永飞、苏秦、郑婧，2015；杨婷、龙子泉，2015）。因此，供应链质量管理才显得比较复杂。供应链上的质量因素存在于企业的一系列流程中，而这些流程也决定了企业经营的效率和效果。对于供应链质量管理，由于其管理复杂性，同时涉及的对象企业较多，因此，质量的控制和协调难度非常大，给企业实际运作造成了很大的困难（赵建华、胡悦王，2015；成龙、文风，2015）。国外学者唐纳德·J. 鲍尔斯（Donald J. Bowers）在2002年曾指出，供应链成员企业应该高度重视质量方面的协作和交流，同时他认为，应该强化核心企业在供应链质量管理中的领导地位，使核心企业能够在各个环节做到适时监督和检验，为供应链上的企业确定共同质量指标等。

供应链质量管理是供应链与质量交叉的研究课题，其融合了供应链和质量管理特点，两者之间的关系是相辅相成的（霍宝锋，2015）。在供应链质量管理中，既要发挥供应链管理本身的协同效应，也要注重质量管理的诸多优点。在企业发展过程中，质量是企业立足的根本，提高企业质量水平也是供应链管理的目标之一。

供应链涉及的范围非常广泛，从供应商的选择、评价到最终客户的需求满足，整个链条都贯彻了质量管理的思想（成龙、文风，2015）。只有对合作企业建立良好的交流平台和沟通渠道，使节点企业能够相互信任，才能对每个环节进行统一的质量保证，这也是建立高效供应链的基础（Wisner，Tan and Leong，2015）。供应链强调从整体的视角进行全面的优化与控制，质量管理在供应链中需要进行协同管理，从而使质量管理的功能和范畴能够在供应链的情景下得以延伸与发挥（霍宝锋，2015）。通过以上分析，基于供应链的企业质量管理应该包括双重含义：第一，针对供应链的整个过程，进行系统的质量管理；第二，供应链上的全体成员共同参与到质量管理中来。当然，质量管理在供应链中的应用，需要信息系统的支撑，从而使各个成员企业都能就质量问题形成高效沟通的渠道，在全面质量管理的基础上，能够控制产品质量和服务质量，实现“零库存”“零缺陷”的精细供应链的目的（李培敬，2007）。

目前，市场的竞争已经从企业之间的竞争转变为供应链之间的竞争，基于竞争能力的质量因素由整条供应链来共同保证。供应链质量管理理论的提出，为企业实现价值增值和形成核心竞争能力提供了参考和借鉴（霍宝锋，2015）。供应链质量管理特别强调协同和优化，即在供应链成员企业内部质量管理的基础上，全面有效地对供应链范围的质量进行统一化管理，降低各个企业分散化质量管理造成的差异，提升顾客的满意度和忠诚度（吴绮、许统邦，2001；庄冀，2013；白世贞、姜曼，2013）。

（三）供应链动态能力受到越来越多的关注

随着外界环境的动态变化，一些新的因素的发展给企业带来了很大挑战（Arend，2013），如知识更新的速度进一步加快，新技术层出不穷，产业和生命周期进一步缩短。在企业环境快速变化的今天，尤其在供应链情景下，企业仅仅依靠资源获取竞争优势已不复存在，尤其是企业在经历静态到动态过渡的阶段，所形成的核心能力将会成为企业未来发展的桎梏，也就是学者所提到的“核心刚性”（Volberda，1998）。然而，不确定的环境也会为企业带来超越竞争对手的机遇（张春华，2006；吴航，2015），这就需要企业具备识别环境变化并能够迅速整合资源、流程的能力，这种能力很多企业并不具备，也可能企业并没有意识到自己拥有这种能力。1997 年，蒂斯等（Teece et al.,）提出了动态能力的概念，他将这种能力描述为企业快速适应环境变化、迅速整合和重构新的资源的能力。然而，尽管提升企业动态能力对于企业发展来说非常重要，也非常紧迫，而企业想要拥有这种能力，并非一朝一夕的事情，甚至许多企业也不具备拥有这种能力的基础条件。因此，明晰企业动态能力的产生机制，并研究其演变规律，对于培育与提升企业未来的竞争能力来说具有重要意义（程跃，2010；马鸿佳、侯美玲，2015）。

知识经济时代，伴随着网络化和供应链横向一体化的发展，企业供应链动态能力，成为企业在激烈竞争中的一种利器（Caniato，2013）。目前，企业竞争优势的来源已经从内部资源与能力的范畴向外延伸，企业的边界变得扩大化，知识联盟、战略联盟、供应链联盟等方式的出现（邓波，2009），使企业一方面要在其内部获取、培育和提升其整合资源的能力，另一方面还要积极与外部建立有效的关系，将外部资源内部化，构建企业的动态能力。诸如海尔集团、凡客诚品等例子都说明了建立供应链动态能力、提升企业可持续发展优势的重要作用。

二　理论背景

（一）作为交叉学科的供应链质量管理成为学者积极研究的课题

供应链质量管理（Supply Chain Quality Management，SCQM）是质量管理在供应链中的拓展，对它的研究始于 20 世纪 90 年代。进入 21 世纪之后，相关研究进入了快速发展时期。相较企业内部质量管理，供应链质量管理强调供应链条上成员企业的质量管理协同能力，从而提升质量管理的有效性（D. J. Reyniers，C. S. Tapiero，1995；C. C. Hsieh，Y. T. Liu，2010）。

国外一些期刊针对供应链质量管理进行了专题研究，比如，*International Journal of Production Economics*（IJPE）、*Journal of Operations Management*（JOM）杂志，为了大力宣传供应链质量管理的理念以及促进其理论发展，分别在2005年和2008年特别推出了相关研究的特刊。

1. IJPE供应链质量管理特刊

在IJPE杂志中，许多学者从不同角度对供应链质量管理进行了研究，这些研究涵盖的范围比较广泛，诸如其内涵界定、前置影响因素，以及供应商管理、SCQM与企业绩效的关系等。具体来讲，如Hau L. Lee（2005）在研究中提出，通过将全面质量管理（TQM）运用到供应链中，从而以低成本运作，实现高的质量绩效。在将TQM应用到供应链过程中，需要将其方法和规则做一定的变通，使TQM能够有效地运用到供应链管理的各个环节，提升对供应链安全的管理能力。Brian Fynes、Chrs Voss和Seán de Búrca（2005）对供应链进行了多维度划分和测量，并对影响质量的供应链要素进行了探讨。拉姆（N. Ram，2005）基于供应链视角，给出了购买者与供应商之间的关系模型，并通过这个模型测试了两者之间的联盟关系，提出了相应的策略。G. J. Robinson和M. K. Malhotra（2005）提出了供应链质量管理概念，并分析了供应链质量管理在学术以及企业实践中的应用与发展。Lai、Cheng和Yeung（2005）主要研究了供应链中供应商管理，并且对供应商承诺影响产品质量进行了实证研究，认为前者对后者有正向作用。Mehdi、Donna和Bienstock（2005）进行了案例分析，以国际医疗制造商作为研究对象，就逆向物流、供应链效应和企业盈利能力的关系进行了实证分析，研究表明，逆向物流对于供应链效应、企业盈利能力有正向作用。学者Chinho Lin和Chow（2005）对中国台湾和中国香港的企业进行了调研，结果表明，供应商参与策略与供应链质量管理有着紧密的联系，并且两者均对市场结果和顾客满意度产生显著的影响。Gerald Reiner（2005）运用仿真和系统动态模型对供应链流程进行了评估及分析，提出供应链流程应该以顾客导向为原则。

2. JOM 供应链质量管理特刊

S. 托马斯·福斯特爵士（S. Thomas Foster Jr.，2008）对供应链质量管理进行了概念阐释，认为供应链质量管理是一种系统化的管理方式，通过连接上游供应商和下游顾客，对它们的质量管理进行统一协调，从而促进企业质量绩效的提升。作者还指出，目前对于供应链质量管理的理论体系尚不完整，并给出了未来研究的八个方面：一是建立研究模型与整体框架；二是就供应链质量管理的理论基础进行梳理；三是建立供应链质量管理的系统性理论；四是从实践角度研究供应链质量管理，提出其在实践中应采用的策略与改进路径；五是如何保证供应链的产品和服务质量；六是供应链质量管理的控制方法；七是供应链质量管理的表现如何；八是供应链的服务策略。Robert Sroufe 和 Sime Curkovic（2008）应用米尔斯—斯诺模型，分析了质量保证体系和供应链管理结合的作用，并通过实例进行了深入探讨和佐证。Hale Kaynak 和 Hartley（2008）开发了一个结构平等模型，通过研究发现，源头的供应商对供应链绩效具有重要影响。供应商原材料的质量影响着企业库存安全以及下游企业的产品质量。Ajay Das、Mark、Michael 等（2008）研究了供应链企业的工厂安全对于质量的影响作用。Andy 和 Yeung（2008）采用比较研究方法，就供应链之间的差异性进行了深入分析，他们认为，战略供应链、质量管理系统存在交互作用并对供应链竞争力产生影响，并研究了其影响程度的大小。罗杰、凯文和查尔斯等（Roger、Kevin、Charles et al.，2008）对全面质量管理和六西格玛质量管理进行了对比分析，指出六西格玛质量管理是一种组织化的应用方法，并非是一种工具、技术和哲学，应该将六西格玛质量管理作为一种战略工具进行运用。

通过这些权威杂志以及特刊论文，供应链质量管理理论得到了积极的传播，也给研究者搭建了探讨供应链质量管理的学术平台。

（二）供应链质量管理对企业质量绩效的内在机制尚存争议

质量管理作为管理学的一个重要学科分支，已经形成了系统的理论和研究方法，同时以质量管理为基础，与其他理论融合应用和研究业已成为学者研究的热点（Huo，2014；霍宝锋，2015）。谭狄溪、张群祥（2011）以刊载质量管理方向的国际三大期刊为例，收集了1999—2008 年关于质量管理的文章，共计 102 篇。在对这些文章研究时，将质量管理领域的研究方法分为 6 种类型。经统计发现，其中，质量管理领域基本以规范的实证研究为主，有 58 篇，模型优化方法也较为主流，有 23 篇。同时，将 102 篇与质量管理紧密联系的文章进行了 10 种质量主题分类，其中，质量管理实践（QMP）所占篇数较多，有 35 篇；而针对供应链质量管理（SCQM）的研究非常少见，仅有 7 篇。此外，在已有的供应链质量管理的研究成果中，学者研究的结论存在差异性。部分学者认为，供应链质量管理对于质量绩效有积极的作用（Tracey，1998；Kannan，1998；姜鹏、苏秦，2013）。Kuei 和 Madu（2001）研究发现，供应链质量管理中的一些要素，如过程管理、供应商选择、统计方法的培训等，对企业的组织绩效会产生积极影响。Chinho Lin（2005）等以我国台湾地区和香港特区的企业为例，提出企业质量管理和供应商的选择、参与和管理具有高度相关性，并且质量管理对于企业绩效存在显著影响。另一部分学者认为，供应链质量管理要素并不是都对质量绩效有积极作用（Slater and Narver，1998；Kim and Marbougne，1999；Anderson 等，1999；Prajogo and Sohal，2001）。此外，张玉林（2004）、蔡淑琴和梁静（2007）指出，在需求信息不确定的情况下，供应链质量管理中的信息共享并不总是对整个系统有益。信息共享也会产生负面影响，引起了学者的高度关注。总之，供应链质量管理对企业质量绩效的内在机制尚存争议，因此，积极探究供应链质量管理的发展机理及其对质量绩效的影响，具有十分重要的意义（陈新平，2012；尹懿，2015）。一方面可以廓清理论分歧；另一方面可以为企业提供借鉴，提升供应链质量管理在现实中的应用价值。这也是本书进行研究的初衷。

（三）动态能力成为解开供应链质量管理中“质量黑箱”的切入点

动态能力理论（Dynamic Capabilities Perspective，DCP）一经提出，便在战略管理领域中得到了迅速发展（吴晓波，2006）。动态能力既是对资源基础理论和核心能力理论的继承，也是在它们基础之上的发展（Teece，1997；Eisenhardt，2000）。动态能力理论的观点是：企业成长是企业获取与提升能力的过程。在瞬息万变的市场中，企业要想得到生存机会，就必须培育核心能力，形成竞争优势（冯海龙、焦豪，2007；冯海龙，2008）。动荡的市场环境，使企业在具备内部资源和能力的基础上，必须具有较强的柔性和权变能力（汪应洛，1998；龚代华、陈荣秋，1999），能够根据环境变化，具有实时进行资源（包括知识资源）学习、整合、重构、释放的各种能力，从而与快速变化的市场环境相匹配（谢卫红，2010）。企业要想获得持续性的竞争优势和“熊彼特租金”，提高企业绩效水平，就要不断地创新，打破现有的市场竞争态势（Weerawardena，2014）。

在供应链环境下，企业动态能力的相关理论可以推演到供应链管理中（刘嘉，2006）。企业在成长过程中，知识成为企业核心能力培育和提升的主要来源，通过知识的学习、消化、吸收和实践应用，提升其适应外界动态变化的战略能力。通过这种持续学习并和供应链环境下的合作，企业进行沟通和匹配的过程，使企业能够克服路径依赖，获得供应链柔性能力和敏捷性能力，使其在竞争中保持战略优势（孔庆善、达庆利，2007；Huo，Wang and Zhao，2014；Wisner，Tan and Leong，2015）。因此，动态能力理论可以被供应链管理所借鉴，诸如核心能力理论、创新理论、组织学习理论以及知识管理理论等。

同时，外部环境的变化，加剧了企业之间的竞争，单纯依靠企业力量占据市场的主动地位已经显得比较有限，企业之间的竞争已经演变为供应链的竞争。企业绩效的影响因素更多地体现为供应链企业之间合作的层次水平、协作深度等（S. T. Foster，2008）。质量管理作为企业竞争的手段，在供应链环境下，需要进行新的整合和分析，质量管理的有效运用显著影响供应链整体绩效和单一企业绩效（C. J.

Robinson，M. K. Malhotra，2005；M. Mellat - Parast，2013）。供应链中的企业作为独立决策和经营主体，在供应链环境下，既要对企业内部质量管理活动进行有效控制，又要和供应链上其他企业的质量活动进行匹配，这就造成了供应链链条以及网络上的质量管理活动变得比较复杂，如何协调和管理供应链上的诸多质量活动，成为供应链质量管理重点关注的内容。而传统质量管理方法、质量控制与质量措施极少关注供应链上下游质量管理活动之间的动态互动，相较供应链质量管理，显得比较封闭和简单（C. J. Robinson，M. K. Malhotra，2005；Huo，2014）。另外，供应链质量管理的研究尚不成熟，理论仍显单薄，关于其质量控制的方法、协同手段以及具体实施工具等尚不具备（H. Kaynak，J. L. Hartley，2008；C. C. Hsieh，Y. T. Liu，2010；Zeng，Jing et al.，2013）。这些都为供应链质量管理带来了困难，如何通过供应链质量管理提升企业质量绩效也为学者提出了新的研究课题。动态能力在供应链中的拓展和所展现的优越性，为研究供应链质量管理影响企业质量绩效以及演变过程等提供了可以探索的新思路（Q. Zhu，J. Cordeiro and J. Sarkis，2013）。因此，本书借鉴企业动态能力理论，并将其推演到供应链的情景下进行研究，在借助扎根理论和结构方程模型基础上，构建供应链动态能力核心维度。同时借助供应链动态能力、环境动态性以及组织结构有机性理论来分析供应链质量管理对企业质量绩效的作用机制及权变影响等。

第二节　问题的提出与研究视角

供应链节点企业有的取得了良好的质量绩效，有的却出现质量绩效的停滞和倒退，甚至影响了企业的发展。这些现象表明，即使是同一供应链网络中的企业，由于没有把控好影响其发展的关键供应链质量管理要素，从而使企业的质量绩效出现了差异，甚至影响了企业的生存（霍红、田娜，2013；陈敬贤，2013；Wisner，Tan and Leong，2015）。因此，探究供应链质量管理对质量绩效的影响路径具有积极的现实意义和理论价值（熊伟，2012）。然而，通过梳理已有文献，很少能找到相关的论述，即使发现了一些相关的研究和结论，也多是总结性的，对其进行的大样本实证研究比较少见，加之研究结论的分歧，造成这些研究成果成为“该理论堆积的碎片”（Lakhal，Pasin and Mohamed，2006），这种分歧性结论无法实现学术意义上的收敛和统一，对于企业实践的指导意义也十分有限（张群祥，2012）。而且，这种碎片化的理论观点，无法为研究者展现一幅完整的理论图景，影响了该理论的发展。此外，对于企业保持可持续竞争优势的动态能力理论已被较多学者所证实，结合供应链管理动态性和复杂性的特点，动态能力理论是否可以拓展到供应链中呢？它对于供应链质量管理和质量绩效的关系有什么样的影响呢？这些都为接下来的研究带来了有价值的思考。基于此，本书通过探索性案例，建立相关研究框架，通过大样本企业调研数据来系统研究本土企业供应链质量管理对于企业质量绩效的影响，并借助动态能力理论，来分析它们之间的作用机理，这对于供应链质量管理理论的发展以及指导企业在供应链环境下提升其动态能力，并保持可持续的质量竞争优势具有积极意义，同时也显得比较迫切。

另外，在企业管理研究中，权变理论和组织情景理论认为，情景是组织理论概化的重要约束，不同的情景将影响研究结论的适用性（Majchrzak，Jarvenpaa and Hollingshead，2007）。因此，在探究供应链质量管理对质量绩效的影响机制时，需要对其情景性因素进行界定（Wiengarten and Pagell，2012），这样，才能保证研究结论的信度和效度，使研究结论具有较强的说服力和解释力。因此，为深入探究供应链质量管理影响企业质量绩效的机理，必须基于权变视角识别影响两者关系的情景因素和边界条件（Alfalla，Marin and Medina，2015）。

从大环境来看，当前我国已经将质量战略提升到了国家层面，各省市也在积极进行政府质量奖的实施和评定（程虹，2009；张群祥，2012；李玲、陈晓、温德成，2015）。以全面质量管理为基础的卓越绩效模式在企业中得到了广泛的传播和应用（Lau，Zhao and Xiao，2004；荆宁宁，2007）。这些都为本书提供了丰富的企业素材和实践案例。同时，基于本土化的研究，能够更加全面地考察我国企业供应链质量管理与企业质量绩效的关系以及内在作用机制，对于提升本土化企业的质量竞争能力将不无裨益，也为理论学者提供可以借鉴的研究成果。

基于以上分析，在研究“供应链质量管理影响企业质量绩效存在差异”这样一个课题时，需要对供应链本身进行系统的梳理和解析，包括其资源整合、知识管理、核心能力重构等（Alfalla - Luque，Marin - Garcia and Medina - Lopez，2015），而这些将涉及动态能力在供应链中的应用，同时也涉及质量管理在供应链中的拓展。本书遵循“供应链质量管理—供应链动态能力—企业质量绩效”的研究思路，综合运用定量和定性等多种方法，如扎根技术、AMOS、SPSS 等，按照逻辑的逐次递进来探究以下几个主要研究问题。

问题 1：供应链动态能力的构念和维度如何表征？

问题 1 的提出与研究主要体现在本书第四章（研究一）中。因为本书主要从供应链动态能力视角研究供应链质量管理（SCQM）作用于质量绩效（QP）的作用机制，而供应链动态能力是 SCQM 和 QP 的关键中介变量，因此，厘清其含义和维度构成具有重要的作用。在本书中，重点分析供应链动态能力的含义、维度构成和量表开发。这些对于后面的研究起到基础性的作用。尤其是量表开发，直接影响到后面调研和数据分析的有效性。目前，供应链动态能力尚未有系统的理论和成熟量表，虽然针对企业个体的动态能力理论体系相对比较成熟，对其概念以及结构要素都有所研究，但是，对它的分析仅仅限于个体企业的研究边界，将其进行情景化的拓展是否合适，仍需要进行新的探索。正如学者指出的，在研究企业管理问题时，如果没有明确的概念界定和适用情景的限制，其研究结论将大打折扣，甚至错误。本书基于供应链特定情景下探讨动态能力。由此可见，通过采用扎根理论，以高新技术企业为样本，通过半结构化访谈和焦点小组深度探讨，采集企业的原始资料。并在此基础上，归纳出核心构思，抽取供应链动态能力的关键特征，结合以前的理论成果，加上扎根得到的维度，综合分析后，开发供应链动态能力的量表。为了确保量表的有效性，采用统计分析方法，通过因子分析，检验其信度和效度，框定其维度构成，为后续供应链质量管理对企业质量绩效的中介效用分析奠定基础。

问题2：本土情景下供应链质量管理有效性怎样，以及如何影响企业质量绩效？

问题2的提出与研究，主要体现在本书第五章（研究二）的子研究1中。供应链质量管理和企业内部质量管理既具有一定的相似性，同时也具有很大的差异性，因此，一些质量管理学者提出的质量管理工具、方法能否在供应链范畴中得到有效应用，存在疑问。同时，鉴于国内外对于供应链质量管理如何影响企业质量绩效，以及影响的因素和程度如何等方面存在分歧，这阻碍了理论发展，混淆了企业实践者的认知（张群祥，2012）。为了对理论发展提供参考并对实践者进行解惑，首先要解决的问题就是弄清楚两者之间的作用关系。特别地，由于中国和西方在文化观念、社会体制、经济环境和发展水平方面存在显著差异，西方的一些结论未必在中国本土能够得以实施（魏江、邬爱其、彭雪蓉，2014），深入挖掘我国情景下供应链质量管理对企业质量绩效的影响具有重要意义，可以指导我国企业在供应链质量管理上的实践。因此，本书通过文献研究，界定了供应链质量管理的概念，并对其构成要素进行了系统分析，在借鉴国内外学者研究成果基础上，归纳了供应链质量管理的核心变量和维度。并采用结构方程等统计工具，对供应链质量管理的基础要素（包括3个）、供应链质量管理的协同要素（也包含3个）以及它们之间的交互作用影响企业质量绩效的过程进行检验，彻底廓清研究中存在的盲点与分歧。

问题3：供应链质量管理、供应链动态能力及企业质量绩效的内在机制如何？

问题3的提出与研究，主要体现在本书第五章（研究二）的子研究2中。通过国内外文献研究，发现关于供应链质量管理与企业质量绩效内在作用关系的分析仍没有相对一致的结论。这也使供应链质量管理和企业质量绩效的影响关系存在“质量黑箱”，造成了前因和后果之间关系的模糊性。因此，在本章子研究1中，首先基于本土情景，通过企业访谈和调研，在检验供应链质量管理有效性的基础上，实证研究了两者之间的关系，但是，对于其间的作用机理仍需要深度挖掘。基于此，在本章子研究 2 中，将从过程视角和动态能力理论，对供应链质量管理影响企业质量绩效的路径做出更深入的研究。在研究中，通过运用结构方程等统计工具，系统地研究了“供应链质量管理—供应链动态能力—企业质量绩效”的路径关系，探索了供应链动态能力的中介传导作用，即供应链质量管理的基础要素和协同要素如何通过供应链动态能力作用于企业质量绩效。这种尝试是在理论基础上通过实践调研的一种全新视角的研究，为两者之间关系的探究提供有益的理论和实践参考。同时，也避免了一些学者对于质量管理研究的批评，即质量管理的研究，缺失深层次作用机理的探寻，不过是一堆寻找数据支持的思维游戏（Parker，2005）。

问题 4：权变条件下，供应链质量管理对企业质量绩效有何变异影响？

问题 4 的提出与研究，主要体现在本书第六章（研究三）中。对于质量管理研究，其核心特征之一是强调对情景因素的研究，即质量管理研究的结论具有一定的情景依赖性（Sousa and Voss，2001；徐淑英、张志学，2011）。因此，为了探讨供应链质量管理对于企业质量绩效的影响，一种有效的研究思路是引入情景调节变量，细致探究情景因素通过供应链质量管理作用企业质量绩效的方向或强度产生的差异化影响，界定其边界条件，提高研究结论的解释力与预测力，也使研究更加符合企业实践（Sitkin et al.，1994；C. Kuei，C. N. Madu and C. Lin，2011；Zeng，Jing et al.，2013）。此外，由于供应链质量管理受到外部和内部两方面的影响。因此，本书遵循 Sousa 和 Voss（2001）等学者的建议，采用多变量情景因素，深入探索供应链质量管理对企业质量绩效的调节效应，其中外部采用环境动态性进行表征，内部采用组织结构有机性进行表征。通过大样本数据统计分析，深入挖掘这两个情景因素的权变作用机理。

第三节　概念界定

一　供应链质量管理

供应链管理注重不同组织之间的协同，因此，供应链管理相对比较复杂，需要对供应链条上的资源进行有效整合和优化，而企业质量管理面临着巨大的挑战。Huo（2014）指出，随着供应链的发展和新组织形式的出现，质量管理需要从企业内部拓展到企业外部。然而，传统的企业之间的关系多是建立在利益基础上的买卖关系，对于双方的合作以及更深层次的管理非常不利。在当前比较注重供应链协同发展的环境下（Ahi and Searcy，2013；Wisner，Tan and Leong，2015），基于资源依赖理论的企业，需要重新审视和界定伙伴之间的关系，在强调资源获取的同时，需要将管理活动在供应链上进行集成。而作为管理中非常重要的质量活动，在复杂的供应链情景下，不仅要向供应商和需求源两个方向进行拓展与延伸，使其成为资源交易的一部分，还要在企业内部的设计、生产、检测、销售等部门进行展开和强化（陈瑞义等，2015）。谢强（2002）提出，TQM 与 SCM 这两类管理工具在各自理论体系中都得到了长足发展，它们是企业取得竞争优势的两项重要工具。供应链质量管理已经成为全球竞争环境中的制胜法宝，理解其内涵并实践其管理理念势在必行（唐晓芬，2004；霍宝锋，2015）。

随着供应链管理和质量管理的集成，供应链质量管理的概念应运而生，即供应链质量管理逐渐成为学者研究企业管理的热点（Mellat，2013）。但是，对于其定义尚没有统一的界定，不同的学者给出了不同的解释。如 Kuei 和 Madu（2001）用等式定义了供应链质量管理。即 SCQM = SC + Q + M。在这个公式中，他们认为，SC 表示生产分销渠道；Q 表示市场需求快速反应能力；M 表示对高质量供应链的保证和加强。他们对供应链质量管理的定义相对比较简洁。而学者 Robinson 和 Malhotra（2005）的定义强调供应链成员企业的协同行为和整合作用，并且注重持续不断的改进，从而创造价值以满足顾客的多元化需求。

本书基于对文献的梳理和分析，将供应链质量管理定义为：在供应链核心主导企业的协调管理下，供应链企业成员之间通过信息共享、整合资源，并通过持续不断地改进质量，获得最终顾客的满意，从而提升企业质量绩效，达到多赢的目标。并在 Flynn 等将质量管理实践细分为基础实践和核心实践两个维度的基础上，结合供应链和质量管理的特点，将供应链质量管理分为基础要素和协同要素，其中，基础要素是指供应链质量实现的基础条件，包括领导支持、全员参与和顾客导向，这些概念已经从企业内部质量的实践拓展到供应链的范畴；协同要素包括信息共享、持续改进和供应商关系，这是保证企业供应链质量得以协同管理的保障。从方法论视角看，多维定义变量可以提高研究的增量效度，更能深入地研究变量之间交互影响的机理。

二　供应链动态能力

对于供应链动态能力（Supply Chain Dynamic Capablity，SCDC）概念的界定，首先要了解动态能力概念的由来，因为供应链动态能力是一般动态能力在供应链情景下的拓展和延伸。动态能力首先是蒂斯提出来的，他用简单的 3P 模型解释了复杂的事件，对动态能力进行了定义。他认为，外部环境是不断变化的，企业需要具有查找市场机会、分析自身优势、整合资源以适应环境变化的能力，这种能力将使企业获得持续的经济租金（刘磊磊，2008；马鸿佳、侯美玲，2015）。然而，动态能力具有一定的理论基础，即动态能力理论是资源基础理论、知识基础理论的延伸和发展，它强调的是动态概念，与资源基础理论等静态理论有所区别，研究基础从资源、能力发展到惯例。刘嘉（2006）指出，动态能力理论不仅仅适用于企业个体的发展，其理论可以推演到供应链管理中。在供应链背景下，新的网络经济的发展已经成为时代标签，企业的竞争优势必须在强调内部资源、组织学习的同时，积极与供应链节点企业建立动态联盟关系，有效地利用外部资源，提升其在供应链上的协调和整合能力，构建企业可持续发展的竞争优势（许芳、田雨、沈文，2015）。

本书以动态能力的整合学派和过程学派为基础，并结合供应链管理理论，对供应链动态能力进行概念界定。本书中，其定义是指供应链随外界环境变化而进行调整、协调和整合的能力，确保企业从供应链中获取持续竞争优势。需要说明的是，本书所探讨的供应链动态能力的主体指的是供应链核心企业，这也是本书的研究对象。通过对国内外文献进行搜索和查询，发现对于供应链动态能力的分析比较少见，对其维度构成的研究更是少之又少，仅有的几篇研究文章都是直接从动态能力维度借鉴过来的，缺乏通过实证研究去开发结构维度的基础。本书根据企业调研和访谈，采用扎根理论和因子分析方法，提炼出供应链动态能力的结构维度，主要分为供应链学习能力、供应链协调能力和供应链重构能力三个子维度，并对其维度构思进行了信度和效度分析，为后面的研究奠定了基础。供应链动态能力维度构建的过程，具体见第四章（研究一）的扎根研究。

三　企业质量绩效

本书从组织层面对质量绩效（Quality Performance，QP）进行概念界定，认为质量绩效就是企业通过质量管理实践活动为企业所带来的结果，对其评价既包括对其主要结果的评价，也包含对其管理过程的评价。本书对企业质量绩效结果采用两个维度八个指标加以测量，两个维度分别是产品质量绩效和过程质量绩效。其中，产品质量绩效包括的测量题项有："CP1 为与竞争对手相比，本公司能够提供更优越的产品质量""CP2 为与竞争对手相比，本公司能够提供非常可靠的产品""CP3 为与竞争对手相比，本公司产品出产前废品损失率较低""CP4 为与竞争对手相比，本公司提供的产品十分耐用"；过程质量绩效包括的测量题项有："GC1 为与竞争对手相比，本公司的生产效率较高""GC2 为与竞争对手相比，本公司能够运用质量工具进行更有效改进""GC3 为本公司在产品设计中，能够充分考虑顾客的需求""GC4 为与供应商建立长期合作，并有效提高彼此的绩效"。

四　环境动态性和组织结构有机性

环境动态性是企业管理研究中经常提到的概念。不同的学者对其描述的侧重点有所差别，但是，核心内容基本类似（Agan，Acar and

Borodin，2013）。Miller 和 Friesen（1982）从产业环境角度对环境动态性进行了阐述，认为环境动态性可理解为产业环境中创新与变化的速度，同时也应该包含对竞争者、顾客行为进行预测的不确定性程度。Jaworski 和 Kohli（1993）认为，环境动态性从两个方面进行表征，其一是环境变化速率的大小；其二是环境变化难以预测的程度。Zahra 和 Bogner（2000）对环境动态性的界定与 Jaworski 和 Kohli 有点类似，他们认为，环境动态性是指产业变化的不可预测性程度和变化率的大小。产业中的变化主要是指竞争者进入和退出导致技术条件变化及消费者需求改变的程度。Baum 和 Wally（2003）提出，环境动态性表现为环境中不稳定因素所带来的不确定性大小，用环境变化频度与不可预测性等方面进行表征。事实上，国外对于环境动态性的描述大同小异。国内刘雪锋（2007）、彭新敏（2009）、李俊（2011）、冯长利等（2015）对环境动态性进行描述时，着眼于环境变化速度以及环境变化时所带来的不可预测性程度，这一点也和国外学者对于环境动态性的定义基本类同。因此，本书在借鉴以上学者理论的基础上，对环境动态性进行了概念界定。本书认为，环境动态性是指环境变化的速度和环境变化的不可预测性。这些变化包括外界宏观环境、行业环境以及竞争者等的变化，从而表征了企业环境的动荡性大小。

关于组织结构有机性概念，学者给予了相应表述。如 Burn 和 Stalker（1961）对组织结构有机性主要从内部权力分布、组织柔性、沟通方式等进行描述，权力分布越分散、柔性越大、沟通越顺畅，组织结构越接近有机式结构。Clark 和 Fujimoto（1991）、Starr 和 Fondas（1992）、陈寿雨（2014）认为，组织结构有机性是指组织分权化（主要是集权和分权程度大小）、非正式化、部门整合性以及沟通畅通性的程度。从组织形式看，矩阵式项目小组等往往有机性比较高，可以进行跨部门整合和沟通；有机性低的组织形式通常是那些功能性的机械式组织。Ottum 和 Moore（1997）提出，组织结构有机性表征了组织层级结构简洁性、授权化程度、研发与生产及营销部门间整合性方面的特性。本书结合上面的陈述以及本书研究的情况，认为组织结构有机性是指组织结构的复杂性程度、集权化程度、正式化以及跨部门之间的整合程度。复杂性程度、集权化程度和正式化程度越低，跨部门的整合程度越高，表征组织结构的有机性越高。

第四节 技术路线与研究方法

一 研究的技术路线

本书研究的核心问题是“动态能力视角下供应链质量管理对质量绩效的作用机制”，为了解析这个问题，本书主要通过三个研究方面进行展开：研究一，主要是为了挖掘供应链质量管理对于质量绩效作用的中介变量，通过扎根理论来界定供应链动态能力的概念和构成维度；研究二，主要是研究本土情景下供应链质量管理对质量绩效作用机理以及动态能力的中介效应；研究三，主要是研究供应链质量管理与质量绩效之间的调节效应。在研究过程中，遵循规范的科学研究方法和研究步骤，理论与调研紧密结合，以期通过具有解释力的研究结论，为供应链质量管理理论以及企业实践提供有益的启示和帮助，本书研究的技术路线如图 1－1 所示。

二 研究流程

本书研究的基本流程可划分为四个阶段，具体如图 1－2 所示。

三 研究方法

本书采用了多种研究方法，总体上是按照“提出问题—分别问题—解决问题—研发总结”的思路进行研究的，在研究中，采用的主要研究方法有：

（一）文献研究

文献综述是开展研究的重要基础，本书系统地梳理了供应链质量管理、供应链动态能力以及企业质量绩效、环境动态性、组织结构有机性等核心概念和相关理论，对该研究领域有了系统性的把握。在搜寻和查找这些资料时，查阅了国内外的多家资料数据库，包括国外的 Springer、EBSCO、JSTOR、Elsevier 和 ProQuest，以及国内的 CNKI、万方、维普等数据库。通过对收集到的文献进行深度研究，对相关理论整体进展和前沿问题有了结构性的了解，在此基础上，形成了本书的研究思路，构建了供应链质量管理对企业质量绩效影响的研究模型。

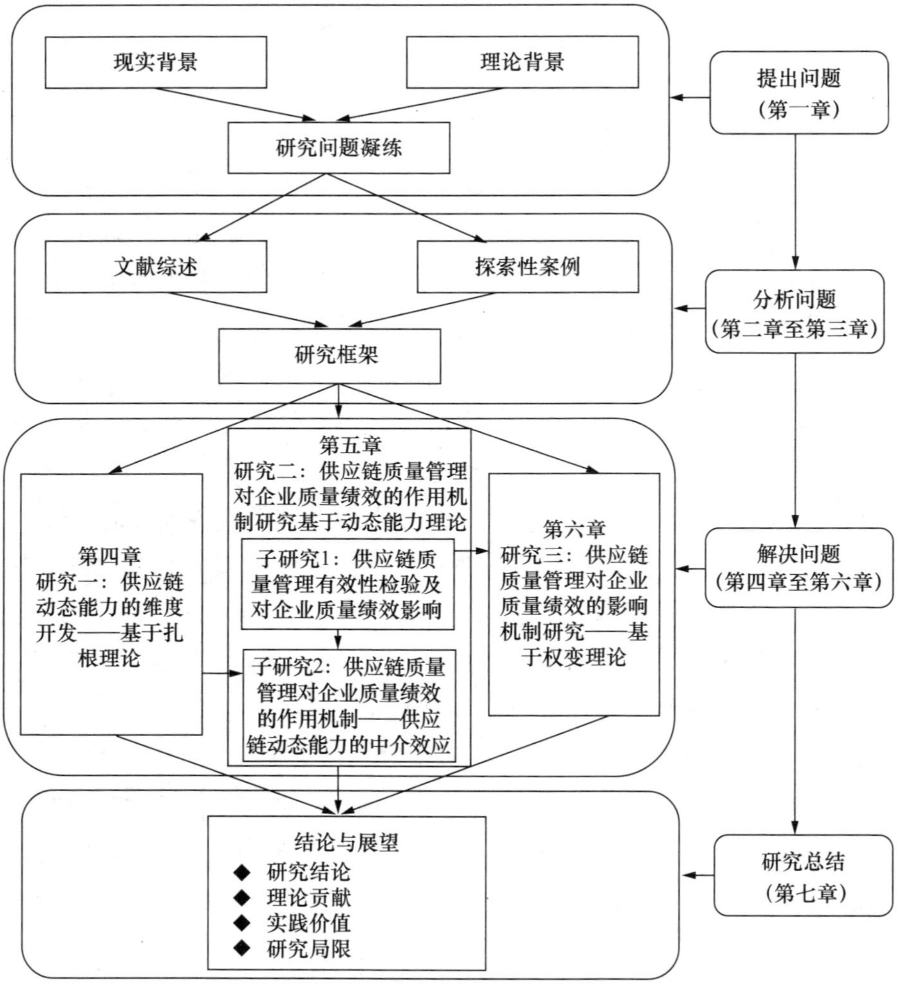

图1-1　本书研究的技术路线

（二）扎根研究

扎根技术是一种质性研究方法，由于供应链动态能力的维度构成没有成熟的量表可以借鉴，因此，需要对其概念构思进行探索性开发。本书经过企业调研，按照规范的扎根程序，通过开放式编码、主轴编码和选择性编码，探明了供应链动态能力的结构表征。在此基础上，对其进行了探索性因子分析，检验了其信度；对其进行了验证性因子分析，检验了其效度。

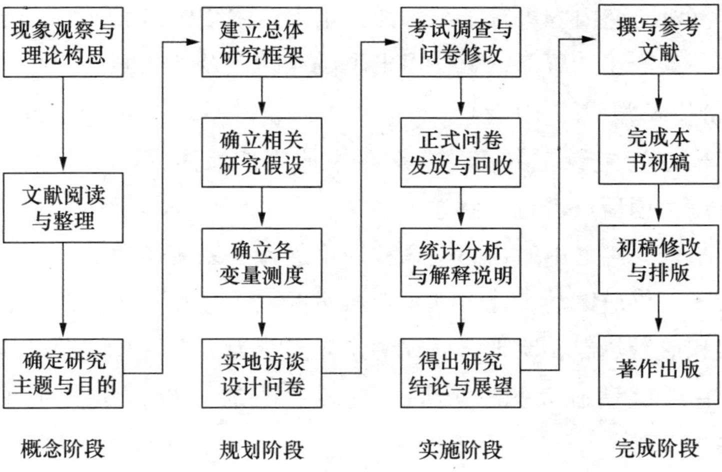

图 1-2 本书研究的基本流程

（三）问卷调查

进行企业管理研究，除进行质性研究外，还需要进行定量的实证分析，通过实证分析来验证理论模型和假设，因此，必须进行问卷设计和调研安排。本书在文献梳理和企业访谈基础上，采用科学的设计问卷方式，通过多种调查渠道，获得了供应链质量管理、供应链动态能力与企业质量绩效等变量测度样本，为后面的中介效应和调节效应检验做了数据上的准备。

（四）数理统计分析

本书采用了 SPSS、AMOS 等多种数理统计工具和软件，对收集到的样本数据运用数理统计方法，检验了本书的研究模型以及多条命题假设，修正了初始研究模型。

第五节　研究内容与结构安排

本书对研究内容进行了结构性安排，具体结构如下：

第一章论述了研究背景，提出了研究问题及切入点，对核心概念（供应链质量管理、供应链动态能力、质量绩效、环境动态性、组织结构有机性）进行了界定，并对本书研究的技术路线、研究核心内容、方法和创新点进行了阐述。

第二章针对书中的核心概念和理论进行了系统梳理，包括供应链质量管理、供应链动态能力、企业质量绩效等。把握了上述理论的整体框架和前沿热点，明晰了研究的切入点，为本书构建“供应链质量管理—供应链动态能力—企业质量绩效”的分析框架奠定了理论基础。

第三章通过理论预设和探索性案例，构建了供应链质量管理作用质量绩效的框架，并将框架进行解构，在此基础上，提出了研究子模型以及相应的命题假设。

第四章通过对 10 家典型企业进行实地访谈，运用规范的扎根技术，对原始资料进行三级编码，抽取出供应链动态能力的构思维度。并对其进行了因子分析，确保了其信度和效度水平。

第五章共有两个子研究。子研究 1 主要是供应链质量管理有效性检验及对企业质量绩效影响分析，通过该子研究，厘清先前的结论分歧；子研究 2 主要是探析供应链质量管理（SCQM）—供应链动态能力（SCDC）—企业质量绩效（QP）之间的作用机制。

第六章基于权变理论，分析供应链质量管理对企业质量绩效的影响机制。本章深入探讨环境动态性和组织结构有机性这两个权变变量，以及 SCQM 与企业质量绩效关系的调节效应。根据前述文献的梳理，提出了调节效应研究模型以及相应的理论假设。通过大样本数据采集和多元统计回归分析，对提出的研究模型进行检验与修正，揭示了不同情景下供应链质量管理对企业质量绩效的差异性影响。

第七章主要是总结供应链质量管理（SCQM）对质量绩效的各种促进作用及其大小、供应链动态能力的中介效应以及权变变量的调节效用等，分析其理论价值和实践意义。同时，指出本书研究的局限性，并提出了未来研究方向。

第六节 研究创新

本书通过梳理前人的研究成果，并通过跨案例的探索性研究，构建了本书研究的框架，并以供应链动态能力为研究切入点，进行了大样本数据的实证分析，挖掘并厘清了供应链质量管理对质量绩效的内在作用机理。通过扎根方法以及SPSS、AMOS等统计工具对调研资料进行统计和整理，检验研究结果的有效性，并根据数据结果对研究模型进行修正。本书积极进行了探索性研究，取得了一定的理论成果，其创新点主要有以下三个方面：

一 基于扎根理论，探索并开发出了供应链动态能力的概念构思、结构表征以及测量量表，拓展了动态能力理论

发掘供应链动态能力的内涵及其结构表征是本书的前提和基础。遗憾的是，供应链动态能力没有成熟的理论和测量量表，本书基于扎根理论，采用多种数据采集方法，探索性地构建了供应链动态能力量表，抽取出供应链动态能力的核心特征，即供应链动态能力包括供应链学习能力、供应链协调能力与供应链重构能力。同时借鉴动态能力理论的有关量表，结合供应链的具体情景，遵循量表开发的科学原则与一般步骤，形成了包括14个类目的供应链动态能力测量工具，并采用探索性因子分析方法和验证性因子分析方法对其进行了信度及效度检验。总之，通过企业实际数据的收集，并采用扎根方法提炼出来的供应链动态能力的结构表征以及由此开发的量表，既是对一般动态能力理论的传承，也是对动态能力在供应链环境下进行研究的拓展。弥补了供应链动态能力没有规范量表的缺憾，提供了理解供应链质量管理作用于质量绩效的经验证据，丰富了企业的动态能力理论。

二　基于动态能力理论，探明并解析了供应链质量管理对企业质量绩效的内在作用机制，提出了“供应链质量管理—供应链动态能力—企业质量绩效”的 IPO 模型

本书以动态能力管理视角整体搭建了企业供应链质量管理影响企业质量绩效的理论构架，通过国内外数据库的文献检索，发现相关研究较少，存在研究盲点。本书通过跨案例研究，并以质量管理理论、供应链理论以及动态能力理论为基础，探索性地构建了供应链质量管理、供应链动态能力和企业质量绩效的研究框架。并采用大样本调研数据，运用规范的研究方法和 SPSS、AMOS 等数理统计工具，实证检验了供应链质量管理作用于企业质量绩效的本质过程。实现了在过程机制探寻中从行为表象分析到动态演化机理的构建，全面透视了供应链质量管理作用于质量绩效的动态过程，解析了两者之间的“质量黑箱”，剖析和解构了供应链动态能力在供应链质量管理影响企业质量绩效关系中的关键桥接效应，从而破解了制约供应链质量管理理论纵深发展的“瓶颈”，推动了研究的实质性进展，这对提升企业质量竞争能力具有重要的理论价值和实践意义。

三　基于权变理论，明晰并深化了供应链质量管理对企业质量绩效的情景影响，提出了内外部双重情景视角下的供应链质量管理作用企业质量绩效的机制模型

情景变量一直被视为组织管理理论中的关键调节变量（Venkatraman，1990）。为了完整地解析“何种情景下供应链质量管理对企业质量绩效的影响呈现变异”这一基本问题，界定其作用边界条件，本书遵循质量管理领域等多位学者的建议，从外部和内部两方面引入环境动态性与组织结构有机性作为情景变量，深入探讨了这两个变量在供应链质量管理影响企业质量绩效关系中的调节效应。研究成果明晰和深化了对供应链质量管理作用情景的理解。另外，基于本土化供应链质量管理的实证研究，发展与之适应的相关理论，能够补充和完善既有理论的不足，廓清了当前学者研究的分歧。同时，我国特定情景下的研究成果，为搭建中西方研究的对话平台提供了可靠的理论参考和经验支持，推动了该理论的发展。

第二章 文献综述

本章在第一章提出研究问题的基础上，对研究中所涉及的主要概念、理论进行回顾与分析，同时对研究中存在的分歧予以梳理，明确了本书研究的问题和前人文献的理论传承关系。

第一节 供应链质量管理理论综述

一 供应链质量管理理论溯源

（一）质量管理研究的内外部视角

由于外界环境复杂多变，企业为适应外部环境的变化，逐步形成了从内到外的研究视角，即从企业内部质量管理拓展到企业外部的供应链质量管理，从而厘清其来源、现状及未来发展的趋势。本章将从内外部视角对供应链质量管理理论进行综述。

1. 质量管理研究的内部视角

许多学者在一百多年前就开始从内部视角来研究质量管理（张公绪、孙静，2005）。学术界对于质量管理理论和研究思路达成了共识，一般认为，内部质量管理经历了检验、统计控制、TQM、战略性质量和经营质量五个阶段（苏文杰，2006；张群祥，2012）。质量概念的内涵和外延也是逐步扩展和完善的，由符合性质量、适用性质量、顾客及相关方面满意的质量演进到现在的卓越性质量（Ahire，Golhar and Waller，1996；Sousa and Voss，2002；熊伟，2014）。

第一阶段：质量检验阶段。从20世纪初开始到30年代末结束。产业革命之前，产品质量主要由工匠个人经验的丰富程度和技能的高低来决定；产业革命之后，随着生产技术水平的提高，特别是“科学管理之父”泰罗提出的科学管理理论，对质量管理的产生起到了非常大的推动作用。泰罗根据职位的不同，对其进行分工，开始关注质量的重要性，第一次设立了专门进行质量管理的质检部门，后来逐渐演变为质量控制与保障部门（朱兰，1995）。这一时期的主要特点是：通过质量检验来保证产品质量（克劳斯比，2006）。

第二阶段：统计质量控制阶段。时间跨度从质量检验阶段开始到20世纪60年代结束。休哈特博士在1931年提出了质量管理图、质量控制图等抽样统计方法，用以监控产品质量在生产过程中的不稳定性，这种方法在第二次世界大战中的军工企业中得到运用，提高了产品质量，战后许多学者和企业实践者将这种方法推广到其他民用工业中，取得了很好的效果。这一阶段的质量管理特点是：预防性控制（事前）和检验（事后）相结合；在分析方法上，从以前的定性分析过渡到强调用“统计数据说话”的定量分析，使企业的决策更加科学化，是质量管理开始走向成熟的标志（于建成，2005；张群祥，2012）。

第三阶段：全面质量控制（TQC）和全面质量管理（TQM）阶段。20世纪60—90年代，质量大师费根鲍姆和朱兰等认为，产品的质量不仅要关注其使用性能，还要注重产品的可持续性、顾客的满意程度、安全性、可靠性、环保性等多种性能指标，从而提出全面质量管理，并将这种理论导入日本企业进行实践，非常显著地提高了其生产效率，增加了企业的竞争能力（李军峰，2010）。在日本企业发展的触动下，欧美等西方国家的企业也逐渐实施全面质量管理，使这一理论得到迅速发展和普及（张群祥，2012）。全面质量管理采取了“三全”质量管理方式：全员、全过程、全部门管理（于建成，2005）。

第四阶段：战略质量管理阶段。从20世纪80年代开始，一直持续到现在。随着全球经济一体化，质量成为企业取得持续竞争优势的战略武器（Ahire et al.，1996）。在此背景下，国际标准化组织制定了ISO 9000等国际标准体系，用以保证产品的质量。这个阶段的特点是：企业以质量管理理论为指导，形成以顾客为核心的过程导向模式，依靠产品质量保持企业的持续竞争力。质量保证体系成为该阶段积极采用的质量标准，同时结合 TQM 方法，形成了战略性质量管理的模式。

最新阶段：经营质量管理阶段。从 20 世纪 90 年代开始至今。随着生产力水平的提高，产品生产周期不断缩短，产品种类极为丰富，同时顾客需求也日趋多样化、个性化。对产品质量提出了新的要求，新时期的质量不再仅仅关注内部质量本身，更注重顾客需求。这个时期质量管理的特征是：十分注重企业经营质量的管理，对组织提出了全面管理、追求卓越以及不断超越的新要求；并且对质量管理已经开始从组织内部管理逐步拓展到外部管理（熊伟，2014；霍宝锋，2015）。

2. 质量管理研究的外部视角

随着全球经济的快速发展，国际竞争日益激烈，企业所面对的国际化市场日益复杂多变，使传统的面向组织内部的质量管理理论受到挑战，新时期对企业质量改进提出了新的要求，企业不仅要关注顾客的单一需要，而且要进行持续的质量改进，密切关注外部环境的变化，如国际市场的发展和竞争状况、技术创新水平等，从而满足顾客的个性化需求（霍宝锋，2015）。在此背景下，供应链质量管理表现出特有的优势，它把上下游企业看作一个整体，对各个企业的质量和流程进行协同管理，实现了"1 + 1 > 2"的协同效应，有效地解决了单个企业独立行动带来的不良绩效，获得了整体最佳效益（Bernon，Upperton and Bastl，2013），这也是质量管理实践拓展到供应链中所展现的巨大优势，使质量管理研究的视角从内部转向外部。

供应链质量管理思想源于供应链理论和质量管理的发展（Huo，Zhao and Lai，2014）。进入 21 世纪以来，供应链管理面临着动态化的市场，企业竞争压力越来越大，供应链质量管理受到越来越多的学者和企业人士的关注，逐渐成为企业管理的热点研究领域（徐可、何桢、王瑞，2015）。供应商已经开始认识到，单单从自己规模效应和短期供应关系来提升绩效已经成为非常不经济的事情，需要利用供应链质量管理理念构建供应库和相应的长期稳定关系（L. Forker，W. Ruch，1999）；传统供应商需要进行思维更新，不应该仅仅注重价格因素，从而错失了融入全球化竞争的机会（C. C. Chen，C. C. Yang，2002）。另外，H. L. Lee（2005）提出，供应商为了对外界变化和合同的意外情况做出积极和良好的反应，需要评估成本和规模效应的影响。同时，Sousa 和 Voss（2002）通过实证研究表明，质量管理实践活动对于企业绩效影响存在差异性。其中，质量管理对于质量绩效以及运营绩效的影响效果明显，而对于与市场营销紧密联系的业务绩效基本不存在作用。这说明单纯依靠企业内部资源不能实现企业整体绩效的全面提升，企业应该从更广阔的视野进行质量的融合，包括从供应链网络的协同管理视角来梳理其质量管理流程，提升竞争能力，而不是狭隘地仅仅从内部进行质量实践（庄冀，2013）。

从供应链质量管理发展的历程来看，企业之间最初为供需关系，非常注重短期利益；然后，在竞争压力下发展到伙伴关系，形成双方合作共同体；再到全面战略合作关系，其方法、管理工具不断地得到改进和完善。麻书城（2002）、朱曦（2005）等提出，供应链质量管理是从最初的采购质量管理逐步过渡到供应商管理，最后是供应链质量管理。

3. 质量与供应链管理的融合

质量管理从诞生以来，一直致力于企业内部的质量活动，虽然经历了质量内涵和外延的演进，并且已经拓展到全面质量管理和经营质量的范畴，但是，随着外部竞争环境以及合作方式的变化，质量管理显得比较滞后，因此，需要将质量管理从企业内部向外部拓展（Huo，2014；霍宝锋，2015）。供应链管理作为一种跨组织协同管理的方式，从一开始就表现出强大的系统管理功能，这也为其他管理方法在组织之间的协同提供了可能（徐可、何桢、王瑞，2015）。因此，质量管理与供应链的融合是时代发展的要求，也是企业能够取得可持续发展的利器。一些学者对质量管理和供应链的共同之处进行了对比分析。Evans（2000）、Mehra（2001）以企业质量管理为研究对象，进行了全面综述；Croom（2000）、Tan（2001）对供应链管理进行了文献梳理，并对质量管理与供应链管理的交叉领域进行了研究，对质量管理与供应链的融合做了理论探索，如表2－1所示。

表2－1　　　质量管理与供应链管理的交叉融合

质量管理		供应链管理
◆质量工具	◆伙伴关系	◆运输与物流
◆客户为中心	◆流程整合	◆营销管理
◆管理组织	◆领导参与	◆供应整合
◆团队与授权	◆战略规划	◆组织行为
◆人力资源	◆管理实践	◆信息传递
	◆持续改进	

资料来源：根据 Evans（2000）、Mehea（2001）、Croom（2000）和 Tan（2001）总结得到。

国内学者蒲国利、苏秦、刘强（2011）在 Evans（2000）、Mehra（2001）以及 Croom（2000）、Tan（2001）基础上对其研究结论进行了简化，提出了质量管理与供应链理论进行集成的四个途径（见图2－1）。

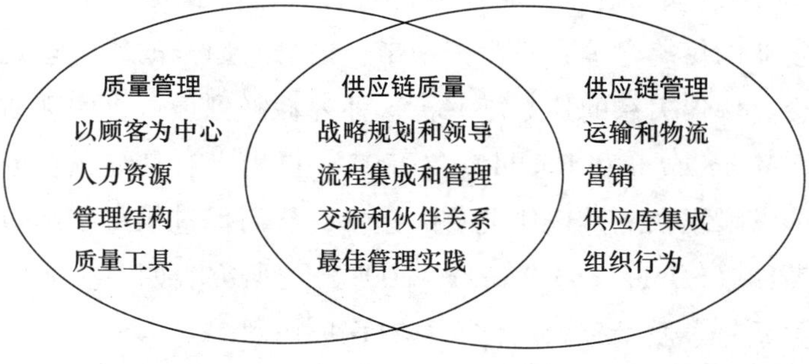

图2－1　供应链质量管理集成

（1）通过战略规划和领导，实现质量管理与供应链的集成。在供应链环境下，核心企业要和节点企业实现质量管理的协同，必须充分发挥领导的积极作用（蒲国利、苏秦、刘强，2011），鼓励关联企业能够积极参与到质量管理实践中，通过制定相应的质量战略，使 TQM 能够在供应链上发挥积极的作用（Mehra，2001）。Yeung（2003）指出，领导的支持对于质量体系的实施具有绝对重要的作用，失败的最主要原因在于企业领导对于质量观念的认识产生偏差。在供应链环境下，实现质量管理理念和体系在相关企业的协同，领导至关重要。

（2）通过流程集成和管理，实现质量管理和供应链的集成。质量实践活动不是静态的，在与供应链其他企业的交流和合作中，必须通过流程进行质量管理活动的拓展。辛格（Singer，2003）指出，通过横向集成能够提升企业质量绩效，即通过与供应链企业建立战略合作伙伴关系，实现流程集成和协同，从而能够对质量实践进行统一规划和落实。Ellram（2007）分析了供应链的“三维并行工程”，认为供应链的流程集成能够促进产品质量的提升。Trkman（2007）运用模拟方法，指出信息共享和流程集成管理能够提升供应链绩效。因此，流程集成实现了供应链环境下企业的紧密合作，促进了质量管理跨组织的有效实施。

（3）通过交流和伙伴关系，实现质量管理和供应链的集成。供应链上的伙伴关系，能够使企业以最小的成本实现价值增值（肖迪、潘可文，2012）。质量管理从企业内部延伸到外部供应链节点企业，会对原来企业的传统管理方式产生冲击，也会与原来的质量理念和活动产生冲突，伙伴关系的建立能够将这种内耗降到最低，实现质量活动的协同。Mangiameli 和 Roethlein（2001）提出，对最终顾客创造价值的导向能够增强供应链伙伴关系的建立，从而促进供应链绩效。斯坦科和威斯纳（Stanley and Wisner，2001）的研究表明，企业之间的合作伙伴关系对于质量理念的传递具有积极作用。

（4）通过最佳管理实践，实现质量管理和供应链的集成。在最佳管理实践方面，福克（Forker，1997）给出了五个主要方面，分别是质量培训、质量数据、产品设计、供应商管理和质量部门的设立，并指出质量方面的实践对于供应链绩效起正向作用。Tan（2002）提出，供应链方面的实践，如 JIT 对于产品质量有着积极作用。Olhager 和 Selldin（2004）以瑞典制造业为例，提出供应链设计时，要将质量作为重要的标准。Yeung（2004）则以珠江三角洲的制造业为例，通过TQM构建了供应链的战略联盟实践框架。

总之，以上研究为我们提供了质量管理和供应链融合的部分路径。总体来说，供应链质量管理尚处于初期阶段，但对于深入研究供应链质量管理具有重要的借鉴意义（霍宝锋，2015）。也有学者指出，两者的结合，提高了企业绩效（Kannan，Tan，2005；Terziovski，Hermel，2011）。同时，其他学者也指出，针对企业内部的质量管理工具在供应链中依然有效（Tan et al.，1999；Aboelmaged，2010；Sanders et al.，2011）。尽管这些研究都是有益的尝试，但是，在中国情景下，供应链质量管理的核心要素以及作用机理究竟怎样，以及如何促进企业质量绩效仍然是模糊不清的，本书将在后面进行积极探索。

（二）供应链质量管理的维度划分及研究视角

1. 供应链质量管理的维度划分

目前，对于供应链质量管理的维度构成尚没有普遍认可的划分方法，在国外，最常见的就是对于质量管理实践的划分，比较典型的如Flynn（1995）的分类方法，他将企业管理实践分为核心质量管理实践和基础质量管理实践，其他学者也有类似的划分。

国外学者对质量管理实践进行了分类，其代表性的学者大致如表2－2所示。

表2－2 国外学者对质量管理实践的分类

研究者	质量管理实践分类
Flynn（1995）	分为两类：一类是体现质量管理本身的实践活动，包括统计分析、过程控制等，称为核心质量管理实践；另一类是质量管理需要基本平台和管理，比如领导支持、全员参与、供应商管理等，称为质量基础实践
Sousa（2002）	从机制性角度进行划分，将质量管理活动分为机制活动和非机制活动。其中，机制活动体现为质量管理的方法、手段和技术等，而非机制性活动主要从质量管理的社会行为进行分析

续表

研究者	质量管理实践分类
Rahman（2005）	将质量管理分为两类，分别从管理的属性进行描述。一类称为硬管理，体现为质量技术与方法、信息水平、制造工艺等；另一类称为软管理，如质量团队、顾客导向、供应商合作、员工培训与知识共享等
Lakhal（2006）	将质量管理划分为三种。在采纳 Flynn 质量管理二维划分基础上，增加了领导支持这个类别
Choo、Linderman 和 Schroeder（2007）	质量管理实践活动可以从技术和社会两个方面进行划分。通过对比，Choo 提到的技术层面就是质量管理的机制活动和核心实践，社会层面就是非机制活动和基础实践
Kuei（2011）	将全球 SCQM 概念框架分为 4 个维度，即供应链能力、关键成功因素、战略组成，以及供应链质量实践、活动、计划
Zeng（2013）	供应链质量管理分为上游、下游和内部供应链质量管理。研究发现，下游 QM 可以调和内部 QM 与客户满意度的关系，而上游 QM 对两种质量绩效没有直接影响

在国内，学者根据研究的目的和需要，对供应链质量管理进行了不同的划分。如陈江宁、尤建新（2008）将供应链质量管理分为供应商质量管理和企业内部质量管理两个维度。并将影响供应链质量管理的因素分为 11 个关键因素：高层领导、过程管理、培训、产品设计、员工关系、质量数据与报告、顾客关系、供应商管理、供应商选择、供应商参与和标杆学习。王恩华（2009）以我国制造型企业为研究对象，将供应链质量管理划分为供应商管理、企业内部管理和分销商管理三个维度，同时设计了 36 个相应的评价指标。梅莉（2012）对供应链质量管理也进行了类似的划分，分为三个维度，并分析了供应链质量管理对企业绩效的关键影响因素。朱媛媛（2012）以长三角服装企业为例，在研究供应链质量管理与企业质量绩效关系时，也将供应链进行了三维度划分，这和王恩华、梅莉的划分类似。熊伟（2013）对于供应链质量管理划分时，也提出了三维度的划分方法，认为其包含内部质量、供应商关系和顾客管理。

综上所述，国内外学者对于供应链质量管理维度的划分仍存差异，本书借鉴国外学者对于质量管理实践的分类，并结合国内学者的研究成果，基于供应链质量管理的背景，将供应链质量管理划分为供应链质量基础要素和供应链质量协同要素两类。其中，前者包括领导支持、全员参与和顾客导向三个维度；后者包括信息共享、持续改进和供应商关系三个维度。需要说明的是，在本书研究中，笔者认为，供应链质量管理是质量实践在供应链中的拓展，因此，仍沿用了质量管理实践最常用的两类划分方法，但是，其理论拓展及其在中国情景下的有效性，将通过后面的调研数据予以分析和检验，这也是本书具有探索性和开创性的重要方面。

2. 供应链质量管理的研究视角

供应链质量管理从其概念诞生以来，国内外学者对其进行了多角度的研究和拓展。经文献梳理，研究主要涉及以下几个方面：①供应链质量管理本身的概念分析、发展路径以及管理方法；②供应链质量实践活动的模型构建；③供应链质量契约分析；④质量链相关理论；⑤供应商伙伴关系的建立与供应链质量协同；⑥供应链质量成本的控制；⑦供应链质量管理风险；⑧免疫视角的供应链质量管理等。这些多元化的理论视角，为供应链质量管理的发展做出了积极的探索，也为以后供应链质量管理的系统性发展奠定了基础。在这些研究中，对供应链质量契约研究的主要学者有：Priest（1981），Kambhu（1982），Mann 和 Wissink（1983），Russell 和 Thomas（1985），Chew 和 Pisano（1990），Reyniers 和 Tapiero（1995），B. Stanley 等（2000），陈祥锋（2001），Wei Shi Lim（2001），S. A. Starbirds（2001），周明等（2006），Zhou、Chang 和 Zhou（2015）。对供应链质量成本与控制研究的主要学者有：Neil（1996），张翠华、黄小原和卢震（2003），朱曦等（2005），肖迪和潘可文（2012）。对供应链质量风险研究的学者和机构有：Stanle（2000），Tom Whitmeger（2001），Y. Sheffi（2001），2002 年意大利都灵召开的国际航空航天质量组织第十二届会议，2004 年美国机动车工程师学会（SAE）发布的适用于航空航天组织的供应链质量风险管理推荐方法，Stanley

Baiman 等（2004），Chan 和 Kumar（2005），汪邦军（2005），蒋家东和冯允成（2005），Tang（2006），蒋家东和赵晗萍等（2008），陈敬贤、薛梅和施国洪（2013）。免疫视角的供应链质量管理，如李全喜（2009，2010）、孙磐石（2012）。总之，供应链质量管理正处于蓬勃发展的初期阶段。

二 供应链质量管理理论融合

供应链质量管理不是简单的质量与供应链理论的叠加，它也是在融合一些前沿理论基础上进行多元化发展（Huo，2014）。接下来，将对供应链质量管理与知识管理、组织学习、嵌入性理论以及情景理论等方面的理论融合进行分析。

（一）供应链质量管理与知识管理

知识管理是资源基础理论的延伸（Nonaka，1994），是企业能够获得竞争优势的来源（Osterloh and Frey，2000；Aggestam，2015）。供应链质量管理作为质量管理在供应链中的拓展，具有供应链网络和质量管理的双重特性。知识学习和技术创造能够在质量领域和供应链平台上得以集成，促进了供应链质量管理的发展（吴建秋、季晓芬，2014）。质量知识通过和网络企业的交往构建起来，能够改善流程，并贯穿在供应链质量信息流中，协调供应链上下游的质量实践活动。接下来，从两个方面对供应链质量管理与知识管理的融合发展进行分析。

1. 质量理论与知识管理的结合

知识管理与知识创造相辅相成（Adrian，2007；Aggestam L.，2015）。Linderman（2004）在 Nonaka 知识创造的理论基础上，研究了质量管理和知识创造的关系。他提出，质量管理实践活动能够促进知识创造，同时知识创造能够提升质量管理水平，从而促进企业绩效。Pfeffer 和 Sutton（1999）提出了知识转化和创造的能力是企业绩效改善的源泉。在供应链背景下，企业之间交流和沟通的机会大大增加，供应链质量管理的协同性，使质量知识创造活动更为频繁。同时，网络分布的广泛性，使质量知识转移更为直接。Luis（2007）基于多家企业的实证调研分析，提出质量实践活动能够有效促进知识的转移，包括组织内部和外部的知识。这些结论说明质量管理与知识管理是紧密相关的。宋德勇（2004）运用知识的“融知—发酵”理论，对质量管理活动进行了探讨。他认为，质量实践活动是知识“发酵”的过程，提出了质量知识菌株的概念，并通过融知、发酵等过程，促进知识学习和积累，从而也为企业带来了竞争能力。隋静等（2005）利用知识价值链理论分析了质量知识管理，运用平衡计分卡构建了质量知识的四维度模型，从而促进企业的质量改进活动，提升其创新能力。和金生（2006）以 QC 小组为例，通过与传统的 QC 小组进行对比，提出进行组织学习的 QC 小组能够有效地进行知识管理，并且借鉴“融知—发酵”理论，分析了知识管理对质量管理的作用机理。Chuang、Chen 和 Tsai（2015）基于全面质量管理背景，探索了中层管理人员质量知识共享的意愿。

2. 质量方法与知识管理的结合

在质量理论与知识管理融合发展的同时，质量管理的工具与方法也和知识管理进行了结合应用（闪四清、王婧，2010；Seo、Lee and Moon，2015），如 TQM、六西格玛、QFD、ISO 9000 以及 CMM 等。在 TQM 和知识管理方面，Wruck（1994）研究了 TQM 在实施中如何支持知识创新，提高创新绩效。Larry（1999）等对 CMM 和知识管理的融合进行了研究，将质量管理领域进行了更广范围的拓展，拓宽了质量管理与知识管理研究的视野。Rodney（2001）通过建立质量知识管理模型，分析了知识管理对 TQM 实施的推动作用。Biren（2001）以 TQM 为基础，提出了 TVM 模型，用来分析全面价值管理模型的具体应用。Fang Zhao（2001）对比了知识管理和 TQM，并发展了两者融合的管理模型，探索了模型在实践中的应用。Zetie（2002）分析了 TQM 和知识管理的关系，强调 TQM 和知识管理的融合能够带来理论拓展，并给企业提供质量管理的实践方法。部分学者也探讨了六西格玛与知识管理的关系。邓卫等（2008）从六西格玛理论出发，将此类知识分为内外两个方面，并基于知识管理构建了新的六西格玛质量管理模型；提出结构化的知识能够在质量管理中得到有效应用，从而提升产品质量，改善客户关系，增加顾客的满意度。而日本的赤尾洋二

（2008）将 QFD 与知识管理进行了结合，提出了如何在 SECI 模型进行 QFD 技术的构建，并用“湿西装”案例进行研究。他还提出，SECI 的四个阶段可以与 QFD 的阶段相结合，运用 QFD 的方法实现知识管理阶段的知识转化，从而提升知识管理的效果。闪四清、王婧（2010）提出，部分学者分析了 ISO 9000 体系与知识管理的应用，如和金生等（2000）将知识管理理论拓展到 ISO 9000 中，梳理了质量管理知识和结构，对人们认识质量管理体系做了有益的尝试。Chinho（2005）探讨了 ISO 9000 体系中的知识创新，并提出了综合性的研究模型。陈仲亿（2006）以 ISO 9000 体系为基础，并借鉴质量阶段的划分方法，将知识管理进行了四阶段体系化设计，帮助企业有效地进行知识管理。Zeng 和 Tam（2015）研究了 FMEA 在项目和知识管理中的应用。因此，借助知识管理理论来探究质量实践活动，为研究供应链质量管理提供了新的视角和可以借鉴的思路。

（二）供应链质量管理与组织学习

组织学习使企业能够获得可持续的竞争优势，质量改进和创新是组织学习的结果。反过来，也促进了组织学习热情和效果的提高（Daniel，2000；熊伟，2012；Gillies，2015）。供应链背景下的质量管理，为组织学习以及组织之间学习提供了良好的平台，质量实践活动的开展与组织学习息息相关。在企业网络中，通过学习合作伙伴的管理理念以及制造工艺、研发技术，促进企业质量能力的提升。一些学者探讨了质量实践（如领导支持、员工参与、供应商关系、顾客导向、持续改进、信息共享等）与组织学习的关系（吴建秋、季晓芬，2014）。如 Wruck（1994）研究了质量实践中的领导支持与组织学习的关系，结论指出，领导重视质量管理，能够使质量知识得以共享，并且通过相关培训和交流，提高员工参与质量决策的热情，增加信任程度，形成更有利于企业发展的决策，也使组织学习能够在质量实践中得以落实。Reed（1996）将 TQM 分为内容和过程两个方面，指出合理的质量战略与领导支持，能够形成组织学习的良好氛围，使质量文化能够彻底贯彻。质量实践活动中的主体是员工，员工参与是质量管理的核心维度，员工的积极参与使质量活动能够更加有效。Prajogo

（2003）指出，领导重视能够激励员工参与程度和学习热情，从而由个人学习促进组织学习，提升企业的持续创新水平。在供应链质量管理实践活动中，领导支持能够促进职能部门之间以及组织之间的学习能力，突破其原有的技术能力，降低成本，消除资源浪费。文东华（2014）指出，员工参与质量活动，使顾客导向原则在企业得以践行，员工清晰了解产品改进的途径和方法，将专业技能与其他人分享，为组织学习提供了知识源泉。李随成等（2009）指出，员工参与增强了与供应商的关系，使质量知识能够跨组织之间流动，带动其他企业员工的交流沟通，并通过知识渗透和融合，取长补短，交叉互动，增加组织学习能力。在供应链管理中，与合作伙伴关系的协同非常重要，通过质量管理体系、技术创新等协同，在提升组织学习能力的同时，也提升了企业绩效。Roy（2004）研究了供应商关系与组织学习的关系，提出与供应商的合作交流，能够激发新思想，增加纵向合作关系资本，深入理解双方需求，及时获得市场信息，也可以在此过程中将隐性知识进行显性化，带动组织之间的学习热情，共同提升供应链绩效。蒋晓荣等（2012）强调与供应商的密切沟通，保障了原材料的及时供应，也促进了供应商对于产品质量的重视。通过邀请供应商参与新产品开发，形成知识互动，增强信任关系，组织学习在合作中自然形成。有学者提出，质量管理实践中的顾客导向对于组织学习具有积极影响。Prajogo（2003）认为，新产品研发和工艺改进，来源于持续的顾客需求。供应链质量管理关注供应商和终端顾客的需求，有利于促进各企业、各层次的交流学习，为提升顾客满意度共同出谋划策，通过持续改进和质量工具应用，增强企业应对市场变化的柔性能力（Zeng，Tam and Tam，2015）。流程管理、持续改进以及质量统计等质量活动能够提升企业管理效率，避免冗余管理过程对企业造成的隐性浪费，使企业富余的资源能够应用到创新中，促进组织学习（Wruck，1994；Reed，1996；L. Aggestam，2015）。另外，供应链企业相较单体企业而言学习的机会更多，组织学习能力在检验和纠错中得以提升（Muthusamy and White，2005），这和质量管理的本质是一样的，通过加强信息共享平台建设，形成质量知识的互动机制，提升企业学习曲线效应和质量绩效（程兆麟、肖静华、谢康，2012）。正如 A. C. Gillies（2015）所言，学习型组织需要质量文化的支持。

（三）供应链质量管理与嵌入性

1. 嵌入性和供应链网络

Polanyi（1944）基于新经济社会学研究，提出了“嵌入性理论”，该理论后经多位学者的完善和补充，逐渐形成了系统的理论体系。一般认为，其历史演进分为 Polanyi 阶段、Granovetter 阶段和新时期阶段（杨玉波、李备友、李守伟，2014）。由于该理论的巨大解释力，它在组织管理中得到了广泛应用，一些学者已经将其与组织管理的研究紧密地结合起来，如组织学习、知识管理、技术创新等领域（Gilsing and Duysters，2005；Hsiao，Tsai and Lee，2006；彭新敏，2009）；同时，并将其应用到供应链以及战略联盟网络中（杨玉波、李备友、李守伟，2014）。从嵌入性理论本质来看，其主要揭示了组织行为与多种复杂因素进行网络化联系的内在原因。一般将其分为环境嵌入性、组织嵌入性和双边嵌入性（Granovetter，1973）。在供应链情景下，节点企业将会发生频繁的交易和互动，从而使供应链嵌入性结构产生协同效应，通过信息共享、技术交流以及质量管理标准的统一，为双方以及多方企业带来效益的提升。这种嵌入性结构的组织行为，打破了企业封闭的自我管理状态，能够及时获得市场和技术信息，积累知识存量，提升组织学习效果，并转化为现实竞争能力。Granovetter 基于嵌入性理论，分析了嵌入性对于组织绩效的作用，提出了增强其网络资本能力的路径。Zukin 和 Dimaggio（1990）指出，企业基于社会网络的嵌入程度以及关系质量，影响企业抓住发展机遇的能力，表明了企业组织绩效受嵌入性的极大影响。

供应链网络为研究嵌入性理论提供了得天独厚的条件（Wu and Pullman，2015）。组织在供应链网络中，受到环境嵌入性的影响，具体表现为国家层面的影响、产业层面的影响和组织层面的影响。尤其是产业环境嵌入性极大地影响着供应链企业的合作方式，如在激烈的市场竞争中，高新技术产业层面的企业会建立联盟和合作伙伴关系，而传统产业的企业更愿意选择商业关系；同时，供应链企业之间不断地发生多种联系，组织嵌入性对企业绩效影响较大。蒂斯（1997）指出，合作企业的经验影响企业组织学习能力，因为合作过程中，能够激发新知识的出现和转移。在供应链网络中，注重嵌入性的程度决定了合作创新的效果和持续的竞争能力。Hagedoorn（2006）指出，嵌入性的层次结构划分，实现了从宏观到中观再到微观的全覆盖。这些嵌入性影响着企业在供应链中的合作绩效，因此，要统筹考虑嵌入性三个方面的影响。总之，供应链企业构建战略联盟关系，是嵌入性结构在供应链中的应用，能使关联企业提高信任程度，增强学习能力，实现交易成本的降低，搭建多赢的企业合作关系（王琴，2011）。

2. 嵌入性和供应链质量

嵌入性理论与供应链质量管理有多方面的融合应用，主要表现为两个方面：一是从嵌入性视角研究供应商管理（Dyer and Chu，2000；Wu and Pullman，2015）；二是嵌入性理论在质量改进团队和个人中的研究（Miriam，2002）。在供应链质量管理中，供应商关系是非常核心的要素，供应商关系影响着企业供应链质量管理的效果。Dyer 和 Chu（2000）指出，嵌入性维度应该分为社会嵌入、情感嵌入和过程嵌入三个维度，并运用嵌入性理论分析了企业与供应商的信任，探究了信任在交易成本、关系质量以及知识学习等方面的影响，构建了信任和供应商关系的作用机制模型，提出了改善供应商关系的路径。Villena 等（2011）提出，嵌入性分为认知嵌入性、关系嵌入性和结构嵌入性，并通过大样本的企业调研，分析了嵌入性和供应商管理的关系。Villena 认为，嵌入性和供应商关系具有双重作用，前者对于后者能够起到促进和阻碍作用，并将两者关系通过数据分析描绘成了“U”形图，也就是说，嵌入程度过度和不足对于供应商关系都呈负面影响。Carey 等（2011）详细分析了嵌入性三个维度的交互影响以及对于供应商关系的作用机理，结论表明，关系嵌入性在认知嵌入性、结构嵌入性影响供应商关系的路径中起部分中介作用，同时三者相互影响并正向作用于供应商的关系绩效。Wu 和 Pullman（2015）研究了供应链网络的文化嵌入性问题。从以上研究可以看出，供应链质量研究借鉴了嵌入性理论，并推动了供应链质量的发展。

另外，嵌入性理论在质量改进实践中也得到了应用。Miriam（2002）运用嵌入性理论研究了QC小组的质量改进绩效。在研究中，作者将嵌入性特征分为了网络规模、关系强度以及网络中心程度。结果表明，三者的程度越大，QC小组的质量改进绩效也越大。Choo等（2007）认为，关系嵌入程度影响质量团队成员的支持程度、互动强度以及信任水平，而这些能够促进质量改进水平提高。Meltzer等（2010）以医疗服务质量为研究重点，通过采用SNA方法，剖析了网络嵌入性对质量改进的影响。然而，在企业管理中，质量改进管理与核心业务部门相比，总是处于边缘地位，往往得不到领导支持和资源配套，因此，质量改进成员利用网络嵌入性的便利和优势，能够获得相关部门的支持，有效完成质量改进活动。也就是说，在供应链质量管理中，质量改进往往成为跨组织行为，嵌入程度对于质量提升影响较大（王琴，2011）。

综上所述，供应链质量管理不仅需要核心企业自身努力，也需要与网络中其他组织相互协调，从而发挥网络嵌入性对质量提升的积极促进作用。另外，组织呈现出网络化发展趋势，质量实践活动也变得日益复杂（张钢，2005），嵌入性理论为供应链环境下的质量改进提供了新的思路，上述研究成果也为企业实践提供了很好的借鉴（Wu and Pullman，2015）。但是，供应链质量管理和嵌入性理论的融合尚未形成完整体系，仍处于理论发展探索阶段，一些研究结论仍存在分歧，未来需从影响嵌入性和供应链质量管理因素着手，挖掘影响其内在关系的作用机理。

（四）供应链质量管理与情景化

在质量管理研究中，戴明、朱兰认为，质量管理实践活动具有普适性，与所处的情景没有任何关系，也就是说，质量管理理论在不同的国家和地区、不同类型企业中能够得到有效应用。另外，Parast（2006）将墨西哥和美国的质量管理实践进行了对比分析，结果显示，两个国家的质量管理不存在显著差异。然而，作为实践性很强的质量管理实践，应当体现出不同环境下企业的独特需要，质量管理普适性的观点让人质疑，因此，质量实践活动应当存在情景依赖（Rao，

1997；姜鹏、苏秦、党继祥，2008；Loe 和 Ferrell，2015）。这些争论，对推动质量管理理论发展，具有积极的意义。本书主要探讨供应链质量管理，因其所处网络环境的复杂性，必须对其情景因素予以分析（徐淑英、张志学，2005；2011），这也是对供应链质量管理实践活动的有益探索和尝试。通过文献梳理，结合权变理论和情景化理论（Cappelli and Sherer，1991），将影响质量管理的情景变量分为三类，分别是外部情景变量、内部情景变量和管理情景变量（张群祥，2012）。

1. 外部情景变量

这类变量主要从外部情景对质量管理的有效性进行分析，主要是环境不确定、市场竞争程度、国别差异、民族文化等。最为常见的也是最核心的外部情景变量是环境不确定性。Sitkin 等（1994）指出，全面质量管理应与环境的确定程度相匹配，否则会导致 TQM 的失效。结论表明，在确定性程度较低时，全面质量控制的方式对于质量实践更有效；而在环境不确定性程度较高时，应该采取全面质量学习的方式。Zhang 等（2011）用质量开发和质量探索表征质量实践，并提出环境越是动态变化，越应该采用探索性方法；反之，采用质量开发性方法。除环境不确定性以外，国内一些学者也探索了竞争程度对于质量活动成效的影响。李钊、苏秦和宋永涛（2008）指出，市场竞争格局不同，质量实践活动导致的企业绩效不同。姜鹏等（2010）研究了竞争状况与质量绩效以及创新绩效的关系，指出行业竞争程度对于创新绩效影响程度较大，对于质量绩效影响较小。在外部情景变量中，不同国家和地区的质量实践也会影响企业绩效，Dahlgaard 等（1998）将东西方的质量活动进行了对比，发现质量实践活动的一些要素存在差异。Noronha（2002）分析了民族文化对于质量管理的影响。Rungtusanatham 等（2005）将 TQM 分为七个维度，并考察了这些维度在不同国家之间的差异性，结果显示，TQM 的实施效果和情景息息相关。

2. 内部情景变量

这类变量主要从内部情景对质量管理的有效性进行分析，主要包括组织结构有机性、企业规模、企业年限等。从组织结构来分，一般分为有机式组织结构和机械式组织结构，不同的组织结构，会导致不同的质量实践效果。但是，通过文献梳理发现，一些学者关于组织结构有机性和质量实践的关系也存在分歧性的结论。如 Shea 和 Howell（1998）指出，在质量实践活动中，采用机械式组织结构的企业能够取得良好的效果；而 Douglas 和 Judge（2001）的结论却与此相反，认为，有机式组织更能取得好的质量绩效。Zhang 等（2011）针对不同的组织结构提出了质量绩效的提升方法，指出有机式组织结构应该和质量探索匹配，而机械式组织结构与质量开发匹配，如此，将提升质量实践成效。另外，企业规模对 TQM 的影响也十分显著，Hendricks（2001）、Sila（2007）指出，规模较小的企业，质量实践活动的导入更容易，因此绩效更明显；而姜鹏等（2010）、熊伟（2012）从中国企业调研得来的数据显示，大企业具有专业化的管理方式，比小企业实施质量实践的效果更好。还有一些学者就企业年限与质量管理的关系进行了分析。Madu 等（1995）、姜鹏等（2010）指出，成熟企业相较成长和初创企业而言，质量实施效果更好。总之，从以上研究成果来看，研究结论仍不统一，因此，对企业内部情景因素的考量显得十分必要，在第六章中，本书将对供应链质量管理在组织结构有机性情景下的有效性进行检验。

3. 管理情景变量

这类变量主要从企业管理特征对质量管理的有效性进行分析，主要包括领导支持、战略规划、业务范畴等。如 Besnon 等（1991）提出，领导支持对于质量活动的落实非常重要，如果领导对于质量管理高度重视，就会进行资源支持和质量文化宣贯，有利于质量水平的提升。Lee 和 Zhou（2000）、Sousa 和 Voss（2001）探讨了战略规划与质量实践的匹配性，认为质量实施效果取决于和战略的契合程度。Sila（2007）对比了国际、国内业务对质量实践的影响，认为国际业务更能促进企业质量理念的更新，从而促进质量绩效。

综上所述，质量管理的发展始终与情景理论紧密联系，虽然戴明等质量专家信奉质量管理的普适性，但是，后来者还是坚持并热衷于检验其情景的依赖性（张群祥，2012）。在供应链网络中探讨质量管理，本身就已经界定了质量实施的基本情景，同时，积极探讨供应链质量管理的情景考量，可以提高研究的效度（王重鸣，2001）。在对已有的研究成果进行梳理之后，发现研究结论仍然存在分歧，不同情景如何影响供应链质量管理的有效开展亟须从理论和实证上进行解析，后面的章节将进行情景变量的调节效应检验。

（五）供应链质量管理与其他质量方法的结合

一些学者研究了质量管理方法和供应链质量管理的结合，这些质量管理方法包括 QFD、贝叶斯网络方法、六西格玛、ISO 9000、QC、ISO 26000 等。这些技术和方法在供应链质量管理中的实践应用，促进了理论发展，也为供应链质量管理实践活动做了积极探索和很好的铺垫。在研究中，刘迎春（2011）重点探讨了供应链质量管理和质量功能展开（QFD）的融合，通过将 QFD 导入供应链质量活动中，分析其优势和劣势，提出了相应的对策，从而提升质量水平。刘学敏（2007）、任皓（2010）、Choi（2012）建立了一整套基于六西格码的供应链质量管理方法。朱晓宁、李岭（2009）借鉴 ISO 9000 中质量管理的定义，建立供应链质量管理实施框架，并且分别从供应链质量管理的策划、控制、改进和保证四个方面来系统地了解供应链核心企业在实施供应链质量管理时应采取的措施以及可以借助的质量管理工具。索秀花、张仁发（2010）建立了供应链质量风险的贝叶斯网络，并确定了各参数的求解方法，从静态和动态角度分别评估了供应链综合质量风险以及供应链质量风险诱因对于供应链综合质量风险的相对重要程度，从而为动态供应链质量风险管理提供了决策依据。钱莹（2007）从供应链质量管理的必要性出发，结合 SCOR 模型分析供应链中质量形成过程以及该过程的机理。常广庶（2012）阐述了 ISO 26000 的七个核心主题在供应链质量管理中的应用，以帮助企业按照 ISO 26000 的思路建立供应链质量管理体系。

三　供应链质量管理与企业质量绩效

关于供应链质量管理与企业质量绩效的关系，一些学者进行过相关的探索，但是，总体来看，相关成果仍旧比较缺乏，尤其是实证研究更是稀少，其结论也存在分歧，而且研究成果多是基于企业内部质量管理和企业绩效关系的研究（包含部分供应链质量管理与企业质量绩效的关系研究）。虽然如此，这些学术成果对于研究供应链质量管理如何影响企业质量绩效仍具有很大的借鉴意义。经过整理，国内外关于质量管理与企业质量绩效的相关研究成果见表2－3。

表2－3　　质量管理活动与企业质量绩效关系的研究总结

研究者	研究方法	质量活动测度	绩效测度	研究结论
Anderson（1995）	路径分析	高层领导、员工管理、持续改进、内外合作、标杆学习、过程管理、客户关系	顾客满意	员工管理能够显著正向影响企业绩效，持续改进、客户满意对企业质量绩效没有显著正向影响
Flynn（1995）	路径分析	过程管理、工作态度、产品设计、统计控制、车间管理、反馈、领导支持、顾客关系、供应商关系	顾客满意	统计过程控制、反馈和产品设计对企业质量绩效有显著影响
Adam（1997）	回归分析	员工管理、高层领导、客户管理、员工满意、知识管理、员工选择与授权、库存管理	网络销售占比、销售增长、质量成本、次品率、顾客满意	管理改善、员工福利、员工认知和财务绩效存在相关关系；同时，员工福利、员工认知显著影响产品次品率和质量成本
Forza和Flippini（1998）	结构方程	以TQM和供应商为导向、人力资源管理、TQM与客户间关系、过程控制	客户满意	TQM与客户间关系对客户满意有显著影响
Dow（1999）	结构方程、多元回归	领导支持、以顾客为焦点、工会、团队合作、培训、标杆学习、先进制造系统、及时制生产策略	产品质量、顾客满意、生产率、运营绩效	领导支持、人力资源管理显著影响运营绩效；以客户为焦点、工会显著影响质量相关结果

续表

研究者	研究方法	质量活动测度	绩效测度	研究结论
Samson 和 Terziovski（1999）	回归分析	MBNQA 标准	运营绩效	TQM 硬管理与绩效不相关或存在负相关；软管理正向影响运营绩效
Sousa 和 Voss（2002）	文献总结	自设量表	财务绩效、运营绩效、质量绩效	质量管理能够显著影响企业质量绩效、运营绩效；对财务绩效存在不显著的弱影响
Kaynak（2003）	结构方程	SBS 量表	质量绩效、运营绩效、财务绩效	TQM 各个实践之间相关，供应商质量管理、产品设计和过程管理直接影响运营绩效；管理领导、培训和员工关系通过供应商质量管理间接影响运营绩效，TQM 实践通过运营绩效间接影响财务绩效
Lakhal 等（2006）	结构方程	相关文献整理	质量绩效、运营绩效、财务绩效	核心实践正向作用企业质量绩效；基础实践直接影响运营绩效；核心实践在基础实践与质量、财务和运营绩效中起部分中介作用
Nair（2006）	元分析	质量奖维度	质量绩效、财务绩效、运营绩效、顾客满意	质量管理实践活动总体正向影响企业总绩效；单个质量活动与不同绩效的关系受调节作用
Fening 等（2008）	回归分析	MBNQA 标准	财务绩效、市场绩效	质量管理实践正向影响财务绩效和市场绩效

续表

研究者	研究方法	质量活动测度	绩效测度	研究结论
李钊等（2008）	结构方程	Ismail（2002）量表	质量绩效、创新绩效、企业绩效	质量管理实践以企业质量绩效、创新绩效为中介，间接影响企业绩效
姜鹏等（2010）	结构方程	Slia（2007）量表	质量绩效、运作绩效、创新绩效、经营绩效	质量管理实践通过企业质量绩效运作绩效、创新绩效间接作用于企业最终经营绩效
熊伟（2012）	回归分析	Kaynak（2003）量表	质量绩效、经营绩效	质量管理实践活动分为软管理和硬管理，两者均对企业经营绩效有显著直接影响。另外，企业质量绩效在质量实践活动与经营绩效中存在部分中介作用
田慧慧（2014）	回归分析	自设量表	供应链质量、绩效	供应链质量管理活动分为基础和核心活动，两者对供应链质量绩效都具有显著积极作用

资料来源：根据相关文献整理。

大量研究都表明，质量管理的相关要素对企业质量绩效有显著影响（李军锋、龙勇、杨秀苔，2009；Ebrahimi，2013；Reijers，Mendling and Recker，2015），但是，供应链质量管理对于企业绩效的实证研究相对较少，同时供应链质量管理哪些要素才是影响企业质量绩效尤其是质量绩效的关键要素，影响的路径和机理是什么，在中国情景下其理论是否适合，仍需要做进一步的研究和探讨。

四　供应链质量管理研究评论

供应链质量管理是在质量实践活动基础上，基于供应链情景下提出的管理理论，但不是简单的理论相加，与企业内部质量管理也存在很大的差异性。从文献梳理来看，针对供应链质量管理的研究正逐步增加，对它研究的角度也在扩展，但是，总体来讲，仍存在较大的理论缺陷和空白，一些分歧性的结论使理论学者和实践企业家无法辨识，导致理论研究初期的迷茫，因此，对其进行实证研究有待加强和深化。具体来讲，供应链质量管理在以下几个方面尚待完善。

第一，供应链质量管理的概念界定仍未统一，构念维度存在差异。从供应链质量管理的定义来看，不同学者描述其概念时虽然存在部分重合之处，但仍有较大分歧。尤其是在国内，部分学者用质量链概念取代供应链质量管理概念，造成后来研究者的迷茫。另外，对于供应链质量的构念维度也不统一，一些学者强调质量管理需要从供应链的最前端覆盖到供应链的最终端。一些学者认为，可从三维立体角度对供应链进行划分，以至于造成研究结论出现冲突。

第二，供应链质量管理的研究处于静态视角，动态研究不够。供应链质量管理与质量管理最大的差异就在于供应链外界环境的动态性，但是，对其研究大部分处于静态视角，缺乏动态分析，尤其是这方面的实证研究更是少见。静态分析的缺陷在于其结论不能与企业所处环境相匹配，无法知悉供应链质量管理的实施情况和变化趋势，也无从知道供应链质量管理在何种情况下最具有效性。另外，对供应链质量管理的作用机理研究不深入，尚缺乏从动态能力视角进行相关的研究。经过国内外文献检索，从供应链动态能力视角研究供应链质量管理的文献非常匮乏，基本没有，但是，动态能力理论的优越性以及在供应链环境下的拓展，对于理解供应链质量管理具有重要意义，这也是本书进行尝试性探索的原因。

第三，供应链质量管理的要素挖掘不够。对供应链质量要素仍有待深入探究，比如，供应链质量信息共享。传统质量管理没有特别强调信息共享的重要性，但是，将质量实践活动延伸到供应链环境下，需要注意和供应链本身的关键特征相结合，供应链特别强调核心企业与相关企业的质量信息沟通，并通过邀请供应商加入企业研发团队、共同进行新产品开发等，这对于企业质量绩效具有积极作用。在对供应链质量管理研究时，诸如此类的关键要素需要统筹考虑。本书在接下来的分析中，加入了这些特征要素，以便能够全面反映供应链质量管理的本质。

第四，供应链质量管理对企业质量绩效的影响机制研究较少，一些结论不统一。国内外对于供应链质量管理的研究，多从供应链质量管理影响企业绩效着手，对于它和企业质量绩效的关系研究不多，并且一些结论是基于案例分析和经验总结，实证研究很少。本书认为，通过供应链质量管理与企业质量绩效的研究，可以直接分析出供应链质量实践活动对提升企业质量的有效作用，并且，对本土企业调研得来的结论，为我国企业开展供应链质量活动提供更有说服力的理论借鉴。

第五，供应链质量管理缺乏从质量管理实践角度的实证研究。供应链质量管理大部分从供应商管理、企业内部质量和分销商管理的角度进行质量研究，缺乏从质量管理实践的角度进行分析。虽然部分学者指出，企业质量实践活动的模式可以有效地拓展到供应链上，但是，也有部分学者却指出，这样做并不合适，会导致错误性的结论。分歧性的结论会导致实践者无所适从，也会影响理论的发展，因此，本书从实证视角出发，借鉴质量管理的核心要素并结合供应链管理的特点，形成了供应链质量管理的基础要素和协同要素，以检验质量管理实践活动在供应链情景下的有效性。

第二节　供应链动态能力理论综述

一　供应链动态能力的理论基础：动态能力

（一）动态能力理论来源

动态能力理论在战略管理中具有重要的影响（Kor，2013；Teece，2014），它适应了企业在外部动态环境下取得竞争优势的迫切需求，为企业可持续发展提供了有益的思路（吴晓波、徐松屹、苗文斌，2006）。当然，这种理论的产生有其一定的理论基础，而不是没有根基的凭空想象（杜健，2011）。蒂斯最早提出了动态能力概念，并对其进行了详细阐释。他以“惯例”作为研究基线，在资源理论的基础上提出了研究思路与框架。Constance（1997）指出，动态能力理论是对传统资源理论、企业核心能力理论的发展和延伸，其理论基础包含企业资源基础观理论、知识管理理论、演化经济学等。

资源基础理论对于战略管理的发展具有重要的推动作用（张延锋、李恒，2002；Stadler，2013）。它由沃纳菲尔特（Wernerfelt，1984）首先提出，这标志着战略管理资源基础观（RBV）的诞生。RBV是基于企业内部视角来分析企业获得竞争优势来源的，它具有一些理论的假设：企业具有不同的资源，资源不易被其他企业所复制，并且这些资源能够转化为企业获得持续竞争优势的独特能力。换言之，这些“异质”资源能使企业获得持续租金（Penrose，1959；马鸿佳、侯美玲，2015）。后来，RBV也得到了其他学者的拓展和创新，如巴尼（Barney）等。然而，就像其他战略理论一样，RBV也存在必然的缺陷：第一，由于过分强调内部资源而忽略外部环境影响，因此，不能响应环境动态变化；第二，操作层面比较模糊和困难。

在对企业获得持续竞争优势来源的争论中，一些学者提出，知识是企业的核心能力（郑素丽、章威、吴晓波，2010）即KBV的观点（Nonaka，1994；Grant，1996；Simonin，1999；V. K. Bhatt，2007；Ravishankar and Pan，2013）。Alchian（1950）提出，知识能够提升企业资源的配置效率，从而提升企业的竞争能力。德姆塞茨（1999）提出，传统经济学中关于企业能够拥有完全知识的假设是有缺陷的，这种理想式的设想不能够解释现实问题，而只有企业自身的知识积累和学习，才能提高资源配置效率，形成持续竞争优势。

纳尔逊和温特（Nelson and Winter，1992）使用演化经济学理论分析企业与外部环境的匹配关系，在他们的理论中提出了惯例的概念，并将企业惯例作为分析企业获得竞争优势的核心主线。惯例能使企业及时响应环境的动态变化，并将通过知识积累和转化，形成企业核心能力。这些关于惯例、知识学习、适应动态环境等观点，为动态能力的产生奠定了一定的理论基础（马鸿佳、侯美玲，2015）。

总之，学者从资源基础观（RBV）、知识基础观（KBV）、演化经济学等多个角度研究动态能力，试图揭示动态能力作为企业持续竞争优势来源的内在本质，仁者见仁，智者见智，各具优劣（马鸿佳、侯美玲，2015）。然而，对于动态能力最具权威性的研究，仍然是蒂斯（1997）对于动态能力概念的界定和模型的构建，其他学者对其理论又进行了创新和延伸，接下来，将对动态能力进行深入分析。

（二）动态能力的维度构成

由于动态能力的概念界定存在不同的侧重点，所以，学者对动态能力维度的划分也不一致（郑刚、颜宏亮、王斌，2007）。通过文献梳理，动态能力的维度从维度数量上大致有单维、二维和多维三种划分方式。其中，采用单维度的学者较少，如 Wu（2006）在研究新建企业动态能力的时候，将动态能力视为单维概念，用三个题目进行了测度，分别是资源整合能力、响应环境变化能力和学习能力。Wu 在其后续的理论研究中，为了对动态能力进行更全面的测量，将单维动态能力的题项增加了一项，即资源重构能力，即使这样，仍然视动态能力为单维构念。Zhou 和 Li（2010）对动态能力的维度划分则聚焦于单维度的企业适应能力方面，并基于中国加入世界贸易组织的具体情景，对其进行了四个方面的测量，分别是应对世界贸易组织挑战的能力、适应市场变化能力、调整能力以及应对威胁的能力。并在对动态能力单维度划分基础上，实证研究了战略导向影响动态能力的关系。后来，学者在分析动态能力时，也有采用单维度测量的方法，不过，由于采用单维度测量确实存在一定的研究局限，得出的结论也让人质疑，因此，没有得到多数学者的认同。

二维度测量相较单维度而言，更让人容易接受，并且二维度测量主要侧重于具体战略能力，也让人容易理解。如 Hung 从组织战略能力和研发创新能力来测度动态能力。Danneels（2008）在研究中，设计八个题项对动态能力进行测量，并将动态能力分为营销能力和研发能力，在营销能力和研发能力的划分上，又将其分为二阶能力。Liao（2009）以“机会”为核心，对动态能力进行了二维划分，认为动态能力应该从“机会识别”和“机会应用”两个方面的能力进行测量，并开发了“机会识别与应用”的测量量表。

多维度测量是目前大多数学者采用的划分方法。这些学者继承了Teece、Eisenhardt、Martin等的理论观点，并根据研究的侧重点有所区别，但是，整体来看，本质基本相同。Wang和Allmed（2007）在研究中，将动态能力分为企业的适应能力、吸收能力和创新能力三个维度。Prieto（2009）基于知识观，将组织动态能力也进行了三维划分，将“知识”作为动态能力维度的核心，分别从知识创造、知识整合和知识重构进行测量，并将动态能力各个维度与产品开发能力的关系进行研究。Gooderham和Nordhaug（2006）研究了动态能力对企业战略多元化的影响，并认为动态能力分为三个维度，分别从人力资本以及企业内外部联系进行了划分即人力资本异质性、内部开发能力以及外部结盟能力。Protogerou（2012）将动态能力分为协调能力、学习能力和战略竞争响应能力三个维度。Lei－Yu Wu（2007）根据企业发展阶段对动态能力进行了四维度划分：学习能力、适应改变能力、资源整合能力和重构能力。Mckelvie和Davidsson（2009）也从四维度来测度动态能力，分别是企业对于市场的破坏能力、新产品开发能力、创意产生能力、新流程开发能力，对这四个维度进行了量表开发，并基于开发的动态能力维度，分析了企业资源基础对此的影响。

国内学者对动态能力的维度也进行了实证研究，如魏江、焦豪、董保宝、葛宝山、吴晓波、贺小刚、党兴华等，虽然对于动态能力的测度也呈现多样性，但是，其核心维度还是主要集中在学习能力、适应能力、协调能力、整合能力、创新能力等方面。然而，通过现有文献追踪和梳理，较少发现关于供应链动态能力的维度划分及相关研究。因此，本书在第四章将探讨动态能力理论在供应链中的拓展应用，并通过扎根理论研究供应链动态能力的维度构成。

（三）动态能力理论研究视角比较

对于动态能力理论，许多学者从多个角度进行了相关研究，分析现有文献并进行归纳。总体来说，对于动态能力的研究视角主要集聚在以下三个方面（江成城，2011）：一是战略管理视角，代表人物是蒂斯；二是技术能力视角，代表人物是克拉克；三是演化视角，代表人物是佑洛（Zollo）。也有人将演化视角分为组织学习视角和演化视角两种，本书将两者合为一种视角进行分析。接下来，将对研究动态能力的三种视角进行理论对比，见表2－4。

表2－4　　　　三种视角的动态能力比较

视角	战略管理视角	技术能力视角	深化视角
代表人物	蒂斯	克拉克	佑洛
概念内涵	组织能力、独特资源	技术创新能力	组织学习、明确的流程和惯例
环境假设	竞争者、供应商和消费者相互作用	特定关系的产业	运行于社会政治背景中有地域特征的制度体系
核心元素	战略角度分析资源、组织	技术创新和整合	一系列组织的管理和能力
主要贡献	企业异质性、持续竞争优势来源	技术角度创新	知识角度的创新、动态能力形成和发展
操作难易	操作较难、实证检验难	可操作性强、实证容易	可操作性强、实证容易

资料来源：江成城（2011），笔者有修改。

二　供应链动态能力理论发展

（一）供应链动态能力理论研究现状

动态能力理论为供应链动态能力研究提供了理论基础，但是，对于供应链动态能力的研究仍然比较缺乏。通过国外数据库Springerlink、EBSCO、JSTOR、Elsevier以及ProQuest查询，明确以“supply chain dynamic capability”出现的论文较为少见，通过国内的CNKI以及万方、维普数据库检索在库文献（1980—2015年），明确以“供应链动态能力”出现的论文只有6篇，包括硕士学位论文、博士学位论文2篇，分别是：江成城（2011）的博士学位论文——《供应链动态能力及其对企业竞争优势影响研究》；孙春书（2014）的硕士学位论文——《供应链动态能力对企业竞争优势的影响研究》。这两篇论文中，作者得出的结论有一定的相似性。期刊论文4篇：江成城（2011）的文章——《供应链动态能力及其形成机制》；林焜、彭灿（2010）的章——《知识共享、供应链动态能力与供应链绩效的关系研究》；江成城（2012）的文章——《供应链伙伴关系、供应链动态能力与企业竞争优势关系的研究》；许芳、田雨、沈文（2015）的文章——《服务供应链动态能力、组织学习与合作绩效关系研究》。因此，供应链动态能力的理论研究相对非常薄弱，针对供应链动态能力的维度开发和理论构建显得比较迫切。本书第四章以扎根理论为基础，开发出了本土情景下供应链动态能力的维度，这也是本书积极探索的成果之一。

（二）供应链动态能力的基础：供应链能力

由于供应链动态能力研究文献较少，因此，在研究中扩大了文献搜索范围，经查询发现，有部分学者研究了供应链能力（杜漪、王志刚，2008；Feng and Yu，2015；Lee and Rha，2015），并主要从敏捷性和柔性能力两方面进行了探讨。虽然这些文献对本书研究不具有直接的学术借鉴作用，但也有非常强的参考价值。接下来，主要从供应链能力角度进行探讨，从中厘清和发现供应链动态能力产生的理论依据。

1. 供应链柔性能力

供应链柔性主要反映的是供应链对外界需求变化的响应能力（华中生，2007；戴勇，2008）。因为供应链上涉及较多的组织单位，要想对外界环境适时匹配，需要各企业的协同，因此，这既是一个很复杂的过程，也是衡量供应链能力的重要方面。对于供应链柔性核心思想，学者从多角度进行了研究。Slack（1987）从供应链对顾客需求的反应能力方面界定了供应链柔性。Sanchez（1995）、Lau（1996）将供应链柔性上升到企业战略的高度，认为供应链管理的柔性体现为战略柔性。在面对市场变化时，战略柔性能使供应链资源、管理方式以及制造工艺处于协同管理的柔性状态，保证企业获得竞争优势。Voudouris（1999）从供应链资源能力的大小进行表征。Sabri 和 Beamon（2000）在描述供应链柔性概念构思时，提出供应链的生产以及分销流程紧密联系，只有两者均具有柔性，才能保证供应链的整体柔性。马士华（2000）从供给方和需求方分析了供应链柔性。Koste Malhotra（2000）研究了企业的制造柔性，并提出了供应链柔性的概念。通过对比，他认为，供应链柔性对于企业绩效的提升更具重要意义，供应链柔性比制造柔性优势更加明显。在此基础之上，作者又对引入柔性理念前后的企业进行了比较，结果显示，柔性是企业能够获得竞争优势的必备条件。Power、Sohal 和 Rahman（2001）提出，供应链企业之间具有相互依赖性，单个企业的柔性会受到供应链系统柔性的影响，为了增强响应环境变化的能力，应从供应链柔性着手。Adrian Men（2002）通过调查“9·11”以后的企业经理，发现供应链在面对外界环境巨大变化时，如果不具备柔性能力，将导致商业出现破坏性影响。因此，供应链应该重构整个系统，包括与分销商的柔性关系，以便响应环境的变化。Sanchoy（2003）提出，供应链环境下供需关系的弹性程度就是供应链柔性能力。Claudio Garavelli（2003）提出，供应链柔性可以从程度上分为三类，分别是完全柔性、有限柔性和完全无柔性，而有限柔性能够提升供应链竞争能力，完全柔性和无柔性对供应链均不利。张云波（2003）评价了供应链柔性优劣的方法，并提出，供应链柔性能力可以通过决策支持系统来实现。张光明（2006）研究了供应链的柔性和形成机制。吴冰等（2007，2008）对供应链柔性进行综合评价，并对供应链柔性未来发展方向进行了预测。刘婷、钟芳偲（2012）基于知识共享与知识创新对供应链柔性进行了研究。张冕（2013）研究了绿色供应链柔性问题。尚文芳、祁明和陈琴（2013）研究了需求预测信息即时更新的供应链柔性期权协调契约。李建斌、刘凤和雷东（2013）基于公平参数对供应链柔性合同优化策略进行了研究。苏旭东、鲁文轩（2014）基于结构熵权法，对供应链柔性进行了模糊综合评价研究。Lee 和 Rha（2015）研究了作为动态能力的弹性供应链及其构建过程。林伟滨、黄敬前（2015）探讨了关系嵌入下供应链柔性实现的整合要素及整合流程，并构建了供应链柔性机制模型。

在对供应链柔性能力的概念和理念研究基础上，学者对供应链柔性进行了维度划分，大部分都是多维度的划分，如 Abedl 等（2000）通过企业访谈，认为企业柔性包含制造柔性、供应柔性和销售柔性。Sabri（2000）认为，柔性只需要两个指标即可，包含生产柔性和分销柔性，而其他柔性则是这两个基本柔性的衍生。Vokurka（2000）提出，产量以及品种柔性是供应链柔性测度的方式。Leslie 等（2000）从六个方面说明了供应链柔性。Sanchoy（2003）提出，供应链柔性的首要标准是应该容易对它进行测度，并认为，从订货提前期以及数量和品种指标可以很好地反映柔性大小。方明（2002）也提出，多维度测量供应链柔性，表示用六个方面来测度比较合适。张云波（2003）等认为，供应链柔性应该包含企业管理的多个方面，并从八个方面对供应链柔性进行了说明。邓宁（2005）提出，供应链柔性应该从战略到执行三个方面进行划分。苏旭东、鲁文轩（2014）认为，供应链柔性应该从内部柔性和外部柔性两个方面测度。

2. 供应链敏捷性

敏捷性在制造过程中得到了应用，后来学者将敏捷性引入了供应链的范畴（徐章一，2004）。供应链敏捷性概念的提出，是为了应对市场需求以及技术革新的动态环境（林琳、薛恒新、桂良军等，2006；P. M. Swafford，2006；齐懿冰，2010；Wisner，Tan and Leong，2015）。正如方志梅（2002）所言，构建快速响应的动态联盟正是供应链敏捷性的主要体现。敏捷供应链能够有效应对风险，提升企业的竞争优势（Arzu Akyuz，Erman Erkan，2010），可以这样说，供应链敏捷性的构建，是企业必备的能力之一（达庆利，2005；马丽娟，2009）。在研究中，许多学者对供应链敏捷性进行了概念界定。Mason（1997）将敏捷性和精益生产的概念拓展到供应链中，并对供应链运作能力设定了一个耦合极限，认为在未达到极限之前，可以有效运用精益敏捷性理念来指导企业生产；超过极限以后，供应链的效率相对较高。也就是说，供应链精益敏捷能力可以使企业有效预测市场的动态变化。斯坦福大学基于信息技术以及管理手段的整合对供应链敏捷性进行了定义。王英林等（2002）将供应链敏捷性和柔性进行了对比，认为敏捷性相较柔性能力而言，更注重整合供应链资源的快速应对能力，并且及时把握机会创造价值。查敦林（2004）通过对供应链敏捷性概念、特征及敏捷战略研究，提出了提升供应链敏捷性的若干途径。达庆利、张钦（2005）研究了敏捷供应链的构造方法和敏捷策略。柴跃廷（2006）提出运用信息技术平台对供应链进行管理，使供应链能够协调企业之间的资源，形成高效的协同能力，以便快速和高效地与动态环境相匹配。马丽娟（2009）认为，客户多样化需求致使供应链企业必须快速响应这种变化，并且整合资源，从而形成在动态环境中生存和竞争的能力就是供应链的敏捷性。从这些代表性的定义可以发现，对于供应链敏捷性的探讨，主要包含以下核心思想：具备快速响应能力，并且拥有快速应对环境变化的信息流平台，能够协同供应链各个企业。杨竹青（2013）研究了跨组织信息系统柔性和供应链资源依赖对企业敏捷性的影响。冯长利等（2015）以供应链敏捷性为中介，研究了供应链知识共享与企业绩效的关系。杨艳玲、田宇（2015）研究了供应链管理实践、供应链敏捷性对企业绩效的影响。

总之，用供应链柔性和敏捷性来测度供应链能力稍显不足，毕竟供应链能力已经成为反映供应链绩效的重要前置因素，它应该还包含其他管理能力，并且对于如何提升柔性和敏捷性的方法，在以前的研究中也比较薄弱。另外，直接以“供应链动态能力”为研究对象的理论文献较少，接下来，将动态能力的概念与供应链结合起来，进一步探讨供应链动态能力的管理方式。

（三）供应链与动态能力的融合

供应链与动态能力的融合是一个新的研究方向（Lee and Rha，2015），但是，从目前的研究文献来看，鲜有学者将两者进行清晰的整合和联系。其中，鞠芳辉、谢子远、黄文军（2014）认为，动态能力和供应链管理在理论上存在很多重叠和相似性，这意味着两者的结合将成为理论和实践的必然结果，关于两者理论的重叠性大致如表2－5所示。

表2－5　　动态能力与供应链管理的重叠性对比

环境特点	动态能力	供应链管理
全球市场	地理及组织创新，制造资源分散	地理及组织创新，制造资源分散
市场边界	市场边界模糊	买卖关系有时不透明，更多的是隐性知识和隐性契约
市场需求	市场需求变化不清晰，难以预测	成熟的、拥有充分信息的客户及即时信息分享；利益相关者需求的变化快速、动态，不可预测

续表

环境特点	动态能力	供应链管理
生产过程	产品的成功通常依赖多种技术、多家企业	产品的成功依赖于不同的技术和企业
企业绩效	获得比单纯财务绩效更广泛的竞争优势	用可持续三个维度度量公司绩效

资料来源：参考鞠芳辉、谢子远、黄文军（2014）的研究成果，笔者有所修改。

供应链管理需要核心领导企业协调节点企业的管理理念和行为方式，尤其是在动态环境下实施供应链协同，必须发展供应网络的动态能力（Lee and Rha，2015）。从横向关系看，核心企业要整合资源（Wu，2007），关注企业的利益诉求，建立信息共享平台，通过知识管理和组织学习等方式，构建供应链的柔性能力，及时对外部环境变化做出恰当的响应（崔瑜、焦豪，2009；G. T. M. Hult，D. J. Ketchen and M. Arrfelt，2011）。从纵向角度看，供应链核心企业要做好自己的内功，能够建立起供应链管理的领导角色，保持自身的动态能力，从而对其他利益相关方产生积极影响（鞠芳辉、谢子远、黄文军，2014）。由于动态能力和供应链管理的部分特性相似，鞠芳辉（2014）构建了供应链动态能力的理论框架，将两者有机地融合到了一起，并提出供应链管理和动态能力相互作用，催生了新的动态能力，从而产生可持续竞争优势（见图 2－2）。

鞠芳辉等（2014）的研究只是一个初步的理论框架，框架中关于可持续供应链的三个维度划分，以及动态能力的维度构念、概念之间的作用机理等仍需要来自企业调研数据的实证检验。

此外，部分学者借鉴了一般动态能力研究模型，通过分析动态能力产生的主要影响因素，分析供应链动态能力产生的根本原因（Lee and Rha，2015）。江成城（2011）认为，供应链动态能力主要是供应链惯例的结果。因为蒂斯（1997）研究结论提出，企业动态能力分析的最基本单元是企业惯例。因此，借鉴蒂斯关于动态能力的理论来探究供应链动态能力，要深入研究供应链惯例形成过程以及其主要构成要素，

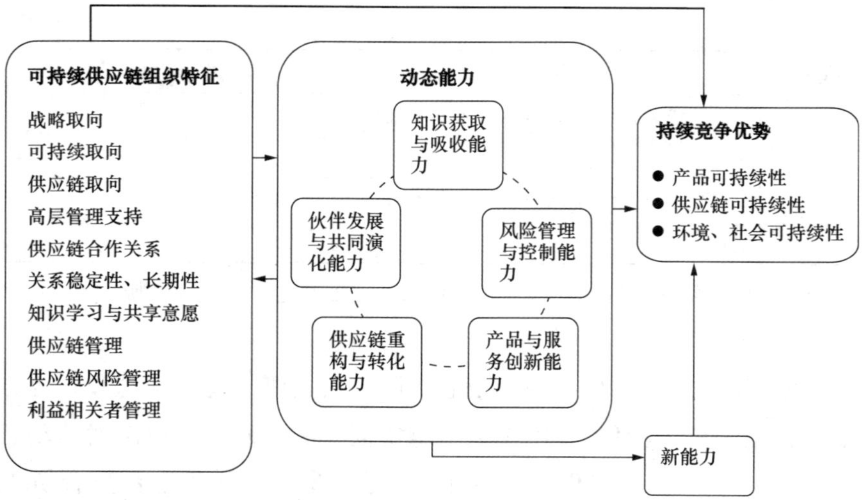

图 2-2　供应链管理中的动态能力框架

从本质上揭示供应链动态能力的来源。林焜、彭灿（2010）也是将动态能力直接拓展到供应链中，并认为具备动态能力的供应链，能够及时响应环境变化，创造市场机会，赢得持续竞争优势。

综上所述，由于供应链动态能力研究的文献较少，其理论相对比较薄弱，一些研究甚至是将动态能力理论直接在供应链中进行照搬，研究结论不具说服力（Feng and Yu，2015；Lee and Rha，2015）。另外，对于供应链动态能力的产生以及维度构成尚没有一个相对认可的理论体系，本书将进行相关的探索性研究。

三　供应链动态能力与绩效

（一）动态能力与企业绩效

动态能力的产生有其理论基础和现实背景，大多数学者认为，它对企业的可持续发展并使企业保持竞争优势有着积极的作用（Zollo and Winter，2002；Villar，Alegre and Pla - Barber，2014；吴航，2015）；也有学者认为，动态能力未必能为企业带来直接的正向影响作用（Eisenhardt and Martin，2000；Hdfat et al.，2007）。接下来，将从国外、国内的研究成果进行分析。

1. 国外研究

在研究动态能力与企业绩效关系时，Pablo、Reay、Dewald 和 Casebeer（2007）提出，动态能力能够在外界环境变化下显示出特有的优势，使企业获得持续竞争优势。这个观点得到了很多研究者的支持，并将动态能力的研究框架拓展到了其他领域，也取得了一定的成效，但是，细致梳理相关文献，发现实证研究比较缺乏。Ambrosini 和 Bowman（2009）指出，在动态能力方面，最有影响力的文献主要是蒂斯等（1997）、Eisenhardt 和 Martin（2000）的论文。但是，在他们论文的描述和研究中，主要采用案例分析方法，虽然也采集了一部分数据，但是，数据并不是为了理解动态能力而专门进行收集的。随着对动态能力的研究，很多学者也表现出了积极的兴趣，类似的概念和文章也在不断增加，对动态能力的描述也更加翔实，但是，由于三个方面的原因，使实证研究仍比较有限。第一，动态能力理论发展时间比较短。从 1997 年动态能力理论的提出到现在不过 20 年的时间，其理论积累并没有经过更多时间的检验。正如 2007 年 Newbert 提出的那样，对于动态能力的研究仍是处于人生的婴儿阶段。第二，主要是动态能力本身是比较难以测度的，因为动态能力有一个构成和演进过程，不是一个静态的能力，需要时间积累和长期观测，这一点也得到了 Kraatz 和 Zajac（2001）的认同。第三，主要是对于动态能力的描述没有详细展开，仍是停留在概念的初级阶段。以上种种原因，导致动态能力的定量研究没有系统展开，虽然如此，国内外学者还是积极进行了有效探索，取得了一定的成效。

Ambrosini 和 Bowman（2009）对动态能力的文章进行梳理后提出，国外学者针对动态能力的研究仍然是聚焦在更为具体的能力方面，因为这些能力相对比较容易测度。同时，在研究方法上，采用案例研究的相对较多。Helfat（1997）主要从研发能力来表征企业的动态能力，并分析了研发能力给企业带来的绩效。他认为，研发能力是企业能够适应外界快速变化，能够有效应对市场和产品价格的挑战，因此，用研发能力来表征动态能力非常有效。他同时检验了研发能力的影响因素，如互补性资源对于研发能力的形成具有积极意义。Karim 和 Mitchell（2000）根据企业大量兼并的时代背景，分析了兼并给企业绩效带来的影响。笔者提出，兼并是企业非常重要的动态能力，它可以改变企业的资源，是在资源基础观上建立的一种能力。兼并使企业能够整合内部和外部资源，取长补短，使资源组合更加优化，从而利用了外部环境中所呈现出来的动态机会，因此，兼并能力是动态能力的一个重要部分。这个观点也得到了 Eisenhardt 和 Martin（2000）的认同。他们提出，不仅兼并是企业动态能力表现，产品创新能力、与企业外部的联盟能力也是企业“真实”的动态能力（郑胜华，2005；2007），因为这些能力能够将资源进行优化配置，提升企业绩效。Schroeder 等（2002）通过采集 164 份有效样本，分析了学习能力与企业绩效，认为它们之间存在相关关系。Zhu 和 Kraemer（2002）以生产企业为例进行研究，结果显示，电子商务能力与信息基础存在交互作用，并对企业绩效有着显著的影响作用。Zahra 和 George（2002）提出，企业吸收能力是企业动态能力形成所必须具备的基础能力，也可以说是动态能力的一种表现形式。因为吸收能力可以通过企业的知识学习得以形成和提升，促使企业具备适应外界变化的柔性能力。Danneels（2002）对动态能力的研究，主要以高新技术企业为例，他经过对这些高科技企业的对比，认为产品创新能力非常重要，因为产品创新能力会使企业带来组织创新，从而与企业层面的能力息息相关。当然，他的观点主要是基于高新技术企业情景下所进行的动态能力研究，具有一定的情景依赖性，是否具有普适性，还需要实证检验。Karim（2006）对动态能力的研究主要聚焦于企业的组织层面，提出组织结构重构能力是企业动态能力的一种，因为组织结构是企业发展的框架，通过重构业务单位，使企业能够建立起适应外部变化的基本能力，从而提升企业的绩效。Narasimhan 和 Schoenherr（2012）分析了供应链管理实践和环境管理实践的整合对于质量优势的关系。Feng 和 Yu（2015）从资源基础理论出发，研究了供应链能力和运作绩效的关系。

2. 国内研究

国内学者对于动态能力和企业绩效的研究，近几年来有增长的趋势。对于动态能力的分析，主要是将动态能力作为研究的前置变量和中介变量，而且多是大样本实证研究。如贺小刚等（2006）采用363份有效样本，对动态能力进行讨论，主要分析了其制约因素、维度构成以及对企业绩效的作用。在研究中，他将动态能力分成五个维度，分别是市场潜力、组织柔性、学习能力、变革能力和战略隔绝，其中提出的战略隔绝比较具有新意。焦豪、魏江和崔瑜（2008）通过108份有效调查问卷研究了创业导向、组织学习和动态能力的关系。在对动态能力进行维度分析时，将其维度分为四个方面，分别是环境观察能力、企业变革能力、组织柔性能力和技术柔性能力。结论表明，组织学习能力对于动态能力形成具有积极作用；同时，也验证了创业导向各构面通过组织学习能力，对于企业动态能力有间接的正向效应。胡望斌、张玉利和牛芳（2009）主要对我国新创企业进行了调查和统计分析，针对调查的199家企业数据，检验了创业导向、动态能力和企业成长的关系。在他们的研究中，对于动态能力的维度划分也是四个方面，分别是企业变革更新能力、组织学习能力、环境洞察能力以及柔性能力。结果表明，创业导向是动态能力形成的重要因素。曹红军、赵剑波和王以华（2009）分析了动态能力、战略过程和企业绩效三者的关系。通过对110份问卷的实证检验，表明战略在动态能力影响企业绩效过程中具有中介作用。董保宝、葛宝山和王侃（2011）主要分析了资源整合过程、动态能力和竞争优势的关系，通过187份有效问卷的分析，发现动态能力在资源整合过程和竞争优势过程中具有部分中介作用。另外，冯军政（2011，2012）、张钢和王宇峰（2012）进行了动态能力和创新绩效的关系研究。吴航（2015）研究了动态能力视角下企业创新绩效提升机制。

综上所述，国内外学者对于动态能力和企业绩效关系的分析，大部分都是针对一般情景下的探讨，对于动态能力在供应链环境下的拓展研究仍然非常少见（Lee and Rha，2015），接下来，将对供应链动态能力与企业质量绩效的关系进行分析。

（二）供应链动态能力与企业质量绩效

供应链动态能力处于理论发展的初期阶段，对其分析主要集中在概念界定以及影响要素的挖掘上，关于供应链动态能力如何影响企业绩效的作用机理比较缺乏，一些研究者主要从供应链动态能力的某些具体维度上分析了与竞争优势的关系（Lee and Rha，2015）。Maloni等（2000）认为，通过建立供应链企业之间的伙伴关系，能够增加对市场的响应能力，从而提升顾客满意。Mentzer（2001）指出，供应链企业之间的战略协同能力能够提升各个企业的可持续竞争优势。Harrison（2002）研究了供应链协调能力和企业绩效之间的关系，研究表明，前者对后者具有正向作用。Bessant（2003）以英国的不同行业为例，研究了供应链之间的学习能力，并对其与供应链绩效的关系进行了探讨，结论显示，前者对于后者有积极正向作用。Dyer 和 Hateh（2006）对比了美国汽车和日本丰田汽车的供应链，指出供应链之间的知识共享能够给企业带来更高的绩效。Chen（2007）、Wisner、Tan 和 Leong（2015）提出，供应链信息柔性能力对企业竞争优势具有明显的正向作用。在国外研究的基础上，国内学者也进行了积极的探索。杜世海等（2006）提出，供应链中各个企业的经济租金可以进行传递，最终形成供应链的竞争优势。王宁（2008）认为，供应链企业之间可以进行知识共享，并通过新知识的创造和传播，提升企业竞争能力。彭灿（2010）、孙武斌（2010）研究了知识共享与供应链动态能力形成的关系，指出知识共享是供应链动态能力形成的基础条件，通过知识管理，激发供应链动态能力的构建，增强企业绩效。江成城（2011）指出，供应链动态能力能够获得“理查德租”和“熊彼特租”，使企业在市场竞争中赢得先机，并且构建了供应链动态能力四维度影响企业竞争优势的整合模型。孙春书（2014）对供应链动态能力进行了三维度的划分，并对各维度构面和竞争优势的关系进行了实证研究，结论显示，供应链动态能力能够正向影响企业竞争优势，并提出了具体实施路径。许芳（2015）研究了服务供应链动态能力和企业合作绩效之间的关系，结论显示，服务供应链动态能力对合作绩效有着积极的影响，并且提升供应链动态能力可以从精英学习和惯例效应两方面进行分析。总之，供应链动态能力和企业绩效之间的关系仍在探索中，以上学者的研究成果为后来者的研究做了基础铺垫，为了厘清两者之间的作用机制，需要反复进行检验，增加结论的健壮性。

四　供应链动态能力研究评述

从已有文献来看，关于供应链动态能力的研究较少，一些近似的研究也比较零散，尚未形成系统的理论体系。作为动态能力在具体供应链情景中的拓展，供应链动态能力和一般动态能力有着较大的区别。同时，供应链动态能力的研究也存在一些不足之处，它可以在以下五个方面进行研究：

第一，供应链动态能力的概念尚不明晰，需对其进行明确界定。对于动态能力的研究相对较多，但是，对动态能力在供应链中的表征的研究却比较少见。一些有限的研究对其概念界定也尚未统一，这在研究初期是可以理解的，但是，随着研究的深入，必须能够反映出其概念的本质和特征。

第二，供应链动态能力尚缺乏成熟的量表表征和维度构思。由于对供应链动态能力的研究较少，对其研究并成熟的量表基本没有，一些研究是直接引用了动态能力量表的表征方式，但是，这就导致了不同情景下同一概念的生搬硬套，影响结论的有效性，因此需要采用探索性方法进行量表的设计。同时，供应链动态能力的维度构思需要进行深入探究，以便能够深刻地表达供应链环境下动态能力的特点。本书将在第四章通过扎根技术进行尝试。

第三，供应链动态能力的形成机理尚不明晰。对于动态能力的形成机理，许多人从知识管理、组织学习等多角度进行了研究，但是，对供应链动态能力的形成机理尚不明晰，是否有关知识管理、组织学习等理论在对供应链动态能力形成过程中起着同样的影响作用，需要在实践中进行探索，也需要通过企业调研进行研究。

第四，供应链动态能力对企业绩效研究较少。从文献来看，相关研究比较稀缺，且存在结论分歧。部分学者认为，动态能力对于企业绩效有着直接影响。也有学者认为，存在间接作用。而在这些仅有的研究中，也多是从动态能力角度，分析了其对企业竞争优势的作用。因此，探索供应链动态能力对企业绩效的影响也是亟须解决的问题，这对推动供应链动态能力理论的发展具有积极作用。

第五，供应链动态能力的实证性研究较少。在已有的成果中，对于供应链动态能力的研究多是从案例比较和理论推断进行的探讨，缺乏大样本数据调研的实证分析，容易使人对其结论产生疑问，因此，接下来的研究可以采用多样化的手段，对供应链动态能力进行探索。

五　供应链动态能力文献小结

本节主要是对供应链动态能力理论的文献综述，由于供应链动态能力研究的成果非常少见，因此，本书从供应链动态能力的理论基础即动态能力着手，在厘清动态能力内涵的基础上，对动态能力结构维度等进行了分析。接下来，基于供应链的情景，探究了动态能力在供应链中的拓展，并就供应链能力的相关概念，如供应链柔性能力、供应链敏感性进行了分析。由于供应链动态能力的核心构念特征以及包含的维度，没有成熟的量表和研究文献可以借鉴，本书在分析供应链动态能力与企业质量绩效的关系时（因为供应链动态能力的理论比较薄弱，研究其与质量绩效关系的实证研究非常缺乏），主要借鉴动态能力与企业绩效的关系，为后面的研究做了理论上的铺垫。

第三节　质量绩效

一　质量绩效基本情况

20 世纪 90 年代，Flynn（1994）等提出，在大质量框架下，质量管理实践（输入）与质量绩效（输出）之间的区别已经变得模糊不清。大多数学者对这一问题进行了研究，但主要从质量管理实践之间的关系和管理实践对管理绩效的影响两个方面进行了研究，其结果表明，质量管理实践直接或间接地正面影响着质量绩效。许多学者从不同的质量管理实践中对质量绩效进行研究，概括出相应的评价维度和指标，进而建立了许多质量绩效的评价模型。其中，S. D. Amundson（1998）研究了如何识别影响质量绩效的维度以及这些维度之间如何产生相互关系问题。因为不同的学者对全面质量管理的认识存在着差异，所以，总结出的质量绩效的维度是多方面的。随着质量内涵的不断扩大，从开始的单一产品质量或者服务质量，发展为包括员工、顾客管理的质量，再到对各种利益相关方（重点研究员工、供应商、商业合作伙伴、社区、公众等）管理的质量，相应的绩效目标也从提高产品或服务的质量到提高员工、顾客的满意度，再到提高各利益相关方的满意度，进而提高整个组织的绩效。因此，对质量绩效进行单一维度的评价已经满足不了其内涵发展的需要，从而凸显出多维评价的重要性和迫切性。在这些多维评价模型中，以全面质量管理实践对绩效的评价为主，对相关理论进行了验证，得到广泛认可和应用的是各种质量奖模型（贺金凤，2006；奉小斌，2012）。

经过以上分析，鉴于当代评价质量绩效已经发展为多维评价，因此，质量绩效评价的功能也不再是仅仅为了得到单一的评价结果，而是如何对多方面的评价结果进行诊断改进，进而提升整个组织的绩效，这就要求对评价结果进行全面分析和深入探讨（熊伟，2012）。具体可以从以下三个方面着手：首先要全面了解已经产生的绩效结果；其次要从历史的角度总结绩效结果成败的原因，对其动因进行探析；最后要弄清楚这些评价结果对组织未来整体目标的影响。对组织质量绩效全面评价的最终目的是对组织现存的问题进行诊断，并从实现未来卓越绩效的角度来提升整个组织绩效水平。

二　质量绩效的测量

现有文献对质量绩效的研究是从组织层面和产品层面来进行的，所以，质量绩效的测量也是基于组织层面的质量绩效水平和产品层面的质量绩效水平。

（一）组织层面的整体质量绩效测量

国外许多学者从组织层面来研究整体质量绩效并进行测量，Ahire 等（1996）、Prajogo 和 Sohal（2006）通过测量本企业的产品绩效、产品的耐用性、产品的合格率等方面的质量绩效水平并与竞争对手的质量绩效水平进行对比分析。Dow（1999）从企业总体层面，使用“最终产品质量合格率、产品质量保证成本、质量总成本和相比竞争对手的缺陷四个指标测量质量绩效。Samson 和 Terziovski（1999）在对质量绩效测量时，重点考察产品的缺陷比率、质量成本、交货及时率等。Haner（2002）通过对产品或服务相关的测量指标和与过程相关的测量指标两方面来研究的。Kaynak（2003）采用了五个指标来测度企业的质量绩效，即产品或服务质量、生产率、浪费与返工成本占销售额比重、采购物料交付期、产品或服务交付期。姜鹏（2009）在对质量绩效进行研究时，认为质量绩效可以分为外在和内在两种质量表现。并提出，未来对质量管理与企业绩效关系模型进行研究时，可以重点关注构建质量管理实践的内部关系网络、拓展企业绩效内容、探索质量管理与企业绩效之间的非线性关系等方面。

（二）产品质量绩效测量

Garvin（1987，1988）在对产品质量进行研究时，提出测量产品质量的八个维度，即绩效、性能、可靠性、符合性、耐久性、适用性、美观性和感知质量。此后，许多学者基于质量的八个维度对产品质量绩效展开研究。Sebastianelli 等（2003）提出，对于产品质量维度的构成，主要根据所选择的质量定义进行维度划分，如以制造为基础进行的质量定义，主要采用符合性质量的相关指标；对于产品基础性的质量定义，主要采用与其产品特征相关的内容；对于以客户为基础的质量定义，主要采用与美观和感知质量相关的维度。Molina - Castillo 等（2008）从外部质量（主要指基于价格、品牌和原产地的质量）、内部质量（主观质量、形象和设计）和客观质量（绩效、性能和可靠性）等维度来研究产品的质量。

有的学者从其他层面的因素对质量绩效的测量进行了研究。Sethi（2000）从产品的美观性、使用性能、使用时间、制作的精细程度等方面与竞争对手企业进行比较，从而对产品质量绩效进行测量。Swink 等（2004）从产品的质量目标（如实现产品的“零缺陷”）、产品的绩效目标和特定顾客的需求三个指标来测量质量绩效。Li 等（2011）主要和竞争对手比较来测度质量绩效，如与竞争对手的产品在使用、产品质量、顾客对产品的评价等方面进行度量。

（三）本书对质量绩效的测量

通过上述文献可以看出，国内外的学者已经从多种研究视角探讨了如何对质量绩效进行有效的测量，本书对相关测量指标进行梳理，讨论其关联性和聚合性。在借鉴以上研究成果的基础上，对企业质量绩效结果用两个维度八个指标（参见第一章第三第五小节有关内容）加以测量，两个维度是产品质量绩效和过程质量绩效（参见第一章第二节有关内容）。

第四节 供应链质量管理与供应链动态能力和企业质量绩效的关系

在供应链质量管理、供应链动态能力及企业质量绩效的研究中，现有成果中很少发现三者之间关系的详细研究。较多是关于供应链质量管理对企业质量绩效的研究，认为前者对于后者有直接作用。如Fynes和Voss（2002），Vanichchinchai和Igel（2011），Wisner、Tan和Leong（2015）等指出，供应链质量管理能够积极改善企业产品质量和服务质量。陈江宁（2008）、王恩华（2009）、朱媛媛（2012）、梅莉（2012）、田慧慧（2014）研究了供应链质量管理与企业质量绩效之间的关系，指出供应链质量管理对企业质量绩效有着积极影响。姜玉满、陈要立（2008）研究了卓越绩效模式在供应链质量管理中的应用。姜鹏等（2009）主要从质量管理实践类型入手，就质量管理实践与企业质量绩效和创新绩效的关系进行研究。李全喜等（2012）研究了供应链组织关系对质量绩效的影响，其中供应链组织关系是供应链质量管理的影响要素。孙磐石（2012）从免疫视角研究了供应链质量管理与企业质量绩效的关系。洪江涛、聂清和邱婷（2013）研究了供应链质量管理与食品企业绩效的关系。许德惠等（2013）研究了供应链风险（包含供应链质量管理风险）对企业竞争能力和绩效的影响。缪书超（2015）研究了电子企业供应链质量管理与企业绩效的关系。Zhao（2015）研究了人力资源管理实践在供应链质量管理和组织绩效之间的调节作用。

此外，有学者认为，供应链质量管理和企业质量绩效之间存在动态能力的中介作用。如张翠华、杨佰强（2006）在研究供应链与企业绩效关系时，认为应该基于协同管理模型来嫁接两者的关系，从而提升企业绩效。这就包含了供应链动态能力的思想，但是，笔者没有进行深入的挖掘和剖析。另外，一些学者就供应链质量管理中的某些核心要素，研究了与动态能力和企业质量绩效的关系。如葛遵峰（2011）研究了战略领导行为对企业动态能力和竞争优势的作用。罗彪、张哲宇（2012，2014）研究了领导力和动态能力对企业绩效的影响。Prahalad 和 Ramaswamy（2000）提出，质量管理实践中的顾客导向和参与为企业提供各种信息和知识，在一定程度上促进了企业的动态能力的形成，并提升企业绩效。Fang 和 Zout（2009）从供应链管理、顾客关系管理、产品开发管理提出营销动态能力的概念，并对其经营绩效进行了研究。在他的研究中包含了供应链质量管理和供应链动态能力的思想。黄海艳（2014）以动态能力为中介，研究了供应链质量核心要素顾客参与对新产品开发绩效的影响。关于供应链质量中的信息共享、动态能力与企业绩效的关系，也有学者进行了研究，如郑大庆等（2006）基于动态能力理论视角，研究了供应链质量管理协同要素的信息系统能力与企业竞争优势的关系。俞枫（2008）以动态能力为中介，研究了信息技术如何驱动企业战略转型。钟国梁（2009）研究了基于信息技术能力的企业动态能力构建以及对企业竞争优势的影响。池芳微（2009）从动态能力视角入手，检验了信息技术能力对企业绩效的影响。沈伟梁、施放（2015）研究了信息技术、动态能力对外贸企业战略转型的影响。还有一些学者研究了供应商管理、动态能力和企业质量绩效之间的关系，如 Stanley 和 Wisner（2001），Lin、Chow 和 Madu（2005），Kannan 和 Tan（2005），Nair（2006），Lo、Yeung 和 Yeung（2007），Kaynak 和 Hartley（2008），Sroufe 和 Curkovic（2008）等。这些研究从动态能力切入，提出供应商关系对提升企业生产柔性和优化产品设计具有积极作用，从而能够提升企业质量绩效，肯定了动态能力在供应商关系和企业质量绩效之间的连接效应。李刚、李随成和杨洵（2014）研究了供应商网络黏性、动态能力与产品创新的关系研究。

总之，通过文献梳理后发现，明确对供应链质量管理、供应链动态能力和企业质量绩效关系进行研究的理论成果很少，部分学者从供应链质量管理中的某些要素出发，研究了与动态能力和竞争优势以及企业绩效的关系，这些成果为接下来研究模型的构建提供了借鉴和参考。由于供应链质量管理、供应链动态能力和企业质量绩效关系的现有成果较少，第三章中进行探索性案例分析，并结合本章的相关文献，提出本书的研究框架。

第三章　探索性案例与研究框架

本章首先通过探索性案例分析，提出本书理论框架及相应的命题假设。研究模型有供应链质量管理（SCQM）、供应链动态能力（SC-DC）与企业质量绩效（QP）之间的关系模型；命题假设是：SCQM与QP之间的关系假设；SCQM、SCDC和QP的作用机理假设；权变条件下SCQM对于QP的调节效应假设。

第一节　理论预设与案例研究

通过前一章的文献综述，确定了研究的基本理论框架，本节将运用探索性案例研究方法，构建供应链质量管理、供应链动态能力与企业质量绩效之间的作用机制模型。首先对预研个案进行初步分析，然后对三家高新技术企业供应链质量管理进行跨案例研究，通过探索性案例分析，试图探索回答以下三个方面的问题：第一，企业供应链质量管理是如何影响企业质量绩效的？第二，供应链质量管理是如何通过供应链动态能力作用于企业质量绩效的？第三，环境动态性和组织结构有机性是如何影响供应链质量管理和质量绩效关系的？接下来将从理论预设和案例分析两部分进行研究。

一　理论预设

Yin（2008）提出，要想提高案例分析的效度，应该从预设理论入手。据此，在进行案例分析之前，根据第二章文献综述的内容，提出相应的预设理论。从第二章的理论梳理情况来看，质量研究领域分为内部质量管理和外部质量管理。外部质量管理主要聚焦于供应链质量管理。对于供应链质量管理的研究，国内外学者多从供应商管理、企业内部质量管理和分销商管理进行设计与研究（陈江宁、尤建新，2008；王恩华，2009；梅莉，2012；熊伟，2014）。那么，从质量管理实践视角出发，并基于供应链质量管理的背景进行研究，是否可行？一些学者也进行了相关尝试，如 Evans 和 Mehra（2001）、Croom（2000）、Tan（2001）等，他们分析了质量管理与供应链质量管理的融合，蒲国利和苏秦（2011）提出了质量管理与供应链理论进行集成的四条途径。但是，以上研究成果，都没有明确地从质量管理实践视角来分析供应链质量管理的维度，即使有些类似的研究，也呈现出碎片化的倾向，不能够真正对质量管理实践在供应链中的应用进行实证检验，如 Hau L. Lee（2008）进行了相关探索，通过将全面质量管理（TQM）运用到供应链中来分析其对企业绩效的影响。基于相关研究较少，所以，对此进行探索性的案例分析具有较强的意义。本书遵从 Flynn（1995）等提出的质量实践分类，将供应链质量管理预设为基础要素和协同要素，基础要素包括领导支持、全员参与和顾客导向；协同要素包括信息共享、持续改进和供应商关系。

关于供应链质量管理影响企业质量绩效的理论研究成果，在第二章中已经详细阐述，大部分学者认为，供应链质量要素对质量绩效有着积极的正向作用（D. J. Reyniers，C. S. Tapiero，1995；C. C. Hsieh，Y. T. Liu，2010）。然而，对于供应链质量管理通过什么路径影响质量绩效的内在机制，存在较多的分歧，研究视角也出现多样化情形。一些学者从供应链质量契约进行研究，如 Priest（1981）、Kambhu（1982）、Mann 和 Wissink（1983）、Russell 和 Thomas（1985）、Chew 和 Pisano（1990）、Reyniers（1992）、Reyniers 和 Tapiero（1995）、Stanley 等（2000）、陈祥锋（2001）、Wei Shi Lim（2001）、Starbirds（2001）、周明等（2004）。一些学者从供应链质量成本与控制进行研究，如 Neil（1996）、张翠华和黄小原（2002）、朱曦等（2005）。还有一些学者从供应链质量风险进行研究，如 Stanle（2000）、Tom Whitmeger（2001）、Sheffi 和 Yossi（2001）、Stanley Baiman 等（2004）、Chan 和 Kumar（2005）、汪邦军（2005）、蒋家东和冯允成

（2005）、Tang（2006）、蒋家东和赵晗萍等（2008）。然而，从动态能力视角进行供应链质量管理研究的文献比较少见，而作为企业应对外部变化，保持企业可持续竞争优势的动态能力理论正好满足了供应链质量研究的需求，两者之间也有着内在的理论逻辑影响关系。在第二章文献中，我们提到供应链动态能力能够提升企业的竞争优势，多位学者已经对此进行了相关验证（Mentzer，2001；Bessant，2003；Chen，2007），那么供应链动态能力的来源是什么呢？在这里，我们使用基于扎根技术分析的供应链动态能力的维度，主要包括供应链学习能力、协同能力和重构能力。这三种能力的来源与供应链质量管理要素存在较强的关联性，一些文献已经对此进行了研究（详见本章研究假设的理论分析），认为供应链质量管理的基础要素和核心要素，在一定程度上对供应链动态能力的构建有着积极影响，进而作用于企业质量绩效。因此，在案例分析中，将关注它们之间的相关关系。此外，在对质量管理研究时，Sitkin、Sutcliffe 和 Schroeder（1994）提出，TQM 的方法必须与环境进行匹配，才能使质量管理方法发挥其应有的作用。Shea 和 Howell（1998）则指出，在质量实践活动中，组织结构有机性是必须考虑的因素。他的研究成果表明，采用机械式组织结构的企业能够取得良好的绩效；然而，Douglas 和 Judge（2001）的结论却与此相反，认为有机式组织更能取得较好的质量绩效。不管怎么说，环境动态性和组织结构有机性对企业质量管理实践都有一定的调节作用，究竟是正向和负向，尚存在分歧，需要进行大样本的实证检验，但是，存在调节作用还是得到了大部分学者的认可。作为质量管理实践特殊形式的供应链质量管理，在影响企业质量绩效关系中受到了环境动态性和组织结构有机性的调节。因此，本书提出预设理论：供应链质量管理作用于供应链动态能力，进而作用于企业质量绩效，环境动态性和组织结构有机性在其间具有一定的调节效应。本章研究的预设理论模型见图 3－1。

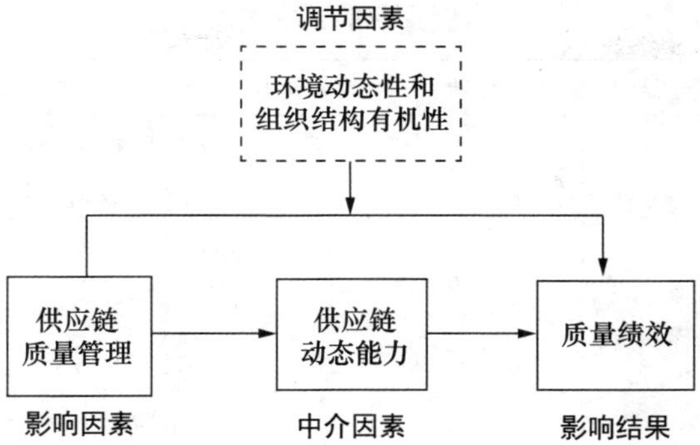

图 3－1 本书研究的预设模型

二 探索性案例

（一）案例设计

1. 案例选择

案例分析最基本的要求是所选案例企业要具有一定的代表性，能够重复正在形成中的理论，并排除可能混淆的其他理论逻辑（Yin，2003；张霞、毛基业，2012）。本书通过对十多家高新技术企业的筛选，最终选择了三家典型的企业进行跨案例比较，分别是杭氧集团、巨人通力和德华兔宝宝。具体原因如下：第一，本书的研究对象是高新技术企业，这三家企业符合基本要求，一定程度上避免了和其他非高新技术企业的差异性，从而能够降低外部的变异性影响。第二，所选案例企业分属于不同性质的企业，杭氧集团具有明显的国有企业背景，巨人通力具有合资背景，德华兔宝宝则是典型的民营企业，因此，在一定程度上代表了企业的多样化特征，能够进行多重验证。第三，这三家企业的主营业务存在较大的差异性，杭氧集团主要是生产空分设备，巨人通力主要是电梯制造，德华兔宝宝主要是装饰木材，因此，这些不同主营业务的企业能够反映出研究的不同特点。最后，这三家企业均是和浙江大学质量管理研究团队有着紧密合作关系的企业，能够从多个渠道获得相对丰富的资料，便于更有效地进行案例分析。这三家企业的基本情况如表 3－1 所示。

表 3－1　　　　　　　　　　案例企业的基本情况

企业名称	主营行业	企业性质	上市公司	企业实力
杭氧集团	空分设备	国有企业	是	主要经济指标连续多年名列我国通用机械行业第一位，中国制造企业 500 强
巨人通力	电梯制造	合资企业（芬兰）	否	投资规模 2.243 亿元人民币，注册资本 1 亿零 1 元人民币
德华兔宝宝	装饰木材	民营企业	是	浙江省高新技术企业，国家“火炬计划”重点高新技术企业，股票代码：002043

2. 数据收集

研究过程中遵循 Yin（2003）所提出的建议：第一，使用多证据来源收集数据，以提高研究效度。第二，依据三角验证规则，从多个渠道收集企业的数据信息，以提高研究信度。在获取资料过程中，主要通过现场访谈获得核心资料。笔者在三家企业进行半结构化和焦点小组的访谈，访谈对象主要集中于企业高层管理者和供应链、质量、企管相关部门的经理。在现场访谈之外，笔者也对企业相关的二手资料进行了多渠道收集，包括公司公开的资料、网站信息、政府质量奖报告、QC 小组案例、省卓越绩效奖资料等都进行了整理。具体如表 3－2 所示。

（二）预研个案

本书严格按照案例研究的步骤进行分析，先进行预研个案的研究，然后再进行三家企业的多案例对比。这里的预研个案选择的是巨人通力，具体的案例描述和案例分析如下：

1. 巨人通力案例呈现①

公司高层领导非常注重供应链质量管理的建设，公司最早在行业内全面贯彻执行质量管理体系、环境管理体系、职业健康安全管理体

① 本案例是对访谈获得的现场资料和二手资料整理后呈现，特此说明。

系以及测量管理体系。在实施供应链质量管理时，公司认为，以下几个方面非常重要：

表 3－2　　案例企业访谈

企业名称	访谈对象	访谈时间	访谈方法	收集资料
杭氧集团	副总 供应链经理 质量副总监	2012 年 12 月	现场访谈、半结构化访谈	企业政府质量奖报告、QC 案例、供应链质量职能战略、网站信息等
巨人通力	质量总监 副总经理	2013 年 4 月	现场访谈、半结构化访谈	公司总体战略、卓越绩效评价报告、质量创新报告、网站信息等
德华兔宝宝	质量副总监 供应链经理 企管部经理	2013 年 8 月	现场访谈、半结构化访谈、焦点小组	公司战略分析报告、公司物流与质量改进成果报告、质量手册、ISO 9000 内审报告、QC 小组报告等

（1）领导的支持和重视，包括企业文化建设、创新的管理体制和责权明晰的授权体系等。高层领导以使命、愿景和核心价值观为核心理念，构建了包括理念、原则、制度、行为和物质五个层次的企业文化体系。在进行供应链质量管理时，非常注重企业文化对于内部企业员工的影响，也对供应商、经销商等合作伙伴积极进行宣传贯彻，使合作伙伴能够认同企业文化，从而建立更为牢固的供应链关系。其中，企业愿景是：用我们的劳动，提高我们的生活，建设一个美好的社会；企业使命是：为有垂直和水平运输需要的客户提供完美的解决方案；核心价值观是：诚信、敬业、知识、团队。为了能够提升企业的产品质量绩效，公司高层领导建立了完善的创新机制，鼓励员工进行管理、技术等创新。如设立了管理和技术创新制度，对管理和技术创新取得成果的个人或团体进行奖励；建立了一整套选题、立项、评估、推进、试用及改进等奖励的创新管理办法；对方向性的创新项目进行重点推进和激励；邀请供应商、经销商共同进行技术开发等。同

时，高层领导按照行政管理授权、业务管理授权、项目团队授权等方式，建立了层层授权、责权明晰的授权管理体系，使相应岗位的管理人员能够明确自己在供应链质量管理活动中的权限，以便能够更有效地工作。

（2）为了鼓励员工积极参与供应链质量活动，公司建立了多样化的沟通渠道，便于上下沟通、内外沟通等。高层领导致力于推进学习型组织，建立了常态化的培训管理机制，推进员工和组织学习，也使企业能够增加柔性能力，应对外部变化。公司强调以人为本，通过各种活动让员工融入企业中，如创先争优、抓帮比武竞赛活动，拓展训练活动等。明确建立了激励机制，予以引导和保障，出台了相关激励制度。鼓励员工参与公司民主管理、自主管理，实现自身价值，并对积极参与的员工给予各种形式的激励。

（3）高层领导以顾客为导向，以市场为中心，建立了三个快速反应机制，缩短了产品开发周期、供应周期和客户服务响应周期。第一，采取自主研发模式并与市场保持联动，通过高素质设计团队、高科技设计手段和市场快速对接机制，缩短了产品开发周期。第二，采取自主生产和外部采购相结合的供应模式、自营和代理相结合的销售模式，借助生产计划（MC）系统、分销（SO）系统、质量信息反馈（QFS）系统等，形成销售与生产系统良性互动机制，缩短了产品供应周期。第三，建立及时反馈处理用户投诉意见的快速反应机制。制订紧急响应计划，对不可预测的变化，及时采取应对措施。公司在全国范围内销售电梯产品，到目前为止，成立了40家销售分公司，分别设立区总和专业化销售团队，该销售团队由各个职能部门的人员组成，包括财务、行政、销售、安装、服务、安全、信控、人事专员等人员，全面负责电梯的安装、维护、维修、客户投诉处理等方面，全面提高客户服务效率，加速响应。

（4）公司非常注重信息技术，为了加强企业内外的信息共享，公司以光纤为主干，使用VPN技术在总部和各分公司组建虚拟局域网。2004年建设机房，购进高端中心交换机，组建千兆网；2010年建成研发大楼时对机房进行升级，通过“多冗余”双通道确保了信息传递的及时性与安全性。公司建立有质量信息反馈系统（QFS）——在巨人通力（包括工厂、分公司、供应商间）建立的一个基于网络的平台系统，支持涵盖生产反馈、安装反馈、服务反馈和客户投诉四个方面，具有质量信息反馈、过程处理、费用申请、责任界定等功能，同时支持质量数据分析、质量成本统计分析、质量信息发布等功能。另外，建立有供应链管理（SCM）系统——在公司与供应商间建立的一个基于网络的供应链平台系统，支持并涵盖供应商管理、采购的日常业务、采购主管对业务的管理、供应商质量管理（SQM）和实施采购等功能，使整个供应链管理更加符合准时制生产模式。

（5）在供应链质量管理过程中，公司非常注重持续性改进。公司运用 IE 改善手法对开发流程、工艺技术过程进行持续改善，不断简化、优化技术研发流程。同时不断寻找技术研发过程中的“瓶颈”问题，及时进行重点突破，系统管控技术研发的全过程。2009 年研制的自制数控钢丝绳下料机，投入生产，使出绳效率提升 100 倍，大大减少了钢丝绳的浪费，年效益达 80 万元。同年，通过课题组运用多种质量改进工具，对“8 号箱的装箱场地和人员配备即将不能满足正常生产发货的需要”的问题进行分析，历时半年时间，将人均装箱效率提高了 97.52%。2010 年，引入萨瓦尼金属板材柔性加工生产线，这是目前世界上最有效的钣金加工设备。它最大限度地减少了原材料的物流管理，同时最大限度地提高了生产效率和产品质量，降低了人力成本。为了进行工艺、生产的持续改进，公司非常重视技术开发能力的提升，通过参加国内外展会、购买并测试行业标杆和竞争对手产品，以及市场走访和互联网搜索等途径，跟踪、收集标杆企业和竞争对手的数据、信息，分析国内外行业技术发展趋势，同时评估公司所拥有的技术，并与三菱、奥的斯等竞争对手进行对比分析，为滚动制定和调整战略提供充分依据。

（6）关于供应商的关系建设，公司采用了多种有效措施，通过供应商大会、高层互访、不定期拜访、供应商业绩考核及业务研讨会等方式，实现了与供应商的有效沟通。公司于 2011 年构建了供应商协同网上平台（SCM），实现订单预测、采购订单、交货反馈、质量反馈及服务反馈等信息即时传送和共享，提高了协同效率，保证了公司对市场变化的快速反应能力，缩短采购周期，降低采购成本，提高服务效率。除此之外，将供应商考察及审核的流程更加规范，进一步加强供应商管理，督促和协助供应商建立质量、环境和安全管理体系，向供应商提供技术培训、现场指导、第二方审核等，帮助供应商提升经营管理能力。

（7）公司在进行供应链质量管理时，常常根据外部环境动态变化，进行战略的调整。在公司内部，战略调整分为两种：第一种是年度调整。公司董事会每年召集各相关职能部门召开战略检讨与分析会议，其调整的主要依据是年度绩效考核情况，通过对每个月完成数据的分析和各部门的信息反馈，来了解企业的生产经营变化，如市场需求变化、原材料变化、产品创新、工艺创新、国家政策变化、经营模式变化等。经总经理办公会议综合评审后，是短期的则调整年度内战略绩效方向，是长期的则进行专项评审，制定修改建议。第二种是应急调整。对公司实现战略有重大影响的变化或者事件发生时，例如，国家政策调整、原材料价格上涨、竞争对手的重大经营举措等。根据发生的实际事件，提出紧急调整建议，报董事会进行论证，如需调整则由总经理办组织各相关职能部门商讨具体调整方案，经总经理办审核后下发执行。

（8）在组织结构建设方面，公司通过减少行政管理层次、裁减冗余人员，建立了一种紧凑、干练的从总经理到一线员工的扁平化结构，以便提高公司管理效率，减少管理失误，降低管理费用，扩大管理幅度，增强快速反应能力。供应链质量管理的活动需要员工的积极参与，为营造全员参与的质量文化氛围，调动员工的主动性与积极性，公司开展了灵活多样的跨职能组织活动，如 QC 小组、合理化建议等，实现了跨部门的横向沟通。此外，党团工会组织将党建文化与企业文化融为一体，形成了独具特色的企业党建文化，公司内部开展多种形式管理活动，活跃企业质量文化和工作氛围，体现了以人为本、关爱员工身心健康、保障企业安全运作的经营宗旨。这些举措使公司的柔性能力得到了很大的提升，也使公司在进行供应链质量管理时，能够根据外部的变化，从而更快速地进行应对，以保证公司的质量绩效。

通过这几年的努力，公司的产品质量和过程质量都取得了较好的绩效。2009—2011 年，公司产品质量控制标准高于国家以及行业标准，并且连续三年都有较大的提升，做到了高效生产，低碳环保，具体见表 3 - 3。

表 3 - 3　　主要产品质量绩效水平

指标名称	企业标准要求	国家/行业标准要求	公司产品质量绩效平均水平		
			2009 年	2010 年	2011 年
轿内水平方向最大振动（gal）	≤15	≤15	14.9	14.8	14.6
轿内垂直方向最大振动（gal）	≤18	≤20	17.8	17.7	17.5
轿内最大噪声（dB）	≤52	≤52	51	50	49
平层精度（mm）	±5	±5	±5	±5	±5
整机可靠性	≤2/60000	≤5/60000	2/60000	1/60000	1/60000

另外，公司 2009—2011 年的过程质量绩效也呈现出良好的趋势，如公司连续三年的技术开发过程绩效，具体见表 3 - 4。

表 3 - 4　　技术开发过程绩效结果

主要测量指标	2009 年	2010 年	2011 年
研发投入占销售收入比例（%）	4.3	3.2	3.5
新产品产值率（%）	90	90	90
成本降低率（%）	10	10	10
申请专利数量（个）	5	3	20
专利授权数量（个）	8	4	6

公司加强了采购过程管控，连续三年的具体绩效见表 3 - 5。

表 3-5　　采购过程绩效结果

主要测量指标	2009 年	2010 年	2011 年
供应商交货及时率（%）	96.28	97.43	97.75
供应商交货周期（天）	10	7	7
供应商质量合格率（%）	98.5	99	99

公司在供应链质量管理时，非常注重生产制造过程，连续三年的绩效见表 3-6。

表 3-6　　生产制造过程绩效结果

主要测量指标	2009 年	2010 年	2011 年
整台套电梯准时发货率（%）	93	94.5	90.56
库存周转天数（天）	9.6	8.7	8
信息 24 小时处理及时率（%）	85	88	86.69
生产发货差错率（%）	5	4.6	2.87
质量成本率（%）	0.54	0.34	0.025
重大质量事故（人/次）	0	0	0

公司积极运用统计方法，改进安装管理过程，连续三年的过程绩效结果见表 3-7。

表 3-7　　安装过程绩效结果

主要测量指标	2009 年	2010 年	2011 年
自装竣工台量（台）	3259	5873	6618
工地安全检查事故发生数（次）	1	2	2
政府检验合格率（%）	100	100	100
厂检合格率（%）	90	94	92
历年发货竣工率（%）	85	89	92
工期准时率（%）	26	21	17
当年发货竣工率（%）	41	51	50

随着市场的不断开拓，公司对销售过程的管控能力不断加强，近年来，产品的销售量、销售额逐年增长，销售费用不断降低，有效地节约了销售成本，为公司取得了可观的经济效益，资金运行呈现出良好的发展势头，见表 3－8。

表 3－8　　销售过程绩效结果

主要测量指标	2009 年	2010 年	2011 年
产品销售额（亿元）	12.02	16.67	22.20
货款回收率（%）	83	85	86
顾客满意度（%）	87.15	90.96	91

2. 巨人通力个案分析

根据以上呈现的案例，笔者邀请三位本学科专家以及巨人通力公司的高管，对它进行了深入剖析和研究，并基于扎根理论，对收集的资料进行编码和译码[①]，选取高新技术企业供应链质量管理、供应链动态能力、质量绩效，环境动态性和组织结构有机性五个主要范畴，这些范畴分别包含相应的概念。在此基础上，然后进行选择性译码，使用以上范畴进行故事线的连接，明晰它们之间的逻辑关系。结果显示，供应链质量管理对质量绩效具有积极的影响（如课题组运用多种质量改进工具，对“8 号箱的装箱场地和人员配备即将不能满足正常生产发货的需要”的问题进行分析，历时半年的时间，将人均装箱效率提高了 97.52%。），并且供应链动态能力在供应链质量绩效之间起着中介作用（如高层领导致力于推进学习型组织，建立了常态化的培训管理机制，推进员工和组织学习，也使企业能够增加柔性能力，应对外部变化），环境动态性和组织结构有机性能够调节供应链质量管理和质量绩效的关系（如公司在进行供应链质量管理时，常常根据外部环境动态变化，进行战略的调整。在公司内部，战略调整分为两

① 本部分探索主要范畴之间的逻辑关系，对于详细的编码过程此处没有系统展开。第四章研究一种对于供应链动态能力的维度构思，进行了详细的开放式编码、主轴编码和选择性编码。此处的编码过程同第四章，特此说明。

种：第一种是年度调整；第二种是应急调整。又如供应链质量管理的活动需要员工的积极参与，为营造全员参与的质量文化氛围，调动员工的主动性与积极性，公司开展了灵活多样的跨职能组织活动，如QC小组、合理化建议等，实现了跨部门的横向沟通）。同时，本书所建立的逻辑性关系与已有理论成果具有一定的吻合度，说明研究模型具有一定的信度和效度。但仔细研究现有的理论成果，发现类似的研究仍呈现出碎片化的态势，主要原因是缺乏对供应链动态能力的明确定义和引入供应链质量管理研究的规范方法。总体而言，本书研究的模型具有一定的探索性和创新意义。接下来将通过三个案例的对比分析，进一步明晰概念之间的逻辑关系。

（三）跨案例分析

在对巨人通力的预研个案分析之后，我们采用规范的流程对杭氧集团、德华兔宝宝两个案例进行了扎根分析。结果显示，编码内容符合巨人通力所归纳的概念和范畴，并且主要范畴之间具有相对一致的逻辑关系，这说明研究模型具有一定的饱和度。本书经过多轮次现场调研，并结合二手数据进行了相互印证，最后在对案例数据分析基础上，针对各案例企业（杭氧集团、巨人通力、德华兔宝宝）的供应链质量管理、企业质量绩效、供应链动态能力的现实情况进行编码和打分。打分标准分为5级，从低到高依次为低、较低、中等、较高、高。编码时，邀请专家和企业管理人员进行了修正，由于篇幅需要，本部分主要介绍多案例分析的结果，结果见表3-9。

通过对三个案例企业供应链质量管理和企业质量绩效的得分情况进行对比分析，发现供应链质量管理要素处于较高水平时，企业质量绩效相对也较高；供应链质量管理要素处于中等水平时，企业质量绩效也处于较高或者中等水平。这说明，供应链质量管理要素积极影响企业质量绩效的变化趋势。另外，观察供应链质量管理、供应链动态能力和企业质量绩效的得分高低，也存在较为一致的变化趋势。参考前面预研个案分析的结论，并结合第二章相关的理论综述，提出以下命题：

表 3－9　　三个案例企业的对比研究与汇总

变量		杭氧集团	巨人通力	德华兔宝宝
供应链质量管理	领导支持	高	高	较高
	全员参与	较高	较高	中等
	顾客导向	高	高	较高
	信息共享	较高	较高	中等
	持续改进	高	高	中等
	供应商关系	高	较高	较高
企业质量绩效	产品质量绩效	高	高	较高
	过程质量绩效	较高	较高	中等
供应链动态能力	供应链学习能力	较高	较高	中等
	供应链协调能力	中等	较高	中等
	供应链重构能力	较高	中等	中等

命题 1：高新技术企业供应链质量管理活动正向作用企业质量绩效。

命题 2：高新技术企业供应链质量管理活动通过供应链动态能力积极影响企业质量绩效。

另外，对杭氧集团、巨人通力和德华兔宝宝的外部环境动态性进行对比分析，发现在进行供应链质量管理时，如果业务领域、客户需求和偏好发生快速变化时，就会引起公司领导的高度重视，一方面积极分析竞争对手的市场业务；另一方面高度重视战略调整，并强调顾客导向作用，坚持全员参与，积极推进持续改进，通过信息共享，加强与供应商的合作，以应对外部的变化，从而提升企业的质量绩效。如杭氧集团原来主营业务是生产空分设备，对于工业气体生产基本不涉及。随着制造业利润的降低，公司高层积极支持经营质量改进，以顾客需求为导向，开始进入工业气体生产行业，形成了既制造空分设备，又发展气体产业的经营模式。三年数据对比显示，杭氧集团的质量绩效有了较大幅度的提升。同样，巨人通力（预研个案已经详述）和德华兔宝宝也存在类似的情况。跨案例分析的结果再次表明，环境动态性对于供应链质量管理和企业质量绩效的关系起着一定的调节作用。另外，组织结构有机性也对供应链质量管理和企业质量绩效的关系存在影响，如巨人通力和德华兔宝宝，组织结构有机性较高，在实施供应链质量管理过程中，能够强化供应链质量管理要素对企业质量绩效的影响，如2012年德华兔宝宝实施卓越绩效模式后，积极提升企业的供应链质量管理水平，全员参与的积极性普遍较高，持续改进效果也较明显，取得了省级QC小组奖励，并且还荣获了湖州市政府质量奖、浙江省卓越经营奖。多案例比较的结果说明，组织结构有机性在供应链质量管理作用于企业质量绩效时起着一定的调节作用。因此，提出如下命题。

命题3：高新技术企业供应链质量管理活动正向影响企业质量绩效时，受到环境动态性和组织结构有机性调节。

总之，经过对三个案例进行对比分析，进一步明晰了研究概念之间的相关关系，为后面的模型构建和实证研究奠定了基础。

第二节　研究框架

一　总体理论框架

通过以上跨案例分析和提出的研究命题，并在第二章理论梳理基础上，构建本书研究的总体框架，为后面研究搭建结构性的技术思路，见图3－2。

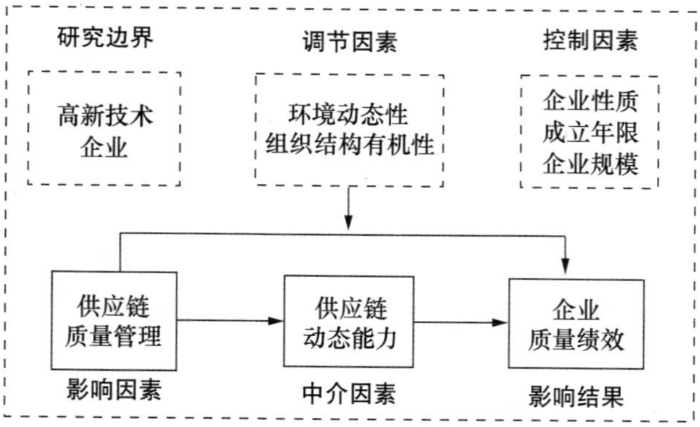

图3－2　本书研究的总体框架

从图3－2总体框架可知，本书是在供应链管理和质量管理并重的背景下开展的，即在本土企业激烈的竞争环境中，探究“供应链质量管理—供应链动态能力—企业质量绩效”的影响作用机制，研究对象主要选取我国高新技术企业，因为这些企业有一定的管理基础，尤其是供应链质量管理的基础相对比较成熟，能够解析本书研究中的变量逻辑关系。在本书中，供应链质量管理是研究的影响因素和前因变量，供应链动态能力是研究的中介变量，企业质量绩效是结果变量，而在调节因素（调节变量）中，综合纳入了内部（组织结构有机性）和外部（环境动态性）两个重要的权变因素；控制变量主要包括企业规模、企业成立年限、企业性质等。

二 三个阶段的研究及其关系

基于以上提出的总体框架和第二章的文献梳理，本书从三个方面进行深入研究，分别为研究一、研究二和研究三。

（一）研究一：供应链动态能力维度开发——基于扎根理论的研究

本部分主要开发供应链能力的维度构思。经文献检索和梳理，供应链动态能力没有成熟的理论和测量量表，而挖掘供应链动态能力的内涵及其结构表征是本书研究的前提和基础。基于此，研究一（第四章）将从两个子研究对供应链动态能力的维度结构进行探索和验证。子研究1，主要采用扎根技术，选取供应链动态能力的核心特征，包括供应链学习能力、供应链协调能力与供应链重构能力；子研究2在借鉴动态能力理论有关成熟量表基础上，结合供应链的具体情景，遵循量表开发的科学原则与一般步骤，形成了供应链动态能力测量工具；并采用探索性因子分析方法（EFA）、验证性因子分析方法（CFA）对其进行了检验。研究一所取得的成果是对一般动态能力理论的传承，也是对动态能力在供应链环境下进行研究的拓展，丰富了企业的动态能力理论，为研究二的展开做了理论基础。

（二）研究二：供应链质量管理对企业质量绩效的作用机制研究——基于动态能力理论

研究二（第五章）主要分为两个子研究，其中，子研究1主要是供应链质量管理有效性检验对企业质量绩效影响分析；子研究2主要从动态能力理论切入，采用研究一中提炼的供应链动态能力维度构思，分析供应链质量管理对企业质量绩效的内在机制。研究模型中的影响因素为供应链质量管理的基础要素和协同要素。其中，供应链质量管理基础要素包括3个二级影响因素：领导支持、全员参与和顾客导向；供应链质量管理协同要素也包括3个二级影响因素，分别是信息共享、持续改进和供应商关系。需要说明的是，供应链质量管理诸要素是质量管理实践要素在供应链方面的拓展，均具有质量和供应链管理的特征，如信息共享兼具有质量实践中的质量信息沟通与供应链协同管理。另外，中介因素（中介变量）为供应链动态能力，在供应链质量管理影响企业质量绩效中起中介作用，它分为供应链学习能力、供应链协调能力和供应链重构能力。通过本书研究，将厘清供应链质量管理作用于企业质量绩效的“质量黑箱”，并从动态能力视角解析了供应链质量管理作用于企业质量绩效的动态过程。

（三）研究三：供应链质量管理对质企业量绩效的影响机制研究——基于权变理论

研究三（第六章）因为质量管理研究强调对情景因素的研究，即质量管理研究的结论具有一定的情景依赖性（Sousa and Voss，2001）。因此，为了探讨供应链质量管理对于企业质量绩效的影响，需要细致探究情景因素对供应链质量管理作用企业质量绩效产生的差异化影响，以提高研究结论的稳健性。本书基于权变理论，外部情景采用环境动态性进行表征，内部情景采用组织结构有机性进行表征，深入探索供应链质量管理对企业质量绩效作用的调节效应，来回答“在何种情景下供应链质量管理对企业质量绩效的影响呈现变异表现”这一基本问题，深化了供应链质量管理作用于企业质量绩效的情景理解，全面阐释了影响过程机理。

总之，本书的三个研究从不同视角解析了第一章提出的四个问题：研究一主要厘清了供应链动态能力的内涵及其维度构成，回答了问题1；研究二是在研究一的基础上，通过两个子研究分别回答了问题2和问题3，即本土情景下，供应链质量管理对企业质量绩效的影响路径；基于动态能力理论的供应链质量管理作用于企业质量绩效的内在机制；研究三是基于权变理论，分析了供应链质量管理对企业质量绩效的影响机制，回答了问题4。三个研究相辅相成，研究一是研究二的基础，研究三是研究二的补充。这三个研究将在后面的章节中详细展开，其中研究一主要在第四章中进行分析；研究二主要在第五章中进行探讨；研究三在第六章中进行论述。基于以上分析，接下来将对研究命题提出相关假设，并在第五章、第六章予以检验。

第三节 命题假设

一 供应链质量管理与企业质量绩效之间的关系假设

本部分主要针对供应链质量管理诸要素与企业质量绩效之间的关系进行理论分析，并提出相应假设，具体检验主要在第五章子研究一中。

（一）供应链质量管理基础要素对企业质量绩效的影响

1. 供应链质量管理基础要素中的领导支持与企业质量绩效

许多学者对领导支持和企业质量绩效的关系进行了研究和分析，Powell（1995），Dow、Samson 等（1999）在研究质量管理实践的作用时发现，给企业带来竞争优势的并不一定是质量技术工具（如 QC、六西格玛等），软文化和合作的氛围会起到良好的效果，诸如高层领导的承诺、员工授权的程度、质量文化的执行等（熊英，2006；张群祥，2012）。David（1998），Mehra、Hoffman 和 Danilo（2001），许庆瑞、朱建忠和郑刚（2006）研究指出，全面质量管理（TQM）在企业未来发展中具有积极的重要作用，并提出知识型领导对于企业进行全球化运营的重要性。Yeung、Lee 和 Chan（2003）以电子行业为研究对象，通过高层领导对于 ISO 的认知和态度，分析其对于企业实施质量管理体系以及企业质量绩效的影响，研究表明，高层领导支持和质量管理信息的充分利用是影响企业质量绩效的关键因素，同时，企业采用 ISO 9000 质量管理体系的有效性和领导支持具有很强的相关性，但是，有些领导的支持并未实现 ISO 9000 体系在企业内部以及供应链企业之间实施的有效性，其主要原因在于高层领导对其过高的期望和设定了不恰当的管理目标。Flynn（2005）以多国企业为背景，验证了质量管理（其中包括战略规划和领导）对改进供应链绩效的积极作用。罗彪和张哲宇（2012，2014）研究了领导支持与动态能力对企业质量绩效的影响，并认为领导力对于企业绩效有着正向作用。Kim、Liu 和 Diefendorff（2015）研究了领导和成员工作交换对企业质量绩效的正向影响。

Kanji 和 Wong 通过对全面质量管理和供应链管理文献的研究，比较了两者之间的关系，指出全面质量管理（TQM）能够弥补和完善供应链质量管理的缺陷。Tan 等（2002）、Lin 等（2005）、Kaynak 和 Hartley（2008）通过运用回归方程和结构方程等方法，研究了供应链和质量管理的相关关系，以及两者相互作用对企业绩效的影响。结论表明，领导支持与响应、供应商管理、TQM 以及顾客导向对企业绩效有正向作用。Olhager 和 Selldin 研究了瑞典的制造企业，通过对 128 家企业的调查，得出结论：领导支持下的供应链战略规划和实施，以及供应链管理的沟通工具对企业质量绩效有积极影响。

综上所述，在供应链环境下，大部分学者通过实证或理论研究，认同领导支持对企业质量绩效的正向作用，因此，提出假设 H1a 和 H1b：

H1a：供应链环境下领导支持正向影响企业产品质量绩效。

H1b：供应链环境下领导支持正向影响企业过程质量绩效。

2. 供应链质量管理基础要素中的全员参与和企业质量绩效

Esatman（1898）撰写了《员工建议系统》，这是对于员工参与思想的最早表述。Strauss（1998）对员工参与概念的界定比较宽泛，他提出，员工对于自己工作所做出的一切自主决策都可以认为是员工的参与。Dow 等（1999）通过对澳大利亚和新西兰 698 家制造企业的实证研究得出结论：员工参与与质量结果正向相关。同时，Lakhal 等（2006）、Nair（2006）、Sila（2007）也认为，全员参与对企业的质量绩效、运营绩效和经营绩效均具有显著的积极影响。Lai 和 Cheng（2005）指出，员工参与必须是基于顾客需求立场上的参与，只有这样，员工参与才具有积极意义。Flynn（2005）提出，员工参与需要对员工进行质量培训，然后才能更好地提升员工参与的有效性。同时，经过培训的员工，具有积极的创新意识，可以换位思考，站在市场和顾客角度看待问题，有效地解决出现的质量纠纷，提出改进产品和服务质量的解决方案，使企业具有较好的质量绩效。Zhao（2015）研究了人力资源管理在供应链质量管理及组织绩效中的作用。

作为供应链的核心企业，要想激励员工参与到供应链质量实践中来，必须给予他们积极的激励措施，充分发挥员工的聪明才干，同时为员工创造出优秀质量文化的氛围，为供应链上的质量协同创造出创新环境，使员工充分认识到自己的角色和责任，以主人翁的态度去工作（王金发，2005；张群祥，2012；霍宝锋，2015）。尤建新（2008）指出，供应链环境下的全员参与，是供应链环境节点企业的全员参与，尤其是供应链中领导企业的全员参与具有重要意义。从企业内部的全员参与拓展到供应链网络企业的全员参与，不仅仅是字眼的变化，而是成员树立整体质量战略、建立协同理念的参与。周荣辅、朱超博（2012）研究了质量管理跨越组织界限，即从企业内部延伸到外部的时候，提出全员参与变得越来越重要，尤其是成员企业的关系管理、人员的沟通协调、质量信息的互通、质量技能的交流等更是变得不可或缺。组织行为学认为，员工对组织的情感和态度会对顾客产生直接的影响。也就是说，如果员工对自己所处的组织感到满意，这种积极的情绪也会影响到客户，使客户更容易成为组织的忠诚顾客。因此，提升员工的参与意识，可以间接地提升客户的满意度，从而也提升了企业质量绩效（霍宝锋，2015）。

综上所述，笔者认为，供应链环境下的全员参与，会大大提高员工的积极性，同时带来自由思考的空间，激励员工参与供应链管理的主动性，从而改善员工的工作态度，提升责任感和承诺水平，满足更高层次的需求（Mumford et al.，2002；Heaphy and Dutton，2008；R. Zhao，2015），触发其积极的心理情感，从而提升产品的质量绩效和过程质量绩效。

基于以上分析，提出假设 H2a 和 H2b：

H2a：供应链环境下全员参与正向影响企业产品质量绩效。

H2b：供应链环境下全员参与正向影响企业过程质量绩效。

3. 供应链质量管理基础要素中的顾客导向与企业质量绩效

Garvin（1984）在对质量进行定义时，主要划分了五个方面，其中包含基于顾客角度的质量概念。通过他对质量的定义，可以发现，顾客与质量是息息相关的，也表明了顾客对于质量的重要意义。Reeves 和 Bednar（1994）在对质量进行定义时，也提出了卓越、价值、一致性以及满足或超过顾客期望 4 个类型，其中，顾客也是定义质量的重要因素。Mentzer 等（2001）主要研究了供应链物流服务质量，他认为，供应链物流服务质量可以满足客户需求，使企业获取竞争优势，但不同伙伴企业对质量的认识有所不同。文献研究发现，以上几个学者虽然对质量的解释不同，但都强调满足顾客需求的目标。

Bardi（1996），Wisner、Tan 和 Leong（2015）提出，供应链系统需要协调其间的各种流程，整合内外部资源，才能提升供应链效率，并提升企业绩效（包括质量绩效），但前提是需要明确顾客需求，从而制定相应的销售政策，确定其库存水平。Beamon 和 Ware（1998）在对企业过程质量进行研究时，特别提出，质量改进要明确顾客的需求。Dow 等（1999）以澳大利亚和新西兰 698 家制造企业为样本进行研究，其中的一条结论就是顾客导向与质量绩效正向相关。Chang、Chen 和 Chiou（2015）研究了领导行为和市场导向对企业绩效的积极影响。

另外，Christensen 和 Bower（1996）、Slater 和 Narver（1998）、Kim 和 Marbougne（1999）在顾客导向问题上，提出了不同的看法。他们认为，顾客导向是强调关注显性的顾客需求，而对于潜在的客户需求是不能够进行深度挖掘的，从而不利于企业扩大潜在客户的份额，同时因为过分强调顾客偏好的产品，将使产品开发产生“近视症”，不利于企业的长期发展和产品创新，也导致对市场动态性产生误解，开发的“雷同”产品，没有很强的竞争能力（Prajogo and Sohal，2001），只能在现有市场进行价格竞争，即以顾客为中心的理念导致企业被动响应当前与现实的顾客需求，使组织成为模仿者或追随者，缺乏创新精神，从而不会使企业成为行业的领导者。Santos 和 Alvarez（2007）对上述观点进行了系统的辩驳。他们认为，上述观点是对顾客导向原则和内涵的片面理解，因为顾客导向原则意味着对显性顾客需求以及潜在顾客需求的同时关注，而且还考虑外界环境的动态性（Jaworski and Kohli，1996）。

蒲国利、苏秦（2010）认为，供应链环境下的顾客关系，对企业绩效，包括质量绩效，会产生正向的积极作用。因为顾客导向可以使供应链中的企业有着共同的市场目标，对协调其管理流程以及资源、质量理念等有着内在统一的方向，能够将供应链节点上的企业与顾客、供应商紧密地联系在一起，从而建立超越组织边界的战略伙伴关系，提升企业（这里主要研究的是供应链领导企业）的质量绩效（李永飞、苏秦、童键，2012）。

基于以上分析，提出假设 H3a 和 H3b：

H3a：供应链环境下顾客导向正向影响企业产品质量绩效。

H3b：供应链环境下顾客导向正向影响企业过程质量绩效。

（二）供应链质量管理协同要素对企业质量绩效的影响

1. 供应链质量管理协同要素中的信息共享与企业质量绩效

供应链管理中经常会出现“牛鞭效应”的负面影响，Lee 等（1997）提出，供应链信息共享可以实现市场需求信息的交流和互通，减少或者避免“牛鞭效应”对信息的扭曲，降低信息不对称所带来的负面作用，从而增强供应链的整体绩效。谭文超（2008）、Prajogo 和 Olhager（2012）也指出，供应链上的信息流促进了企业之间的相互交流和沟通。信息共享的范围比较广泛，比如共享市场需求信息、库存信息以及上下游企业的技术信息等，均对供应链绩效有着积极影响。可以这样说，信息共享是供应链管理的基础，对于供应链的运营起着举足轻重的作用（杨卫丰、吴志军，2009；程兆麟、肖静华、谢康，2012；乔永胜、周宏，2012）。Zhao 等（2002），Zhou 等（2007），Car（2007），叶飞和徐学军（2009），Wu、Chuang 和 Hsu（2014）通过实证研究证明了信息共享对企业经营绩效具有积极正向作用。

与上述结论相反，一些学者指出，信息共享并不总是产生正向促进作用，在某些条件下，还会产生负面影响。张玉林（2004）等指出，信息共享对于企业绩效正向影响具有一定的适用条件，如果需求信息不确定，共享这些信息反而会减少整体收益。还有一些学者研究了 ISO 9001 对于供应链信息共享中的情况。Romano（2002）通过研究意大利实行 ISO 9001 认证的企业，验明了其进行 ISO 9001 认证的目的，是为了获得上下游企业对其质量的信任，按照 ISO 9001 的原则实现信息共享，并没有对产品质量绩效具有明显作用。

综上所述，目前理论界对信息共享价值的研究并没有得到统一的结论。但是，大部分学者仍然对供应链信息共享保持乐观态度，Iyer（2000）基于零售商在促销情景下，论述了信息共享为企业带来的商业价值。Cachon（2000）在研究中，运用对比方法，分析了具有信息共享特征的二级供应链与传统供应链的优缺点，并通过实际数据进行检验，证明了进行信息共享的供应链能够使供应链库存总成本降低 2.2%，从而提升了企业绩效。Li 等（2006）调查了 196 家企业，分析了信息质量、信息共享与物流绩效的关系，结果证实了它们之间具有较显著的正向影响。Olhager 和 Selldin（2004）以瑞典 128 家制造企业为对象，研究了供应链战略及其实施绩效，研究结果表明，供应链战略的有效实施，得益于通过先进的信息平台所进行的信息共享，从而提升和改善了供应链运营绩效。Tan 等（2002）采用实证方法，研究了供应链关键要素和产品质量的关系，结果表明，供应链的关键要素（供应链的特征与 JIT 能力）对产品质量有着积极的正向作用。Clark 和 Lee（2003）、Feldmann 和 Mrller（2003）、Li 和 Lin（2006）认为，电子商务信息平台，能够提升供应链质量信息的交换效果，增强供应链企业的伙伴关系，提升信息的有效运用，从而提升企业的质量绩效。

综上所述，提出假设 H4a 和 H4b：

H4a：供应链环境下信息共享正向影响企业产品质量绩效。

H4b：供应链环境下信息共享正向影响企业过程质量绩效。

2. 供应链质量管理协同要素中的持续改进与企业质量绩效

Garvin（1994）提出，持续改进的本质是通过学习（包括增强学习和持续学习），累积知识、吸收知识和运用知识，形成企业或者个人的新技能，从而获得可持续的竞争优势的过程（Sitkin, Sutcliffe and Schroeder, 1994；张群祥，2012）。如前文所述，Beamon 和 Ware（1998）提出了改进过程质量的模型，并根据研究的需要，设立了初始化模型和持续改进模型。前者强调在改进之初的过程质量管理；后者主要强调四个方面，其核心思想主要通过明确的质量绩效测量方法，设定质量标准并进行流程的评估，实现流程的持续改进，并建立良好的伙伴关系，从而促进企业质量绩效的提升。Ahmed、Loh 和 Zairi（1999）分析了文化对持续改进和组织学习的影响，提出了持续改进的路径。Morgan 和 Brian（2012）分析了采用六西格玛改进工具对企业运营绩效的影响。

目前，持续改进的概念已经从原来的质量范畴拓展到企业的日常管理中（Chapman and Corso, 2005），其质量的特有含义已经被放大，许多组织将持续改进提升到战略高度，从而被作为取得竞争优势的系统性工具，以应对外部市场环境、技术环境等的急剧变化（Ahire and Dreyfus, 2000；Hoang and Igel, 2006）。在供应链环境下，Robinson 和 Malhotra 对供应链质量管理概念进行界定时，就特别强调了持续改进。王金发（2005）、尤建新（2008）、李岩（2012）认为，在供应链环境下，持续改进对企业的质量绩效有积极的正向影响作用。基于以上分析，提出假设 H5a 和 H5b：

H5a：供应链环境下持续改进正向影响企业产品质量绩效。

H5b：供应链环境下持续改进正向影响企业过程质量绩效。

3. 供应链质量管理协同要素中的供应商关系与企业质量绩效

Tan、Lyman 和 Wisner（2002），Chinho Lin、Wing S. Chow、Christian N. Madu 等（2005），李岩（2012），Wisner、Tan 和 Leong（2015），成龙和文风（2015）提出，充分发挥供应商关系管理的导向作用，并将质量和供应商关系管理两种方法有机结合起来，使双方在质量、成本、柔性、交货期等方面具有明显的竞争优势，因此，供应商关系管理非常重要。Olhager 和 Selldin（2004）对瑞典 128 家企业，供应商与供应链的关系进行了研究，研究结果证明，供应商参与供应链规划的程度，对于企业的绩效有着积极的影响。在对于供应商选择的标准上，供应商的质量绩效、交货速度、成本等都是重要指标。Romano 和 Vinelli（2001）提出，良好的供应商关系有利于提升企业绩效，通过在供应链网络下进行质量界定和流程优化，从而提升双方的协调能力，最终满足顾客的质量需求。Lai 等（2005）对供应商质量承诺和伙伴关系进行了实证检验，其结论显示，稳定的战略伙伴关系对于供应商的承诺有促进作用，通过建立良好的伙伴联盟，从而使供应商能够提供高质量的产品和服务。Forker 等（1997）也通过实证研究，得出供应商质量管理对供应链绩效具有积极影响的结论。张翠花、鲁丽丽（2009）从供应商检验和质量努力隐匿双重视角分析了协同质量控制，从而提升企业质量绩效。

但是，一些学者存在不同的观点。Powell（1995）、Dow 和 Samson 等（1999）指出，一些具体的质量实践如合作的供应商关系等，对于企业质量绩效结果并不存在显著的直接相关关系。

虽然以上研究结论存在一些分歧，但还是有较多的学者对于两者正向关系做了肯定，如 Naylor（1996）等强调供应商关系对于核心生产企业的积极作用，这也说明了供应商管理在供应链质量中的重要地位。Tracey（1998）指出，质量管理、供应商参与和企业绩效之间存在因果关系。Kuei 和 Madu（2001）指出，在供应链背景下，供应商关系、产品质量是公司首要考虑的问题，因为企业从关注企业内部发展，需要转变为关注供应链网络发展，这种管理视角的变化，也是为了适应供应链模式下质量管理发展的步伐。Kannan 等（1999）认为，良好的供应商关系管理能够提升企业绩效，对于供应商管理必须从供应商选择、参与、控制等全方面进行着手。吴绮和许统邦（2001）、陈江宁（2008）、成龙和文风（2015）提出，供应链中的核心企业要重视企业内部质量管理，同时也要积极进行供应商质量管理，并指出供应链质量管理与企业绩效的关系。

基于以上分析，提出假设 H6a 和 H6b：

H6a：供应链环境下供应商关系正向影响企业产品质量绩效。

H6b：供应链环境下供应商关系正向影响企业过程质量绩效。

（三）供应链质量管理基础要素与协同要素交互作用对企业质量绩效的影响

Sila 等（2002）为了对质量要素中的核心要素进行分析和研究，将国际管理类杂志发表的与质量管理相关的论文进行了统计，其期限跨度是从 1989—2000 年，通过统计分析，提出了质量管理实践这一概念的基本框架。Flynn 等（1995）对企业质量管理实践活动进行了二维划分：基础实践和核心实践。基础实践主要包括领导支持、顾客关系、供应商关系以及员工培训与授权等；核心实践主要是针对质量管理核心维度的度量，包含质量统计、质量控制、设计质量、过程质量管理等。Sousa 等（2002）根据前人研究的成果，提出了质量管理实践的两种分类：一种是质量管理基础实践，但与 Flynn 提出的基础实践有所区分。Sousa 等认为，所谓的质量管理基础实践是从社会行为角度进行的分析，其主要体现为非机制性。另一种是质量管理核心实践，与基础实践不同，它主要体现在技术性、过程性和机制性方面。Rahman 等（2005）对质量核心要素的划分，主要是基于全面质量管理进行的划分，他们将全面质量管理分为硬管理和软管理。这是一种新的划分方法，后人也有以此划分为基础进行相关研究的。Lakhal 等（2006）在前述分类的基础上，划分了管理实践、基础实践和核心实践三类，其中，管理实践是将高层管理支持作为一个独立类别列出的。Choo（2007）等根据研究需要，将质量管理实践分为技术层面的质量实践和社会层面的质量实践两类。有学者通过比较分析，认为 Choo 等提出的技术层面的质量实践对应于 Sousa 提出的质量管理核心实践，社会层面的质量管理实践体现为基础实践。

目前，对于质量管理实践的划分主要还是遵从基础实践和核心实践的划分，那么两者之间具有什么样的相关关系，也引起了许多学者的兴趣。Prajogo 和 Sohal（2004）总结了一些学者的研究成果，如 Ahire、Pannirselvam 和 Ferguson、Sousa 和 Voss 等，他们均认为，质量管理实践虽然有基础实践和核心实践之分，但是，两者之间存在关联性，其相互作用、相互依存，并最终影响企业绩效。Jaworski 和 Kohli（1996），Kaynak（2003），Heaphy 和 Dutton（2008），Chang、Chen 和 Chiou（2015）的研究表明，基础实践要素对核心实践要素有着积极影响，如领导支持对持续改进、对供应商关系有正向作用；员工参与通过领导支持，对持续改进与信息分析有正向作用等。这些研究成果对于认识供应链环境下的质量管理，即供应链质量管理诸要素的关系有很好的借鉴作用。另外，一些学者如 Anderson 等（1995）、Rahman 和 Bullock（2002）等对于质量管理的基础实践和核心实践的支持关系进行了论证和研究，他们认为，核心实践能够对企业绩效起着积极的作用（Nair，2006），但是，少了基础实践的支持和强化，核心实践的作用将大打折扣，因此要强调两者之间的共同作用，才能整体提升企业绩效和可持续的竞争优势（Flynn et al.，1995）。另外，有学者研究了质量管理实践活动与企业绩效的直接和间接关系，如 Lakhal 等（2006）指出，质量管理基础实践能够直接影响企业绩效（包括质量绩效）；同时研究成果也表明，基础实践还可以通过核心实践间接作用于企业绩效。

因此，在本书研究中，基于供应链质量管理的背景并借鉴和沿用上面学者的思路，认为供应链质量管理作用于企业质量绩效时，供应链质量基础要素和协同要素可能存在交互作用并影响企业质量绩效，因此，提出假设 H7 和 H8：

H7：供应链质量管理基础要素与协同要素存在交互作用正向影响产品质量绩效。

H8：供应链质量管理基础要素与协同要素存在交互作用正向影响过程质量绩效。

二 供应链质量管理、供应链动态能力和企业质量绩效之间的关系假设

本部分主要针对供应链质量管理、供应链动态能力和企业质量绩效之间的关系进行理论分析，并提出相应假设，具体检验在第五章子研究 2 中进行。

（一）供应链质量管理基础要素、供应链学习能力与企业质量绩效

1. 供应链质量管理基础要素与供应链学习能力

Salvato（2003）认为，领导支持在企业动态能力形成过程中起着非常重要的作用。领导支持可以整合企业资源，重构企业流程，协调与外部结构的关系，它是动态能力形成的关键因素（Bass and Avolio，1997）。Pablo 等（2007）通过实证研究，认为领导支持是企业动态能力形成的驱动因素，因为领导支持可以创建组织学习的氛围，领导的信任可以提升员工的积极性，从而促进学习型组织的形成（张宏荣，2010；A. C. Gillies，2015）。在供应链环境下，领导支持可以通过搭建多方学习平台，从而促进供应链节点企业以及企业内部员工的学习，并将学习的技能形成企业发展的动力（王菁娜和冯素杰，2009；张晓军、席酉民、谢言等，2010）。

全员参与是供应链学习能力构建的基本保障（霍宝锋，2015；尹懿，2015）。蒂斯等（1997）认为，不同组织结构的设立，使员工参与供应链管理的积极性产生不同效果，越是有机式组织结构，全员参与的积极性就越高。Subba 等（2001）、Villar（2014）认为，员工参与影响着企业动态能力的形成。在企业中，员工积极性的发挥以及自主决策的形成，可以促进企业知识共享，从而扩展员工的学习能力，有助于企业改进运行惯例，提升企业动态学习能力。Ana 和 Patrcia（2008）指出，员工的外部联系（包括和供应链上的其他节点企业）使企业能够获得有价值的知识。Fernandez 等（2000）的研究表明，员工参与能够节省企业在人力资源管理方面的成本，而员工人力资本，也对企业动态学习能力的形成产生重要影响。Helfat 和 Peteraf（2003）在研究动态能力影响因素时，提出了三个重要的资源要素：人力资本、社会资本和团队认知。这三类因素既单独对动态学习能力的形成产生重要影响，也通过相互作用，促进企业动态能力的形成。李大元等（2009）认为，组织结构是动态能力形成的平台，员工参与提升了企业的学习能力。通过以上分析，本书认为，供应链环境中的企业全员参与（包括核心企业内部的全员参与），可以搭建知识共享平台，形成信息沟通机制，提升企业动态学习能力。也就是说，供应

链中全员参与对企业动态学习能力具有积极的正向作用。

Ho（侯嘉政）和Tsai通过顾客导向及资源基础方法研究了动态能力对新产品开发绩效的影响（Ho and Tsai，2006；白世贞和姜曼，2013）。林萍（2008，2009）、Weerawardena（2014）、Loe和Ferrell（2015）认为，顾客导向有利于形成企业的学习能力，因为供应链环境下的顾客导向，使网络节点企业能够形成高度一致的市场意识，从而积极收集市场中的顾客、竞争者等情报，并形成信息互动，为营销决策提供非常重要的参考。这种顾客导向下的信息共享和知识学习，可以发现顾客价值，增加创新活动机会，提供更独特的产品满足顾客需求，提升企业竞争能力（周荣辅和朱超博，2012；庄冀，2013）。总之，顾客导向对供应链核心企业学习能力有着正向影响，有利于企业学习能力的培养和形成。

2. 供应链学习能力与企业质量绩效

就企业组织内部的学习而言，Fiol和Lyles（1985）指出，在对组织学习理论进行研究时，是基于一个前提假设，即组织学习能力能够提高企业未来绩效，否则组织学习的研究就失去了应用的意义。也就是说，企业组织内部学习会对供应链未来发展产生有利影响。供应链中的组织学习会使供应链内部出现大量新知识，对原有知识的不足和缺漏进行弥补，从而提升产品和服务质量水平，满足客户需求，增强企业竞争能力，获得良好的企业绩效（Mellat－Parast，2013；Wisner，Tan and Leong，2015）。Slater和Narver认为，组织学习对于企业具有重要的作用，持续进行学习的企业能够对市场信息进行分析和跟踪，把握稍纵即逝的市场机会，采取快速行动，抢占市场空白点，为顾客提供独特的产品，满足顾客多样化需求（S. F. Slater，J. C. Narver，1994）。因此，供应链网络环境下的信息沟通，为企业学习提供了平台和机会，组织学习能力对供应链客户价值提升会产生积极作用（尹懿，2015）。此外，供应链核心企业通过对新知识的学习、吸收与运用，可以将内外部资源整合起来，避免单纯从内部发力、缺乏外部支持的窘境，从而提升其长期竞争优势，达到可持续发展的目的。

企业组织之间的学习会提高供应链学习能力。Bessant（2003）研究了英国的6个不同行业，通过对这些所属行业的企业进行研究，发现供应链企业之间学习的有效机制不外乎两种：第一种是实践经验的交流和传播，第二种是知识共享和学习。他研究发现，组织学习对客户满意度产生正向影响，而组织学习对与成本有关的指标无明显作用。王宁（2008）指出，供应链内的知识可以自我复制和生长，从而使知识转化成组织的动态学习能力，适应外部环境的动荡变化，形成供应链竞争优势，提升企业质量绩效。彭灿（2010）研究知识共享时，将知识分成了三类：第一类是技术性知识，这是企业技术能力的体现；第二类是制度和管理知识，这是企业内部管理能力的体现；第三类是客户知识，这是对市场和顾客的认知。而这三类知识是企业学习能力形成的理论前提。同时，他提出，供应链内企业的合作共生能够促进其学习吸收能力和应用能力，从而提升其应对外界变化的柔性能力。知识共享增加了供应链内的知识存量，从而加快企业的创新速度，避免一些技术能力和管理知识等的重复开发，降低获取知识的成本，提升供应链的协调能力，使学习能力转化为企业的实际绩效（孙武斌，2010）。覃荔荔（2011）和尹懿（2015）认为，供应链环境中企业获取竞争优势的途径较多，其中通过供应链的知识采集、知识共享等过程组合是一种很有效的方法。

Dyer 和 Hatch（2006）为了检验知识共享如何影响供应链节点企业的绩效，采用对比研究方法，研究了丰田供应链与通用、福特和克莱斯勒供应链的差异性。他认为，相较丰田供应链而言，后面三个企业应该能够在供应链中以低成本获得汽车原材料和零部件，因为美国汽车企业所配套的汽车零部件更接近美国汽车厂家。另外，美国汽车企业与零部件生产厂商也有着紧密的合作和联系，从这个意义上讲，通用、福特和克莱斯勒采购的零部件所需成本会更低，因为物流成本比较低。然而，事实是，日本丰田汽车的供应链运营成本和物流成本却更低，竞争优势也更明显。这就给人们带来了更多的思考，因为日本汽车的零部件分布在世界各地，且与供应商的关系也不是十分紧密。究竟什么原因导致了这样的结果。Dyer 和 Hatch（2006）发现，丰田公司非常注重与供应链紧密企业的知识分享和学习，丰田公司经常将创新性的研究成果以及相关的经验与其他企业交流，及时让供应商知悉丰田未来汽车的发展趋势以及所需类型和质量的零部件，以便能够提前做好研发准备。因此，丰田公司在市场竞争中，能够较其他企业生产更具魅力质量的汽车，从而获得更大的竞争优势。

因此，供应链知识共享提升了企业的学习能力，降低了企业获取信息和知识的成本，增加了企业之间的信任程度和交流密度，使复杂供应链中的协调性更为顺畅（冯长利、张明月、刘洪涛等，2015）。上述丰田公司的例子和研究结论，也充分说明了知识共享的积极作用，尤其是在供应链网络环境下，企业之间的竞争已经表现为供应链之间的竞争，通过供应链条上的知识分享，不但可以提升企业相互之间的信任程度，降低沟通与谈判成本，更为重要的是，企业之间的战略协同性更完善、更有效。总之，知识共享增加了整个供应链中的知识密度，对企业动态学习能力有着积极的正向影响作用（Wisner，Tan and Leong，2015）。在这个过程中，知识共享越充分越深入，越有利于企业动态学习能力提升，也越有利于增加最终顾客价值，从而提升企业质量绩效。因此，安小风等（2009）、尹懿（2015）认为，对供应链知识共享管理以及学习能力提升，应是供应链创建和保持持续竞争优势的一种战略能力。

基于以上分析，提出假设 H9 和 H10：

H9：供应链学习能力在供应链质量管理基础要素影响产品质量绩效中发挥中介作用。

H10：供应链学习能力在供应链质量管理基础要素影响过程质量绩效中发挥中介作用。

（二）供应链质量管理基础要素、供应链协调能力与企业质量绩效

1. 供应链质量管理基础要素与供应链协调能力

供应链环境下的领导支持对于战略资源的分配和实施具有决定性作用，高层管理者的观念、认知以及其采取的支持方式决定着企业的行为方式，对于企业的动态协调能力有着重要的影响。如果在供应链中，领导支持更是企业形成和提升其协调能力的关键因素。Rindova 和 Kotha（2001）研究发现，高层领导团队的信念和相应的支持对于

企业协调能力的形成必不可少。Adner 和 Helfat（2003）认为，管理层认知决定了企业战略性和操作性管理决策，进而对协调能力产生重要影响。另外，在供应链情景下，由于领导的支持，可以形成有效的供应链运作团队，它对管理供应链中的任务、流程有着决定性影响，可以有效协调和整合供应链企业的优势资源，提升其创新能力和动态协调能力（江成城，2011；李岩，2012；Wisner，Tan and Leong，2015）。

全员参与是全面质量管理的核心思想。Ded 和 Ryan（1999）提出，员工参与的深度和广度，是全面质量管理能否顺利实施的一个核心要素。在供应链环境下，全员参与表现为供应链所有企业的全员参与，本书主要针对供应链核心企业的员工参与进行研究。文献表明，员工参与更多地表现为其内隐驱动力对其行为的作用，更强调自我管理过程。心理与行为理论研究表明，员工参与能够改善他们的心理投入状态，触发其积极的心理情感和主人公意识，从而提高工作自主性水平，满足他们高层次需求（Cotton，1991；Heaphy and Dutton，2008；吴思嫣、张义明和王庆娟，2011；霍宝锋，2015）。通过全员参与，建立相互交流平台，从而更好地协调供应链企业之间的伙伴关系，也提升了核心企业的供应链协调能力。

供应链环境下的顾客导向是对供应链网络上的消费者需求、竞争者动态、行业信息等的敏锐嗅觉，它能够有效地进行供应链资源的重新配置，以及适时对市场情报做出积极响应（Jaworski and Kohli，1996）。它由三个行为因素组成：顾客导向、竞争者导向和协调企业功能（Slater and Narver，1998），因此，通过顾客导向这样的共同原则，可以促使供应链上的企业形成相对一致的管理理念，提升核心企业的供应链协调能力（白世贞、姜曼，2013）。

2. 供应链协调能力与企业质量绩效

Harrison（2002）提出，供应链协调能力正向影响企业绩效（包括质量绩效）。也就是说，供应链核心企业动态协调能力越强，企业越能获得更好的绩效。在供应链网络中，企业之间相互作用和制约，同时会出现连锁效应，只要任何一个环节出现问题，将会波及供应链的其他部分，从而影响供应链以及企业绩效。要想对供应链企业之间的资源和流程进行优化，必须建立相应的协调机制，因此，供应链核心企业的动态协调能力对于资源整合、流程协调等具有积极作用，能够影响供应链运作效率和企业质量绩效（Wiengarten，Fynes and Onofrei，2013）。Doz 和 Prallalad（1991）提出了供应链的资源基础能力，并认为，供应链的多维性和特殊性使核心企业在管理供应链时具有竞争优势，从而获得良好的绩效。因为供应链管理具有一定的复杂性，在进行业务合作时，需要协调和配置企业之间的资源（江成城，2011），统一其质量理念和思想。在这个过程中，供应链核心企业具有领导性作用，其形成的供应链协调能力对于众多企业能够凝聚到一起起到了保障作用，使供应链整体具有竞争优势，供应链核心企业也提升了其质量绩效（孙春书，2014；许芳、田雨和沈文，2015）。江成城（2011）提出，供应链协调能力对于核心企业获得竞争优势具有控制作用，并用实证分析，证明了供应链协调能力可以通过运作能力和学习能力掌控供应链资源。总之，通过分析可知，供应链协调能力能够促进企业质量绩效，因此，提出假设 H11 和 H12：

H11：供应链协调能力在供应链质量管理基础要素影响产品质量绩效中发挥中介作用。

H12：供应链协调能力在供应链质量管理基础要素影响过程质量绩效中发挥中介作用。

（三）供应链质量管理基础要素、供应链重构能力与企业质量绩效

1. 供应链质量管理基础要素与供应链重构能力

高层领导的远见卓识、正确的战略选择、企业文化的凝练等，对于供应链核心企业形成重构能力具有积极作用（马士华，2000），因此，领导支持对于供应链重构能力的影响不容忽视。一些学者进行了相关研究，如 Rindova 和 Kotha（2001）、King 和 Tucci（2002）认为，企业重构能力的形成受以下几个因素的影响：高层管理团队的支持、有机式组织结构、组织学习能力、授权形式等。其中，高层管理团队的支持对于企业重构能力的形成意义重大。Gavetti（2005）认为，组织形式对重构能力的建立与演化具有重要影响，这主要体现在不同层

级管理者的认知能力受组织科层制度的制约，进一步影响战略决策，导致不同的资源配置，并由此影响企业重构能力。Zahra 等（2006）认为，企业家精神以及基于企业家精神的企业家活动影响企业资源、技能配置和学习模式，而这几个方面决定了企业动态能力（包括重构能力）。江成城（2011）认为，领导支持下的供应链运作团队，在一定程度上决定了供应链战略走向、资源内外部协调、创新程度大小以及供应链效率提升等，而这些能使企业在竞争中占据优势。Bonoma（1988）认为，供应链运作团队可以提升供应链运作效率，提高创新意识以及柔性能力。这些都体现了领导支持对于供应链重构能力形成的积极作用。

全员参与可以说是一定程度上的权力下放，员工在运作过程中可以自主行使一定的决策权力，可以极大地调动员工的积极性，员工可以依据自己的判断，对遇到的问题做出及时反应，员工自己在面对风险时，能对风险做出全面评判，并采取相应的应对措施，这极大地提高了员工的风险意识以及处理风险的能力（Mark and Akhtar，2003；Abrunhosa and Moura，2008）。上述论断也得到了其他学者的认同，瑞典学者 E. K. Asa（2007）以安全研究为主旨，发现加大员工参与程度可以提高员工的风险意识，提高员工对风险的自我判断。类似地，Rundmo（1996）对安全生产进行了研究，通过大样本检验发现，员工参与和员工的风险认知能力呈现一定程度的正向相关关系。全员参与，一方面，可以提高企业对外部环境变化的感应与认知，从而提高整个供应链反应能力；另一方面，对于外界的变化能够及时响应，便于企业进行战略目标的调整和执行，使投入和流程保持柔性，提升供应链的柔性能力（霍宝锋，2015）。

顾客导向原则可以提高供应链各企业探索顾客新需求的积极性（Juran，1988；Mielgo et al.，2009；李永飞、苏秦、童键，2012），并不断创新观念，开发出满足顾客需求的新产品，创造较高的顾客价值（Wycoff，2003）。然而，这也存在一定程度的风险，由于顾客需求变化的不确定性，尤其是无法准确定位顾客的潜在需求，以至于在开发和引导客户需求方面存在极大的不确定性（Jaworski and Kohli，

1996)，这就要求企业能够准确地识别供应链运作过程中的各类风险，如市场风险、财务风险等（Venkatraman，1989），一定程度上提高了供应链感知和应对外界环境的能力。Pavlon（2004）认为，“再配置能力”是一种重新配置能力，而且具有及时响应环境变化的功能，而动态能力可以说就是一个多维度的资源再配置能力，这能使企业家及时感知环境的变动、发现顾客多样化的需求。由于市场环境不断地变化，厂商需要不断提高市场导向的感知能力（Chang，Chen and Chiou，2015），而这受以下几方面的影响：知识的集合能力、战略柔性、资源的配置、能力生命周期、能力层级的交互作用等。

2. 供应链重构能力与企业质量绩效

供应链的重构能力很大程度上体现了供应链的柔性，能够反映出其能力与环境的匹配程度。Beamon（1999）从供应链的角度指出，环境对柔性有一定的影响，环境越不确定、组织结构越复杂、流程越冗长等，对柔性的要求就越高。Fred Phillips（2000）在研究柔性与绩效关系时，以10年以上的中大型企业为对象，得出柔性与企业绩效存在正向相关关系（包括质量绩效）。可见，柔性也能使企业获取竞争优势。市场需求如产品品种、数量等随环境的变化也在发生变化，这就影响企业供给，因此进行供应链管理时，要时刻关注市场动向，适时调整供应链协作机制和资源配置，提升供应链柔性能力（Volberda，1998）。Feng和Yu（2015）基于资源基础理论研究了供应链能力积极影响运作绩效。林伟滨、黄敬前（2015）认为，柔性化可以扩大供应链张力，使供应链核心企业更能适应外部变化。

有一些学者认为，供应链柔性能力不利于企业绩效的提升。Lconard（1992）认为，调整供应链的柔性时，其柔性越大，反而会损害现有能力，对于组织发展产生不利影响。因为过高的柔性能力，需要较多的资源，如果企业仅能利用自身的资源，那么也就限制了企业对外开拓资源的能力。一旦企业能力受损，将不利于战略调整。进一步地，环境的敏感性也受柔性的影响，过高的柔性不利于感知微小的变化，最终削弱供应链的适应能力。

Malek（2003）认为，物流的柔性会影响供应链的协调发展。由于供应链的功能、产品结构不是固定不变的，在外界环境发生变化时，其也会随着发生变化。如果物流的柔性能力不足，在生产缺乏原材料、材料供应不及时、厂商不能按时发货等情况下，这将大大削弱供应链的整体运作效率。因此，物流的柔性可以提升企业重构能力，从而使企业获得较大的竞争优势。Henk（2003）提出了信息系统柔性能力提升的重要性。一方面，企业可以收集较多的环境变化信息，提高环境适应能力；另一方面，信息系统可以提高工作效率。

王迎军、王永贵（2000）认为，提高企业战略适应能力、制造资源和动态能力应提高企业的柔性，这在一定程度上可以削弱不确定性的危害。也就是说，一旦环境发生变化，资源和能力能够迅速适应其他用途。苏中锋和李垣（2008），李建斌、刘凤和雷东（2013）认为，当环境发生变化时，供应链制造资源的柔性可以使供应链进行快速、低成本的应用转换，使资源、设备和生产线快速用于其他用途。龚凤美、马士华和谭勇（2007）也提出，配送能力柔性的提升依赖于较多的配送方式和备选方案，这可以进一步提升供应链资源的调度能力和周转速度，从而增加收益。

基于以上分析，提出假设 H13 和 H14：

H13：供应链重构能力在供应链质量管理基础要素影响产品质量绩效中发挥中介作用。

H14：供应链重构能力在供应链质量管理基础要素影响过程质量绩效中发挥中介作用。

（四）供应链质量管理协同要素、供应链学习能力与企业质量绩效

1. 供应链质量管理协同要素与供应链学习能力

信息共享可以使组织学习更为便利（Chuang，Chen and Tsai，2015）。Zollo 和 Winter（2002）指出，“知识演化循环”能使企业改变其做事方式，其主要动态能力来源由两个方面组成，即隐性知识的积累和显性知识的表达与编码。Blyler 和 Coff（2003）指出，社会资本是动态能力的基本元素，特别是个体间的内外部社会联系，是动态能力获取、整合、释放资源的重要组成部分，并强调供应链之间的信息与学习能力是正相关的关系。McEvily 和 Marcus（2005）认为，伴

随着企业之间信息共享的自由交流和深入沟通，企业之间信息交换的密度和深度都会有较大的突破，企业的产权信息也可能被包含进来，使企业之间的信任程度增加，促进了“溢出效应”的产生。而这些对企业获取知识、高效率地开展学习，提升其吸收能力都是比较有利的。崔志（2008），程兆麟（2012），Yang（2013），金昕（2015），Chuang、Chen 和 Tsai（2015）实证研究发现，企业可以通过很多方面来促进企业知识吸收能力的提高，如通过拓展外部信息的来源和渠道，提高信息的流动性，增加与外界的交流，从而更有效地促进信息共享和知识转移。综上所述，供应链环境中，信息共享促进了供应链核心企业的动态学习能力。

持续改进（Continuous Improvement，CI）是一个不断增强学习能力来累积知识的过程，通过不断吸收知识，增加改进和创新的技能（Garvin，1994）。其本质更多地体现为通过现有知识和能力来不断地变革，从而促进企业发展的过程（Deming，1986；Anderson and Schroeder，1994）。Miner 等（2001）认为，组织学习根据不同的方式可以分为即兴学习、“试错”学习和实验学习三种类型。其中，即兴学习是基于实时的学习，“试错”学习是基于行动的学习，实验学习是基于设计的学习（张群祥，2012）。在供应链中，通过不断的组织学习进行持续改进，可以提升供应链核心企业的学习能力。供应链中的知识，有些是显性知识，但是，绝大多数知识是缄默和隐性的，对其进行显性化和识别需要一定的过程。因此，供应链知识管理要求企业之间进行持续改进，通过知识的积累、共享、吸收和运用，提升企业的动态学习能力，使供应链整体知识达到一个量级的提升，这是供应链知识管理的核心任务。通过以上持续改进，供应链核心企业形成对供应链协同的强大管理能力，从而形成可持续发展的竞争优势。因此，在供应链平台上的知识交流能够提升核心企业的学习能力，使技术创新成为可能，产生“1 +1 >2”的协同效应（杨利军，2011；冯长利、张明月、刘洪涛等，2015）。

在供应链背景下，对于资源重构活动，需要多方面、多层次的协调整合，即需要协调企业之间（本书主要研究供应商关系）的动态关系，使企业之间的知识信息更好地共享。通过交流沟通，形成一个统一的整体来完成各类活动。林萍（2008，2009），Chun Zhang、Sridhar Viswanathan 和 John（2011）认为，企业高层管理者强调供应商关系、虚拟企业和战略联盟、技术合作等，因为良好的供应链伙伴关系（包括供应商关系）对于企业获得可持续的竞争优势具有积极作用。Moorman 等（1992）通过实证研究指出，企业合作关系中的信任至关重要，能够促进企业之间的信息沟通和质量知识学习。Rocha（1993）在分析供应链伙伴关系时，认为通过信任，可以消除企业合作的后顾之忧，打破保守的姿态，从更深层次形成信息的交流和知识的学习，使学习范围和层次得以提升，可以使供应链伙伴关系的维持更加长久。由于企业之间信任关系的脆弱性，企业之间要想保持双方长期的合作，达到互利共赢的效果，就必须建立双方之间的深层次信任关系，形成它们独特的资源优势，来更好地达到企业目标（Veronica，2011；陈瑞义、琚春华、盛昭瀚等，2015）。

2. 供应链学习能力与企业质量绩效

关于供应链学习能力与企业质量绩效的关系，前面已经叙述清楚，不再赘述。结合上述文献，提出假设 H15 和 H16：

H15：供应链学习能力在供应链质量管理协同要素影响产品质量绩效中发挥中介作用。

H16：供应链学习能力在供应链质量管理协同要素影响过程质量绩效中发挥中介作用。

（五）供应链质量管理协同要素、供应链协调能力与企业质量绩效

1. 供应链质量管理协同要素与供应链协调能力

蒂斯（2007）指出，信息共享是动态能力的核心要素与影响组织绩效的微观基础之一，在动态能力形成过程中扮演着重要角色。Mehra、Hoffman 和 S. Danilo（2001），Mangiameli 和 Roethlein（2001）研究了供应链信息共享对于企业双方乃至多方建立良好关系的重要性，因为通过建立信息交流与共享，双方之间的信任和承诺将会落到实处，可以保证供应商提供的产品质量和服务质量。另外，信息共享使供应链企业的协调成本大大降低，提升了协调能力及其效果。Lamming（1993）指出，买卖双方以合适的价格获得合适的产品或服务质量的条件是供应链环境下稳定的关系和信息的透明。

动态能力理论认为，在稳定的环境下，资源基础和能力理论具有很强的实用性，但如果企业想要获得持续的竞争优势，企业内部资源与能力理论就显得比较狭隘了（Teece et al.，1997）。因此，企业若只依靠单一资源或能力的话，是不能满足其发展的，应该寻找符合企业长期发展的、能持续改进和创新的资源或能力（Jesso，2002）。持续改进是一种有计划的、系统性的改进活动，它是贯穿于整个供应链和公司的行为（Imai，1986；Gilbert et al.，1994；熊伟，2014）。今井正明（2000）在其经典理论中提出，若想确保持续改进过程成功，关键在于管理部门的认真参与和对该过程的郑重承诺，其中，管理者的重要性在过程中起重要作用。依照 Caffyn（1999）的理论，持续改进包含十方面的特征，其中员工参与是重要的特征之一。因此，持续改进是一个全员（包括管理者、团队及一线员工）参与的过程（Chase and Aquilano，1995；Berger，1997；Bessant，2003；Tonnessen，2005；张泽光和易江玲，2011）。

在供应链中，合作伙伴关系（本书主要探讨供应商关系）是供应链协调能力的前提和基础。Dyer 和 Sigh（1998）认为，在供应链关系中，节点企业建立伙伴关系的专用资产投入越多，伙伴关系的资源稀缺程度就会越高，也就更难模仿，那么这种供应商关系就变得越有价值，由此建立的供应链运作能力更具竞争优势。Zaheer 等（1998）提出，降低交易成本和冲突是伙伴关系建立及发展的根本；同时建立伙伴关系之间的信任，可以实现供应链的协调，对企业绩效起到积极的作用。苏勇（2009）、庄冀（2013）认为，一般的交易关系是比较脆弱的，都是以自己的利益优先，对合作伙伴的忠诚信任度不高；而供应链合作伙伴关系比较稳定，它们之间的目标和内在利益是一体的。这种由于共同目标建立起来的供应商关系，对提升供应链核心企业的动态协调能力具有积极的重要作用。这种稳定的关系使企业在生产经营过程中，可实现信息共享、利益共享的实质性合作。

2. 供应链协调能力与企业质量绩效

两者关系在前面已经叙述清楚，不再赘述。结合上述文献，提出假设 H17 和 H18：

H17：供应链协调能力在供应链质量管理协同要素影响产品质量绩效中发挥中介作用。

H18：供应链协调能力在供应链质量管理协同要素影响过程质量绩效中发挥中介作用。

（六）供应链质量管理协同要素、供应链重构能力与企业质量绩效

1. 供应链质量管理协同要素与供应链重构能力

信息共享可以提升供应链的重构能力。一些实验曾证实信息共享能够对企业绩效产生积极影响（Flynn et al.，1995）。但是，在 Tari 等（2007）看来，信息共享不会很明显地直接影响到质量绩效，却可以通过“持续改进”这样的质量实践活动，间接地影响质量绩效。信息共享使企业应对外界变化能力大大增强，促进了供应链的柔性能力。另外，信息共享的质量实践活动，将改变各个企业之间信息封闭的模式现状，较好地实现供应链中知识、信息的全面和深入地交流，将系统中信息的不确定性和滞后性降到最低限度，以知识、信息共享为基础建立企业之间的新型合作。核心企业通过自己的分销商收集顾客方面的信息，把这些信息共享扩散后，可以更高效地使用供应链中员工和相关方面的能力知识，以较快的速度改善产品质量，开发出有价值的新产品，提升供应链柔性和敏捷性能力，达到运用知识资本获得利润的目的（吴绮、许统邦，2001；程兆麟，2012）。郭旭亮（2010），Chuang、Chen 和 Tsai（2015）认为，信息共享可以为企业之间提供信任的资源和平台，在这种信任基础上产生知识交换行为，而质量管理知识在供应链上的传递正是在这种互惠模式下的知识交换。信息共享加深了供应链合作企业的内在交流，提高了成员企业之间的协同能力。供应链核心企业通过信息共享平台的建设，也强化了其动态重构能力，提高了供应链的运作绩效（乔永胜和周宏，2012）。

持续改进在供应链环境下得到了推广和应用，部分原因是当今世界经济一体化越来越深入，为提高竞争力，供应链核心企业非常重视

持续改进。Eisenhardt 和 Martin 认为，动态能力就是企业为了使自身的竞争力与外界竞争环境变化相适应，而重构或者整合内部资源的能力。持续改进在不断地追求卓越、追求完美，因此，这个过程中出现失利的现象是不可避免的，面对不利甚至失败的包容态度是组织能否高效快速地推进持续改进的关键所在（Ahmed，Loh and Zairi，1999；杨洋、徐忠建、石春生等，2014）。动态能力促进组织重构资源，回避了核心刚性，通过确保当前能力和外部环境相匹配，使企业能够应对甚至是驾驭环境的变化，从而获得新的市场机遇，更好地达到理想的战略目标。企业也只有在瞬息万变的环境中，通过持续学习和改进，具备快速感知环境的能力和技能（Antony，Kumar and Labib，2008），才能够积极主动地重构内外部资源，进行产品开发、工艺流程、运作管理等创新，满足顾客需求，最终提升顾客满意度（林萍，2008，2009；Baronienė 和 Neverauskas，2015）。

Morgan（1994），Walter 等（2002），Wisner、Tan 和 Leong（2015）在研究后得出结论认为，良好的供应链伙伴关系（本书主要研究供应商关系）能够快速地感知外部风险，提升其动态重构能力，从而降低企业之间的交易成本，获得收益。Das 和 Teng（1998）认为，伙伴关系能够降低风险发生的概率，这是因为，彼此的信任降低了背叛的可能，增加了信息共享，简化了复杂的谈判程序，使对购销合同的依赖也得以降低，从而增强了解决问题的能力，形成了竞争优势。由此可知，供应链内企业可以通过伙伴关系达到规模经济，共同承担运营中的风险，优势互补，开拓新市场。Wong（1999）认为，明确一致的合作目标是建立供应商关系的前提，它对于发展供应商伙伴关系具有帮助作用，也影响着双方的利益。建立良好伙伴关系是一种“双赢”的做法，对双方未来的发展有着重要作用，尤其是在供应链环境下的供应商关系，能够使供应链核心企业根据外部环境变化，提升其重构能力，为顾客带来满意的产品和服务。Handfield 和 Bechel（2001）提出，供应商关系促进了企业的供应链重构能力，使企业及时应对市场做出反应。马士华（2000）认为，供应链合作提升了企业契约外的灵活性，增强了企业生产柔性。蒲国利和苏秦（2010）、白世贞和姜曼（2013）、Loe（2015）提出，供应商运作绩效和购买方在成本、质量、交货期和柔性竞争优势方面都受供应商管理导向的影响，供应商管理导向是买卖双方有效获取业务绩效的方法和手段。

2. 供应链重构能力与企业质量绩效

两者关系在前面已经叙述清楚，不再赘述。结合上述文献，提出假设 H19 和 H20：

H19：供应链重构能力在供应链质量管理协同要素影响产品质量绩效中发挥中介作用。

H20：供应链重构能力在供应链质量管理协同要素影响过程质量绩效中发挥中介作用。

三 环境动态性调节供应链质量管理与企业质量绩效之间的关系假设

Sitkin 等（1994）、Das 等（2000）、Sousa 和 Voss（2001）、Sila（2007）、李钊等（2008）、张群祥（2012）、Llach（2013）在进行质量管理的相关研究中，都引入了权变理论的观点，分析了调节变量的影响作用。Lex（2001）指出，权变理论在研究企业管理问题时经常用到，因为不同的企业面临着不同的内外部环境，而这将会影响到企业的经营管理方式（张文松，2005；张映红，2008；Youn，2013）。本书对影响供应链质量管理对企业质量绩效作用的情景因素进行了不同的分类，主要分为外部特征情景因素（如环境动态性、文化差异等）、内部特征情景因素（如结构有机性程度、成立年限等）和管理特征情景因素（如管理知识、战略和业务范围、内部质量管理的支持程度、外部质量要求等）三类。企业总是处于特定的环境中的，情景变量一直被视为组织管理理论中的关键调节变量（Venkatraman，1990；Dahlgaard，1998；Pereira - Moliner，Claver - Cortes and Molina - Azorin，2012）。因此，探索不同条件下供应链质量管理对于企业质量绩效影响方式的差异性，对指导供应链质量管理在企业的实际应用，以及提供有针对性的理论解释是非常必要的。遵循 Sousa 和 Voss（2001），宋永涛、苏秦和程子潇（2010）等建议，基于内外两方面引入环境动态性（外部）与组织结构有机性（内部）作为调节变量，深入探讨这两个调节变量的影响机制，在此基础上提出相关研究假设，并通过实证研究来回答“在何种情景下供应链质量管理对企业质量绩效的影响呈现变异表现”这一基本问题。

本部分主要针对环境动态性调节供应链质量管理和企业质量绩效之间的关系进行理论分析，并提出相应假设，具体检验在第六章进行。

（一）环境动态性对供应链质量管理基础要素和企业质量绩效的调节假设

随着知识经济时代的来临，外部环境的动态变化较以前更为明显，比如，市场环境的日益复杂使企业的竞争白热化，技术环境的快速变化使企业必须积极适应技术变革的发展，避免进入淘汰的行列（Kessler and Bierly，2002；Chan，2012；魏江、邬爱其、彭雪蓉，2014；冯长利、张明月、刘洪涛等，2015）。因此，研究环境动态性对供应链质量管理的作用是非常必要的（文东华和潘飞，2008；潘飞、文东华、胡巧云，2009）。Sitkin、Sutcliffe 和 Schroeder（1994）提出，TQM 方法必须与环境进行匹配，才能使质量管理方法发挥其应有的作用，也才能提升企业绩效。并将 TQM 分为 TQL（Total Quality Learning）和 TQC（Total Quality Control），环境的不确定性高，需要采用 TQL；环境的不确定性低，采用 TQC。Zhang 等（2011）在研究企业质量实践活动时，将其分为质量开发实践和质量探索实践，并指出，稳定的环境应该与质量开发实践相匹配，因为在稳定的环境中，质量开发实践更有效；在动态环境下，质量探索实践更有效。基于以上研究，本书接下来将做详细分析。

许多学者，如 Eisenhardt 和 Martin（2000）、Tripsas 和 Gavetti（2000）、Adner 和 Helfat（2003）、Helfat 等（2011）都强调了高层管理者（领导支持）在企业适应环境中的重要作用。前面已经提及，Harreld 等（2007）指出，经理职能的一个主要方面是发挥动态能力的应有作用。他认为，作为高层领导，应该具有感知竞争环境变化的能力，也要抓住合适的机会，重组各种资源以应对变化。在复杂多变的环境中，环境变化的速度更快，环境的动态性降低了管理者在预测未来事件方面的能力及其对组织的影响。因此，这就要求企业家必须具备应对动态环境的战略能力（安迪·格鲁夫，2002），积极应对竞争对手（R. A. Bettis，C. K. Prahalad，1995）。在快速变化的供应链环境中，核心企业通过界定企业的商业模式，根据外部变化，并结合企业内部优势，提升其适应环境的能力，使企业获得良好绩效。中国正处于经济转型时期，给企业带来了挑战和机遇，随着政府对生产要素管制的放松，释放了大量市场机会。在环境变化日益加快的今天，时代背景要求企业家加强其领导能力，以及通过领导支持带动企业以及供应链伙伴企业的发展（宝贡敏，2004；武亚军和吴剑峰，2006；J. Tan，2007），抓住动态环境中所蕴藏的发展机会，克服动态环境带来的负面影响。因此，在动态的供应链环境中，领导支持更能有效地促进企业质量绩效提高（成龙和文风，2015）。

在充满机遇与风险的市场环境中，企业管理和创新过程面临不确定性和变化性（Scherer and Harhoff，2000），全员参与能够很好地提升企业雇员对任务的熟悉程度，最大限度地调动他们的积极性；更好地分析、预测市场中的变化，进行产品、服务和市场模式创新，从而有效地提升企业绩效（Tsai，2002；Chen and Huang，2009）。供应链动态环境中的全员参与，让员工的积极性得到提高，同时从思想上带来了自由思考的空间，员工参与供应链管理的主动性得到了激励，从而改善了员工的工作态度，提升了责任感和承诺水平，满足了员工更高层次的需求（Mumford et al.，2002；Heaphy and Dutton，2008），触发了员工积极的心理情感，从而提升产品质量绩效和过程质量绩效（霍宝锋）。

顾客导向是对市场、消费者需求以及竞争者动态的敏锐感知，它能在进行资源重新配置以及适时更新方面做出积极响应（Jaworski and Kohli，1996；李永飞、苏秦和童键，2012）。同时，顾客导向的原则，激励供应链企业不断地去思考顾客的多元化需求，并由此引发其创新理念（Juran，1988；Mielgo et al.，2009），并将这种创新思想转化为实际的工艺与产品，为顾客创造价值，以满足不断变化的客户需要，最终提升顾客满意度和忠诚度（Wycoff，2003；Loe，2015）。在此过程中，由于顾客需求动态变化，特别是潜在需求的挖掘及客户需求的创造与引领等，存在极大的不确定性（Miler，1983；Jaworski and Kohli，1993），需要认真识别和评估诸多风险（Venkatraman，1989），做到未雨绸缪。当然，这在客观上也促进了供应链对外界环境的感知能力和应对能力。

基于以上分析，在供应链动态环境条件下，供应链质量管理基础要素中的领导支持、全员参与和顾客导向对企业质量绩效产生更大的影响作用，即领导支持、全员参与和顾客导向和质量绩效的关系受到环境动态性的正向调节作用。

基于以上分析，提出假设 H21、H22 和 H23：

H21：环境动态性正向调节领导支持和企业质量绩效的关系，即环境动态性越高，越容易强化供应链质量管理基础要素中的领导支持对企业质量绩效的正向影响作用。

H22：环境动态性正向调节全员参与和企业质量绩效的关系，即环境动态性越高，越容易强化供应链质量管理基础要素中的全员参与对企业质量绩效的正向影响作用。

H23：环境动态性正向调节顾客导向和企业质量绩效的关系，即环境动态性越高，越容易强化供应链质量管理基础要素中的顾客导向对企业质量绩效的正向影响作用。

（二）环境动态性对供应链质量管理协同要素和企业质量绩效的调节假设

供应链中的信息共享机制能够使供应链管理的不确定性大幅度降低，最终将“牛鞭效应”的影响降到最低，甚至最终消除（赵建华和胡悦王，2015）。信息共享能够对供应链产生正向影响，而且效果十分显著，这一点，Zhao 等（2002）已经通过仿真方式做出了充分的证明。通过对美国 12 家制造企业作为调查对象进行调查，Zhou 等（2007）也证明了信息的充分共享对供应链实践产生了显著的正向作用。Car（2007）指出，企业质量绩效的提高需要信息共享，同时也指出，信息共享的内容和企业质量绩效之间成正比例关系，即信息共享的内容越多，质量越高，对企业质量绩效的提高也越明显。信息共享对企业运营绩效的正向影响作用在中国也得到了部分学者的检验。叶飞和徐学军（2009）通过实例研究，发现了两者之间呈正相关关系。但是，张玉林（2004）通过研究，得出结论：如果需求信息不确定，信息共享对整个企业来说也会产生不良影响，甚至会影响总收益。虽然对于信息共享的研究存在分歧，但是，大部分学者仍然对供应链信息共享的积极作用持乐观态度。其实，也正是因为环境的动态性，才使信息共享显得十分重要，信息共享也是应对环境动态性的一种有效方法（李涛、何桢和李景亮，2006；冯长利、张明月、刘洪涛等，2015）。就像上面学者的观点，环境动态变化对于信息共享虽然带来了冲击，但是，也正是这种外界环境的影响，才使信息共享成为企业积极采用的管理手段，提升了信息交流的有效性。因此，本书认为，环境动态性对于信息共享和企业质量绩效的关系起正向调节作用。

市场环境总是动态变化的，这种不确定性主要体现在顾客的期望以及偏好是不断变化的，因此，对于顾客的需求信息就需要进行不断地收集和挖掘。Sitkin、Sutcliffe 和 Schroeder（1994）认为，持续改进（CI）是在已有知识基础上，通过增强学习和持续学习，形成知识存量，并经过消化吸收，进行改进的过程。显然，在动态环境中，持续改进难以在既有知识基础上进行非连续性创新，以不断开发新产品来满足客户的动态需求（Slater and Naver，1998），不利于企业应对外部市场环境的急剧变化（Bessant and Francis，1999；Terziovski and Sohal，2000）。并且，过去在持续改进过程中的有益经验和结论也不能适应现在持续变化的动态环境，进而降低企业产品质量绩效和过程质量绩效。所以，本书认为，环境动态性对于持续改进和企业质量绩效的关系起负向调节作用。

Das 和 Teng（1998）认为，良好的供应链伙伴关系（本书主要研究供应商关系）可以减少谈判的风险和程序，增强解决问题的能力，并减少对购销合同的依赖程度，从而提高企业竞争能力。Morgan（1994）、Walter（2002）等通过研究得出结论，良好的伙伴关系能够降低双方的交易成本，及时感知可能带来的风险和伤害，并获得关系性租金，进一步提高市场的响应能力，获取竞争优势。Wong（1999）认为，供应链合作伙伴在目标上的一致性，关系着双方的伙伴关系和利益问题。它不仅能够使双方互惠互利，还能够为顾客带来优质价廉的产品和快捷的物流，促进各方在未来的发展。Handfield 和 Bechel（2001）、Feng 和 Yu（2015）指出，供应链关系能够提升其对环境的感知能力与快速响应能力，从而提高供应链的重构能力。马士华（2000）、尹懿（2015）指出，提升信任水平是改善供应链伙伴关系的一个重要因素。信任的增加可以提升企业的生产柔性和敏捷性，使合作更为亲密，并提高契约之外的灵活性。但是，也有些学者认为，市场的剧烈变化是一个动态环境，这会削弱供应商关系，使供应商维系关系的难度和成本增加，不利于信任氛围的形成与互信关系的建立，从而抑制了敏感信息和其他专业技术类隐性知识和专用性资产（Smith and Mckeen，2006）等在企业之间的传递，使企业质量绩效的提升受到抑制。基于中国的情景，供应商关系的相互信任程度决定了动态环境中其对企业质量绩效的影响。本书认为，环境动态性对于供应商关系和企业质量绩效的关系起负向调节作用。

基于以上分析，提出假设 H24、H25 和 H26：

H24：环境动态性正向调节信息共享和企业质量绩效的关系，即环境动态性越高，越容易强化供应链质量管理协同要素中的信息共享对企业质量绩效的正向影响作用。

H25：环境动态性负向调节持续改进和企业质量绩效的关系，即环境动态性越高，越容易削弱供应链质量管理协同要素中的持续改进对企业质量绩效的正向影响作用。

H26：环境动态性负向调节供应商关系和企业质量绩效的关系，即环境动态性越高，越容易削弱供应链质量管理协同要素中的供应商关系对企业质量绩效的正向影响作用。

四　组织结构有机性调节供应链质量管理和企业质量绩效之间的关系假设

本部分主要针对组织结构有机性调节供应链质量管理和企业质量绩效之间的关系进行理论分析，并提出相应假设，具体检验参见第六章。

（一）组织结构有机性对供应链质量管理基础要素和企业质量绩效的调节假设

对于组织结构有机性高的企业来说，领导支持能够形成自主性探索的氛围（Jaworski and Kohli，1996；张靖和段艳玲，2010；Feng and Yu，2015），以开放性态度去面对各种事物，以一种冒险和风险承担的精神，不断地向前发展。在这种氛围中，员工不用担心失败后果，因此，能够更加大胆地探索新事物，更容易激发员工创新的积极性和主动性，也更加有利于企业质量绩效的提升（Amabile，1997；Hurley and Hult，1998）。Morgan（1986）指出，在环境快速变化的情况下，企业需要转变机械式组织结构，形成更富有柔性的有机式组织结构，面对环境所带来的不确定性，这种结构可以鼓励开放性精神、冒险和承担意识，以及容忍并接受错误的勇气，从环境中快速获取机会和资源，使资源在企业质量绩效的提升中发挥重要作用，实现可持续发展。另外，Galbraith 和 Vesper（1982）指出，组织结构有机性高的基本特点具有更高的分权化水平、紧密的合作、顺畅的协调能力以及更高的创新能力。而组织变革就是打破环境限制，向组织结构有机性高方向发展，这是在动态供应链环境下企业根据外部变化必须要做的，高层领导的支持是变革非常重要的部分（Lariy，1985）。通过组织变革，可以使组织结构有机性得以提高，促使其向网络化方向发展，能够更便利地在外部环境中获得资源，从而对企业绩效产生积极的影响（Ottum and Moore，1997）。因此，组织结构的有机性越高，领导支持对企业质量绩效将产生更大的正向作用。

全员参与受组织结构有机性的影响。Huey 和 Ying（2007）、郑馨（2007）指出，组织结构有机性能够正向影响团队的协作能力，也就是组织结构有机性越高，其团队的有效性就越大。有机式组织的积极进取能够促进团队协作，而团队协作反过来也能促进组织的积极进取，组织机构有机性高能够快速获取内外部资源信息，加速信息流通，及时抓住市场机遇和契机，利用所获取的信息，整合资源，做出有利于组织顺利开展经营活动的决策。基于中国情景，姜鹏等（2010）发现，和小企业相比，大企业实施 TQM 获得的效益更明显。小企业拥有的资源较少，无法保证质量管理实践活动的实施，也不注重全员的协作参与、跨职能合作和过程控制等，而大企业规范化和专业化的特点弥补了这些不足。然而，大部分学者认为，企业的组织结构有机性越高，在应对外部环境的竞争中，企业越会使用一些不同于他人的多元化策略，如一些新技术和创意。如此，会增强员工对企业的信任程度，提高他们的工作热情，减缓其焦虑情绪（Lau et al.，2004）；同时，能够提升员工的创新自我效能感，从而激发他们积极创新和进行改进的内在潜能（Simpson，Siguaw and Enz，2006；霍宝锋，2015）。本书认为，组织结构有机性越高，全员参与对企业质量绩效将产生积极的正面影响。

McDaniel 和 Kolari（1987）认为，技术战略导向影响企业对顾客的认知。注重技术战略导向的企业，能够贯彻顾客导向的原则，注重顾客需求产品的开发。企业能够树立创新理念，不断地在市场上搜索客户变化的信息，开发新产品以满足客户的动态需求，进一步加强企业产品质量绩效和过程质量绩效的提升（Feng et al.，2006；Baron-iene and Neverauskas，2015）。同时，组织结构有机性能够从多种维度进行考察，如层级结构的扁平化、分权化、非正式化或者不规范性等。彭杨（2005）、余绍忠（2012）认为，在动态性高的环境中，柔性组织越是扁平化、分权化，越能处理并满足市场信息需求。有机式组织往往被贴上这样的标签：鼓励创新、容忍适当冲突、分权化、开放程度较大、最低限度监控、共担风险。有机式组织能够快速响应市场需求变化，满足顾客需要（王重鸣，2006）。综上所述，本书认为，组织结构有机性越高，顾客导向对企业质量绩效将产生正向影响。

基于以上分析，提出以下假设 H27、H28 和 H29：

H27：组织结构有机性正向调节领导支持和企业质量绩效的关系，即组织结构有机性越高，越容易强化供应链质量管理基础要素中的领导支持对企业质量绩效的正向影响作用。

H28：组织结构有机性正向调节全员参与和企业质量绩效的关系，即组织结构有机性越高，越容易强化供应链质量管理基础要素中的全员参与对企业质量绩效的正向影响作用。

H29：组织结构有机性正向调节顾客导向和企业质量绩效的关系，即组织结构有机性越高，越容易强化供应链质量管理基础要素中的顾客导向对企业质量绩效的正向影响作用。

（二）组织结构有机性对供应链质量管理协同要素和企业质量绩效的调节假设

前文已经分析了组织结构有机性的特征，不同学者侧重点不同，但实质基本类同。Covin、Slevin 和 Schultz（1994）指出，内部沟通方式、柔性能力和内部权力分布是判断组织结构有机性程度高低的三个主要方面，有机性越高意味着组织结构越接近有机式，这也意味着一定程度的权力的分散，组织的各个阶层内和阶层之间可以自由沟通（Slevin and Covin，1997），依托组织的人际网络关系来进行信息共享，信息能够实现迅速的交流，以便组织及时了解外面的动态，结合自身的优势，有效地利用有利的各种资源，及时调整自己的行为，更好地为企业服务。Zeffane（1996）指出，机械式组织权力高度集中，权力越集中，则信息处理越不易，组织将无法快速地捕捉到动态技术与市场信息。而有机式结构通常将权力高度下放，使企业能够及时处理与运用信息，快速发现并识别有用的市场机会与资源，并加以利用，提高了企业绩效（Stickland，1998）。彭杨（2005）指出，当处于动态环境中时，若组织的有机性和非正式化程度越高，则企业越有能力处理较大的信息需求。郑馨（2007）、余绍忠（2012）认为，有机性高的组织往往具有简洁而灵活的组织机构，可以实现有效的信息共享，并有助于将信息共享过程中所获得的灵感，通过消化吸收转化为创新行为，更好地满足顾客需求。本书认为，组织结构的有机性越高，信息共享对企业质量绩效将产生更大的影响。

前文指出，组织结构有机性越高，企业越是会注重组织文化和良好氛围的创建，从而提升企业人员的整体素质，也会更加倾向于进行创新（Benhon，Hulbert and Pitt，1999；Day，1994），为持续改进提供优势资源支持（Zhou et al.，2005），引导企业主动地去发现新机会，鼓励员工大胆进行冒险（Hurley and Hult，1998），激发他们的前摄性和创新潜能（Abrunhosa and Moura，2008），提高员工自主学习的积极性和员工之间的知识共享（杨智、张茜岚和谢春燕，2009），可以针对遇到的问题，以创造性的思考，提出独特的解决方案（Lorente，Dewhurst and Dale，1999），从而可以使产品质量绩效和企业质量绩效得到显著提升。本书认为，组织结构的有机性越高，企业质量绩效也将受到持续改进这一因素更大的影响。

彭杨（2005），Cosh、Fu 和 Hughes（2012）认为，有机式组织结构表现为组织结构的扁平化。有机式组织结构强调内部高度分权，鼓励跨等级的工作团队（如 QC 小组等），正规化程度相对较低，组织之间存在较多沟通和信息共享（Lee and Yang，2011）。因此，组织结构有机性越高，越容易建立良好的供应商关系，彼此之间也就可以以更低的成本搭建信任关系。Zaheer 等（1998）认为，通过信任，彼此之间可以适当地降低交易成本，减少企业之间无谓的谈判，减少相互的冲突，达到供应链的统一和协调，对企业绩效也会有正向的积极作用。综上所述，本书认为，组织结构的有机性越高，供应商关系对企业质量绩效将产生更大的影响。基于以上分析，提出假设 H30、H31 和 H32：

H30：组织结构有机性正向调节信息共享和企业质量绩效的关系，即组织结构有机性越高，越容易强化供应链质量管理协同要素中的信息共享对企业质量绩效的正向影响作用。

H31：组织结构有机性正向调节持续改进和企业质量绩效的关系，即组织结构有机性越高，越容易强化供应链质量管理协同要素中的持续改进对企业质量绩效的正向影响作用。

H32：组织结构有机性正向调节供应商关系和企业质量绩效的关系，即组织结构有机性越高，越容易强化供应链质量管理协同要素中的供应商关系对企业质量绩效的正向影响作用。

第四节　假设汇总

对研究模型的 32 条假设进行汇总如表 3－10 所示。假设包含供应链质量管理（SCQM）与企业质量绩效（QP）之间的关系假设，具体的假设序号是 H1—H8；同时也包含供应链动态能力作为中介，对于供应链质量管理要素影响企业质量绩效关系的假设，具体的假设序号是 H9—H20；最后是环境动态性调节效应的假设，具体的假设序号是 H21—H26；组织结构有机性调节效应的假设，具体的假设序号是 H27—H32。

表 3-10　　　　命题假设汇总

关系假设	序号	研究假设具体描述
供应链质量管理与企业质量绩效之间的关系假设	H1	H1a：供应链环境下领导支持正向影响企业产品质量绩效
		H1b：供应链环境下领导支持正向影响企业过程质量绩效
	H2	H2a：供应链环境下全员参与正向影响企业产品质量绩效
		H2b：供应链环境下全员参与正向影响企业过程质量绩效
	H3	H3a：供应链环境下顾客导向正向影响企业产品质量绩效
		H3b：供应链环境下顾客导向正向影响企业过程质量绩效
	H4	H4a：供应链环境下信息共享正向影响企业产品质量绩效
		H4b：供应链环境下信息共享正向影响企业过程质量绩效
	H5	H5a：供应链环境下持续改进正向影响企业产品质量绩效
		H5b：供应链环境下持续改进正向影响企业过程质量绩效
	H6	H6a：供应链环境下供应商关系正向影响企业产品质量绩效
		H6b：供应链环境下供应商关系正向影响企业过程质量绩效
	H7	供应链质量管理基础要素与协同要素交互作用正向影响产品质量绩效
	H8	供应链质量管理基础要素与协同要素交互作用正向影响过程质量绩效
供应链质量管理要素影响企业质量绩效的中介效应假设：供应链动态能力为中介	H9	供应链学习能力在供应链质量管理基础要素影响产品质量绩效中发挥中介作用
	H10	供应链学习能力在供应链质量管理基础要素影响过程质量绩效中发挥中介作用
	H11	供应链协调能力在供应链质量管理基础要素影响产品质量绩效中发挥中介作用
	H12	供应链协调能力在供应链质量管理基础要素影响过程质量绩效中发挥中介作用

续表

关系假设	序号	研究假设具体描述
供应链质量管理要素影响企业质量绩效的中介效应假设：供应链动态能力为中介	H13	供应链重构能力在供应链质量管理基础要素影响产品质量绩效中发挥中介作用
	H14	供应链重构能力在供应链质量管理基础要素影响过程质量绩效中发挥中介作用
	H15	供应链学习能力在供应链质量管理协同要素影响产品质量绩效中发挥中介作用
	H16	供应链学习能力在供应链质量管理协同要素影响过程质量绩效中发挥中介作用
	H17	供应链协调能力在供应链质量管理协同要素影响产品质量绩效中发挥中介作用
	H18	供应链协调能力在供应链质量管理协同要素影响过程质量绩效中发挥中介作用
	H19	供应链重构能力在供应链质量管理协同要素影响产品质量绩效中发挥中介作用
	H20	供应链重构能力在供应链质量管理协同要素影响过程质量绩效中发挥中介作用
环境动态性调节供应链质量管理与企业质量绩效的关系假设	H21	环境动态性正向调节领导支持和企业质量绩效的关系，即环境动态性越高，越容易强化供应链质量管理基础要素中的领导支持对企业质量绩效的正向影响作用
	H22	环境动态性正向调节全员参与和企业质量绩效的关系，即环境动态性越高，越容易强化供应链质量管理基础要素中的全员参与对企业质量绩效的正向影响作用
	H23	环境动态性正向调节顾客导向和企业质量绩效的关系，即环境动态性越高，越容易强化供应链质量管理基础要素中的顾客导向对企业质量绩效的正向影响作用
	H24	环境动态性正向调节信息共享和企业质量绩效的关系，即环境动态性越高，越容易强化供应链质量管理协同要素中的信息共享对企业质量绩效的正向影响作用

续表

关系假设	序号	研究假设具体描述
环境动态性调节供应链质量管理与企业质量绩效的关系假设	H25	环境动态性负向调节持续改进和企业质量绩效的关系，即环境动态性越高，越容易削弱供应链质量管理协同要素中的持续改进对企业质量绩效的正向影响作用
	H26	环境动态性负向调节供应商关系和企业质量绩效的关系，即环境动态性越高，越容易削弱供应链质量管理协同要素中的供应商关系对企业质量绩效的正向影响作用
组织结构有机性调节供应链质量管理要素与企业质量绩效的关系假设	H27	组织结构有机性正向调节领导支持和企业质量绩效的关系，即组织结构有机性越高，越容易强化供应链质量管理基础要素中的领导支持对企业质量绩效的正向影响作用
	H28	组织结构有机性正向调节全员参与和企业质量绩效的关系，即组织结构有机性越高，越容易强化供应链质量管理基础要素中的全员参与对企业质量绩效的正向影响作用
	H29	组织结构有机性正向调节顾客导向和企业质量绩效的关系，即组织结构有机性越高，越容易强化供应链质量管理基础要素中的顾客导向对企业质量绩效的正向影响作用
	H30	组织结构有机性正向调节信息共享和企业质量绩效的关系，即组织结构有机性越高，越容易强化供应链质量管理协同要素中的信息共享对企业质量绩效的正向影响作用
	H31	组织结构有机性正向调节持续改进和企业质量绩效的关系，即组织结构有机性越高，越容易强化供应链质量管理协同要素中的持续改进对企业质量绩效的正向影响作用
	H32	组织结构有机性正向调节供应商关系和企业质量绩效的关系，即组织结构有机性越高，越容易强化供应链质量管理协同要素中的供应商关系对企业质量绩效的正向影响作用

第四章　研究一：供应链动态能力的维度开发

——基于扎根理论

本章主要分析供应链动态能力特征，从而提炼出其构成维度，以便能够为下一章分析其中介效应奠定基础（供应链质量管理影响质量绩效的中介效应）。在本章中，以高新技术企业为样本，采集典型企业数据，经过焦点小组、半结构化访谈等多种方法，充分挖掘其内在信息，并按照逐级编码的方法抽取供应链动态能力的核心特征，进一步确定供应链动态能力维度结构和内容，从而归纳出相对饱和理论，并对其进行验证。

第一节　问题提出

通过查阅文献，发现学者对供应链动态能力（SCDC）的研究较少。有些理论试图从多个角度对供应链能力进行分析（Feng and Yu，2015；Lee and Rha，2015），如 Sanche（1991）通过种群生态理论来分析供应链，他认为，企业是存在于特定的网络环境之中，供应链从整体上看就是一个生态系统，各个不同类型的企业是其系统的组成部分，这些企业相互影响、相互作用，并通过明确的分工和业务合作，与外部信息进行交换，保持供应链生态系统的均衡。Pfeffer（1978）提出了环境依赖理论，认为组织结构应随外部环境变化而改变。以上这些研究，虽然不能完全揭开供应链动态能力形成的本质原因，但是，为研究供应链动态能力提供了新的研究视角（江成城，2011）。同时，这些理论也有助于从多元角度了解和分析供应链动态能力运行机制。总体来说，针对供应链动态能力维度的研究仍显得非常单薄。如果缺失明确所指，空泛谈论动态能力的意义并不明显（Lee and Rha，2015）。因此，本节将在供应链情景下识别供应链动态能力的内涵与关键特征以及维度构成等。通过从供应链管理的关键事件中获取相关的资料，采用扎根理论，梳理供应链动态能力形成的关键要素，同时结合前人研究的资料，得到其维度构成；然后通过专家咨询、企业反馈等进行多轮次修正，开发出供应链动态能力的测量量表，并对其进行信度和效度的检验。总之，本章根据研究的逐次深入程度，分为两个子研究。子研究 1 是基于扎根理论的供应链动态能力维度开发，子研究 2 对开发的维度进行量表设计和检验。

第二节 子研究 1：供应链动态能力的扎根分析

本书主要分析供应链动态能力的维度构成，采用的方法主要有访谈研究法、问卷调查法等。在对供应链动态能力基础资料收集过程中，通过采用半结构化访谈、焦点小组讨论等方式，通过规范的操作程序，并采用扎根分析技术，经过三级编码（开放式编码、主轴编码和选择性编码）来抽取和提炼供应链动态能力的核心特征和构思维度，达到最终的“理论饱和”。

一 研究方法

本书主要采用 Glaser 和 Strauss 于 1967 年提出的扎根理论研究方法，通过该方法，探索供应链动态能力的概念内涵和维度构成。该方法被 Charmaz（2000）认为是“社会科学中最有影响的研究范式”。该理论一经提出，便在管理学、社会学、心理学等领域引起了极大的反响。Parry（1998）指出，扎根理论研究方法是一种归纳性理论，通过归纳原始资料的相关核心特征，帮助研究者从资料中发现理论。该理论作为社会科学研究方法，有着具体的操作指南和规范，它对于探索性研究社会问题具有极其重要的价值（费小东，2007；奉小斌，2012）。该方法的研究步骤如下：

首先，收集原始资料，收集的方式和方法可以是多样性的，比如现场访谈、录音资料、企业报告、视频、历史数据、企业日志等音频、视频、文字资料等。总之，只要是和理论概念的构思有关的企业材料、公司文献和数据都可以作为研究资料。

其次，在收集完原始资料以后，对资料进行编码与归类。Glaser（1992）对编码进行了定义，并将编码分为开放式编码、主轴编码和选择性编码三种。本书主要采用 Corbin 和 Stauss 提出的操作程序。该程序主要包含几个步骤：一是进行理论性抽样；二是收集相关资料；三是逐级编码，产生概念；四是反复比较；五是构建理论；六是理论评价等（Corbin and Stauss，1990）。为了简化起见，本书将对其中的某些过程进行合并，特此说明。

二 理论抽样

Glaser（2001）提出，"一切皆为数据"是扎根理论的核心理念。本书旨在发掘供应链动态能力的维度特征，以高新技术企业为研究对象，通过对这些企业采样来研究，之所以这样，是因为这些企业的供应链质量管理活动，相较于其他企业较为成熟，同时也契合本书的主旨。在访谈人员的选择上，为了保证研究结果的有效性，选择在企业中工作时间相对较长（大于等于 3 年工龄）的人员，这些人员主要是部门经理以及主管等，他们对企业比较熟悉，通过对他们的访谈，能够挖掘出更详尽的有效信息。

三 资料收集

（一）资料收集方法

本部分主要采用两种方式进行资料收集：一是通过实地访谈，收集第一手资料；二是收集企业的内外部公开资料，主要收集企业的二手资料。在实地访谈中，采用半结构化访谈，主要是收集供应链动态能力构念开发的一手资料，通过与访谈者之间的互动和沟通，能够捕捉访谈对象的内隐信息（王重鸣，2001；颜士梅，2005；王海花和谢富纪，2015），而这些信息对于新构念的形成具有重要影响。访谈之前，进行了规范程序的准备，如建立访谈提纲、对访谈时间提前进行安排等。访谈时间也进行了一定程度的控制，如半结构化访谈要在 1

小时内完成，焦点小组访谈时间控制在 1.5—2 小时。为了便于资料的相互印证，一方面进行资料的记录，另一方面向对方说明研究的意义，以便能够进行录音和索取公司的相关资料。为了使访谈信息能够保持完整和真实，笔者在访谈之后，当天就对获取的信息进行了整理。

（二）访谈设计

为了能够梳理出供应链动态能力的核心维度，要对供应链动态能力特征等内容进行访谈，访谈提纲所涉及的主要问题如下：

（1）公司的基本情况（包括企业性质、处于哪个发展阶段、企业规模、主要产品和业务、市场状况及相关情况）。

（2）贵公司供应链质量管理水平如何？取得了哪些成效？您认为对于供应链质量管理的成效有哪些关键因素？请您具体谈谈（请补充关键事件）。

（3）贵公司是否建立供应链信息平台？如果有，是如何收集并利用这些平台收集供应链上下游企业的信息的？（请补充关键事件）

（4）贵公司经常组织员工学习供应链上下游企业的成功经验吗？从供应链企业中学到的相关知识对于企业的质量绩效有何影响？（请补充关键事件）

（5）贵公司是如何协同上下游企业文化差异的？请谈谈企业文化的认同对贵公司的质量绩效有何影响？（请补充关键事件）

（6）贵公司有专门的供应链部门管理供应链相关事务吗？是如何管理的？请您谈谈供应链部门的设立对贵公司的质量绩效有何影响？（请补充关键事件）

（7）贵公司是否有协调供应链上下游企业的沟通平台？通过这些平台，如何协调不同企业的管理活动？（请补充关键事件）

（8）公司能够对供应链外部环境的变化、目标的调整做出及时反应吗？公司能够快速根据市场变化引入新产品、新技术吗？是如何做到的。请您详细谈谈（请补充关键事件）。

通过这些问题，挖掘和梳理供应链动态能力的核心特征，从而深化我们对概念的理解。

（三）访谈对象

研究旨在发掘供应链动态能力特征，笔者选择浙江省高新技术企业为样本。在访谈对象选取上，主要以企业供应链部门经理、物流部门经理、高层领导（副总以上）、项目改进负责人等为主要访谈对象。因为他们对于供应链的运作具有丰富的经验，同时具有一定的管理知识和相对严密的逻辑思维能力，能够较好地提供研究所需的信息。收集资料之后，严格按照扎根理论的要求，对采集到的资料进行多次比较和分析，以便产生相应的概念与范畴，直到“理论饱和”为止。

访谈工作前后经历了两个月的时间，访谈企业主要是浙江省内各个地市企业，共涉及10家企业，22人次。这些企业所处的行业比较广泛，如空分设备、电梯产品、电力电缆、机械制造、装饰材料、农业产品等行业，为了保证信息采集的完整性和真实性，笔者亲自去企业访谈采集。

四 资料分析

我们以浙江省高新技术企业的22位成员（这22位成员属于10家企业）为访谈对象，通过访谈和讨论，获得研究数据和资料。在对这些基本资料整理基础上，按照开放式编码、主轴编码和选择性编码顺序进行三级编码，以便对资料进行深度分析。

（一）开放式编码

这一部分主要进行开放式编码，其目的主要是通过资料分析，挖掘核心概念及其属性范畴（Strauss et al.，2001）。涂辉文（2010）、奉小斌（2012）认为，通过对资料包含的重要事件等内容进行描述和抽象表征，并进行概念化，是理论建立的第一步。在开放式编码过程中，将获得的原始资料进行无序打乱，并参考相关的文献，对无序打乱的资料进行概念提取，同时将这些概念的关联性进行对比分析，将关联性较强的概念归类到更为抽象的范畴上，并通过范畴来解释事件（陈向明，1999；王海花和谢富纪，2015）。在这个过程中，做好各种备忘录，以便能构建初步理论。

开放式编码时，借助外部相关的专家一起进行分析，以使概念和范畴的归类更为合理、全面和科学。针对访谈和收集的资料，笔者与企业动态能力、供应链管理研究方向的教授、专家进行深入交流，对提炼的概念和范畴进行反复比较，经过多次循环，最终抽取出 96 个概念，为了清晰地表示这些概念，本书对这些概念进行了统一编码，由于开放式编码的内容较多，这里不再详细展开。

接下来，我们将对抽取的 96 个概念进一步进行范畴归类。由于某些概念之间具有意义上的重复和相近，可以归为一类范畴。为了清晰地表示这些范畴，我们也进行了统一编号，编号形式采用“A + 序号”。本书共有 20 个范畴，分别是搜寻渠道、文化协同、信息网络、系统协同、专职部门、知识归类、目标调整、高层参与、权责明晰、知识编码、显化流程、投入柔性、经验交流、专家支持、知识平台、环境感知、知识总结、流程柔性、快速改进和知识挖掘。

（二）主轴编码

主轴编码是三级编码的第二步，其目的是分析各概念范畴的相似性和关联性（徐建平，2009）。本书通过 K—J 法对概念范畴进行主体归类。为了确保归类的可靠性，笔者邀请相关专业（企业动态能力、供应链管理、组织行为学研究方向）的 3 位博士研究生再次进行一轮新的归类，通过对比、分析和探讨，所得结论和笔者归类几乎一致。本书对开放式编码中得到的 96 个概念和 20 个范畴进行了反复的 K—J 法归类与文献比较，将这些概念和范畴置于供应链情景下，针对外界环境的变化，通过分析供应链的动态能力构成，从而实现供应链的竞争优势，得到了供应链动态能力的 3 个主要范畴和 9 个次级范畴，结果见表 4 - 1。

在开放式编码抽取其概念和范畴之后，我们又进行了多轮次的反复比较和讨论，并根据范畴之间的内在联系，对这些范畴进行联结。其中，“A_1 搜寻渠道”“A_6 知识归类”联结为次要范畴“b_1 知识收集”；“A_{10}知识编码”“A_{11}显化流程”联结为次要范畴“b_2 知识显化”；“A_{13}经验交流”“A_{15}知识平台”联结为次要范畴“b_3 知识共享”；“A_{17}知识总结”“A_{20}知识挖掘”联结为次要范畴“b_4 知识内化”；“A_2 文化协同”“A_9 权责明晰”联结为次要范畴“b_5 供应链管理工具”；“A_5 专职部门”“A_8 高层参与”“A_{14}专家支持”联结为次要范畴“b_6 供应链协同团队”；“A_3 信息网络”“A_4 系统协同”联结为次要范畴“b_7 供应链信息系统”；“A_7 目标调整”“A_{12} 投入柔性”“A_{18} 流程柔性”联结为次要范畴“b_8 供应链柔性能力”；“A_{16} 环境感知”“A_{19} 快速改进”联结为次要范畴“b_9 供应链敏捷性能力”。

表 4－1　　访谈资料的主轴编码分析

开放式编码抽取的范畴	次要范畴	主要范畴
A_1 搜寻渠道 A_6 知识归类	b_1 知识收集	B_1 供应链学习能力
A_{10} 知识编码 A_{11} 显化流程	b_2 知识显化	
A_{13} 经验交流 A_{15} 知识平台	b_3 知识共享	
A_{17} 知识总结 A_{20} 知识挖掘	b_4 知识内化	
A_2 文化协同 A_9 职责明晰	b_5 供应链管理工具	B_2 供应链协调能力
A_5 专职部门 A_8 高层参与 A_{14} 专家支持	b_6 供应链协同团队	
A_3 信息网络 A_4 系统协同	b_7 供应链信息系统	
A_7 目标调整 A_{12} 投入柔性 A_{18} 流程柔性	b_8 供应链柔性能力	B_3 供应链重构能力
A_{16} 环境感知 A_{19} 快速改进	b_9 供应链敏捷性能力	

通过比较，b_1、b_2、b_3 和 b_4 是指企业通过知识收集、知识内化并转变成为企业技能，主要体现了企业在供应链中的学习能力，因此本书将次要范畴“b_1 知识收集”“b_2 知识显化”“b_3 知识共享”“b_4 知识内化”整合为主要范畴“B_1 供应链学习能力”；b_5、b_6 和 b_7 主要

是指通过设立供应链协同团队，借助供应链管理工具（如企业文化）和信息网络，实现信息共享，管理协同，因此将次要范畴“b_5 供应链管理工具”“b_6 供应链协同团队”和“b_7 供应链信息网络”整合成主要范畴“B_2 供应链协调能力”；b_8 和 b_9 是指供应链对环境的敏感性和柔性，从而实现供应链资源的重组，并快速改进，保证企业持续的竞争优势，因此将次要范畴“b_8 供应链柔性能力”和“b_9 供应链敏感性能力”整合成为主要范畴“B_3 供应链重构能力”。

（三）选择性编码

选择性编码在扎根理论方法中非常重要，也非常关键。它是指通过对主轴编码所发现的概念范畴进行系统分析，从而将确定核心范畴归类到编码上（Corbin and Stauss，1990）。在此编码过程中，可以采用故事线方式，也可以采取多位专家背靠背方式编码（奉小斌，2012）。

本书采用内在故事线方式进行编码，对供应链动态能力概念的逻辑结构进行自然呈现。本书认为，企业进行供应链质量管理，是基于外界激烈竞争环境所采用的策略和应对方式，也是适应动态变化的一种需要，供应链动态能力的提升至关重要。其故事脉络是这样的：在外界环境快速变化的今天，企业竞争就是供应链竞争，如何利用供应链优势，规避供应链劣势，从而保持企业的核心能力得到可持续发展，就提到日程上来了。供应链核心企业可以通过供应链网络进行信息和知识收集，并将隐性知识显性化，实现企业的知识共享和知识内化，从而打造学习型企业。同时，为了和供应链网络上的其他企业实现协同效应，最终实现“1 +1 >2”的效果，企业要利用好供应链管理工具（如文化、制度等）。另外，通过设立供应链管理团队，实现网络化信息共享，保证供应链协同能力。最后，为了保持对外界变化的感知，调整企业的资源和预订的目标，通过投入柔性、制造柔性、物流柔性、信息柔性、供应柔性和研发柔性，进行快速的改进，保证企业的竞争优势。

上述整个故事脉络充分勾勒并展现了供应链动态能力的形成过程，厘定了供应链动态能力的主要结构维度和构成要素，如图 4 –1

所示。

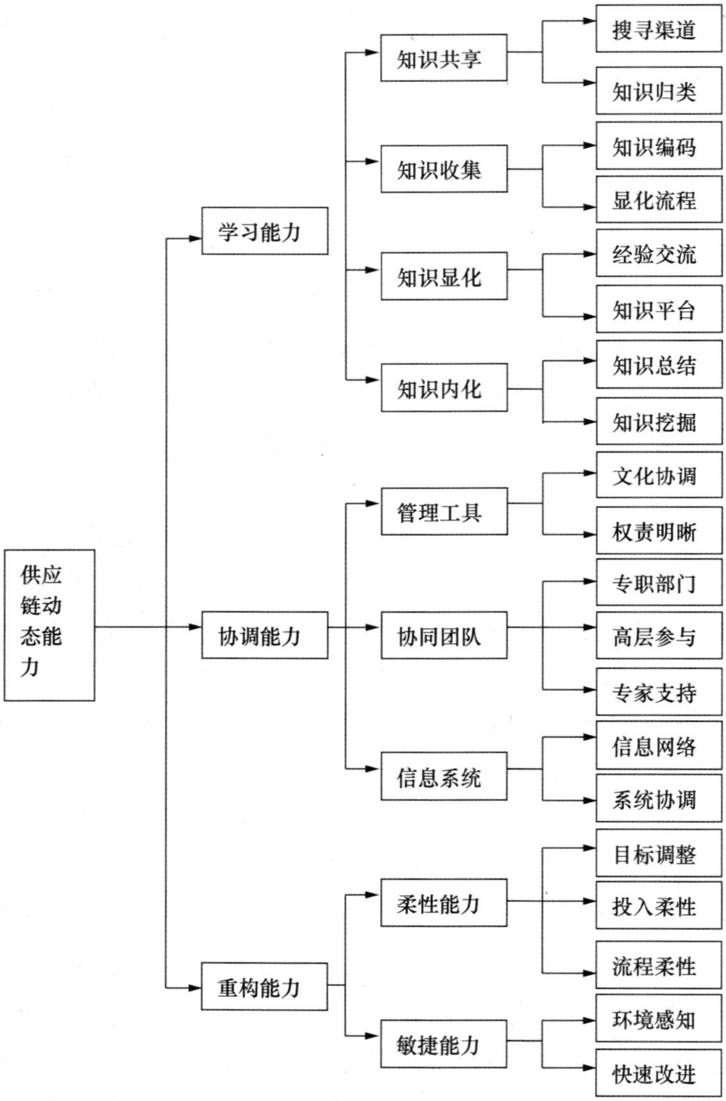

图 4－1　供应链动态能力选择性编码结构

第三节　子研究2：供应链动态能力的验证研究

一　研究目的

在上面子研究1中，严格按照扎根方法的要求，采用多种方法对10家企业的22位管理人员进行访谈，并对访谈内容和二手资料进行细致整理，并依次经过三级编码，提出了供应链动态能力概念模型，初步明晰了其各个子维度的含义。

Parry（1998）、王海花和谢富纪（2015）提出，扎根理论是社会科学研究非常重要的质性研究方法，其通过调研和探索企业实际的现象，从而逐步构建理论的过程，直到“理论饱和”。然而，在构建理论过程中，由于访谈和收集资料等技术限制，加之编码过程中人为主观因素的制约，导致扎根方法得到的理论存在一定的局限。基于此，为了使构建的理论更加完善，需要充分发挥质性和量化两种方法结合运用的优势，对扎根方法得来的构思维度进行实证检验，使其维度构成更有效、更稳定（Stauss and Corbin，1990）。

经过扎根技术分析，本书提出的供应链动态能力是多维度构念，共包含三个维度。接下来，将通过问卷调查来收集企业数据，并运用统计研究等方法对供应链动态能力的概念模型进行分析，同时参考以往的一些研究量表，结合本章子研究1所得到的结论，开发出供应链动态能力问卷。接着，通过小样本测试，在扎根方法所获初始测量题项基础上，通过专家反复讨论分析，确定供应链动态能力的最终量表；运用此量表进行大规模调研，并对调研所获得调查数据，运用因子分析方法检验供应链动态能力的维度结构。

二　研究方法

（一）设计调查问卷

由于供应链动态能力研究的文献相对较少，没有成熟的测量量表可以直接引用，因此，对这样一个新构思的概念和量表开发，存在一定的难度。本书主要根据企业访谈和调查数据，通过扎根方法所提炼的概念和抽取的维度进行表征，同时，借鉴了前人对于动态能力的相关文献、研究观点以及相关测量量表。

在本部分中，笔者严格按照调查问卷的规范流程进行开发，以确保开发的调查问卷具有较高的稳定性和有效性。首先是进行预测试问卷的编制，在参考已有文献以及扎根研究成果的基础上，确定初始的测量类目，对照供应链动态能力的三个维度特征，共确定了 28 个初始测量题项，具体内容如表 4－2 所示。

表 4－2　　供应链动态能力问卷初始题项及其来源分析

编号	测量题项	来源
1	企业有专门机构或合作伙伴收集行业信息	Ikujiro Nonaka（1994）；Protogerou（2012）；董俊武（2004）；池芳微（2009）；崔瑜、焦豪（2009）；江成城（2011）；冯军政、魏江（2011）；金昕（2015）
2	企业有工具能对供应链隐性知识进行显性化	
3	企业经理能定期或不定期与上下游企业进行经验交流	
4	企业建设有信息平台，提供员工自由交流	
5	企业经常组织员工学习供应链各企业先进经验	
6	企业召开会议，讨论近期以来的经验和教训	
7	企业善于利用供应链上下游企业收集信息	基于扎根研究结论编写
8	通过文本等手段对收集的信息进行描述	
9	企业有工具对隐性知识进行显性化	
10	企业有信息系统等平台共享企业之间的信息	
11	企业制定比较完善的供应链策略	Wang（2007）；马士华（2005）；叶春（2005）；江成城（2011）；董保宝（2012）；曹永辉（2013）；李刚（2014）；吴航（2015）
12	企业定期地对上下游企业进行评价和比较	
13	企业制定了供应链职责层次以清晰地界定上下游企业的任务和职责	
14	企业设立了与伙伴随时沟通平台	
15	企业设有供应链经理参与具体的供应链运作和管理	
16	企业建有供应链数据库，对其中的数据进行处理	

续表

编号	测量题项	来源
17	企业利用供应链文化设计来填补上下游企业的文化差异	基于扎根研究结论编写
18	企业有专门的供应链部门管理供应链相关事务	
19	企业利用外部专家帮助处理供应链相关事务	
20	企业利用内部网络传播供应链知识	
21	企业有专门信息平台进行上下游企业沟通	
22	企业能对供应链环境的变化及时进行战略目标调整	Martin（2000）；Protogerou（2012）；查敦林（2004）；达庆利（2005）；华中生（2007）；戴勇（2008）；冯长利（2015）
23	生产产品的数量、批量能根据市场需求及时调整	
24	生产过程的人员、设备、工艺、资源投入具有柔性	
25	能快速、准确地识别市场变化产生的机会和风险	
26	企业能根据市场变化与供应链合作伙伴进行技术创新	基于扎根研究结论编写
27	企业能够与供应链合作伙伴快速进行产品质量改进	
28	供应链企业之间、部门之间工作流程可以灵活调整	

在初始测量题项的基础上，为了保证量表的内容效度，需要对开发的量表进行修正，笔者和相关领域的专家对初始量表进行探讨，并就本书提出的供应链动态能力概念进行了详细解释，在此基础上，就问卷题项的语言和结构进行修订，删除了一些语义不清或者区分度较低的题目。如此反复，我们得到18个题项的供应链动态能力的问卷，其中，供应链学习能力6个问项、供应链协调能力6个问项和供应链重构能力6个问项。

为了对关于供应链动态能力的18个题项进行检验，采用七级李克特评分量表，1—7程度依次正向递增。在对回收的问卷进行分析之后，发现以下问题：第一，某些题项得分较低；第二，某些题项出现大于0.40的载荷并且分布在两个以上的维度上。经过探索性分析之后，需要进一步对供应链动态能力的问卷进行修正。在上述分析基础上，我们对以上得分较低的题项进行剔除，对于出现交叉载荷的题项也进行了处理，最终形成14个题项的供应链动态能力预试问卷，供应链学习能力和协调能力分别包含 5 个题项，供应链重构能力包含 4 个题项。

本书对调查问卷和测量题项做出上述处理，主要是为了保证量表的信度和效度。一方面，可以通过调查信息的反馈，了解企业人员对于问卷的理解程度；另一方面，通过对数据的基本统计，可以检验数据的峰度和偏度，为构建相对完善的最终调查问卷提供数据支持和实践检验。

（二）调查样本

由于导入卓越绩效模式（政府质量奖评价模式）的高新技术企业，管理基础比较好，对于供应链动态能力的构建有一定的认识和经验。同时，这些企业作为高新技术企业，对于外界环境的感知相对敏感。另外，笔者作为政府质量奖的评委，有一定的企业资源，为样本和数据的采集提供了方便，所以，本书以高新技术企业作为样本调查对象。在区域选择上，主要限定为浙江省、江苏省、上海市、广东省、河南省、山东省 6 个省市的企业；在行业选择上，主要选择机械制造、化工、电子与通信、生物制药、纺织行业等。调研企业的被试对象主要是供应链管理部门、企业战略委员会、物流部门、质量管理与运营管理部门等的负责人，同时要求这些被试人员具有本单位 3 年以上的工作经历。之所以这样，主要是因为这些人员对公司供应链管理、企业战略管理、动态能力等具有一定的了解，也有一定管理知识的储备，便于沟通。

在本轮次调研中，共设定目标企业 350 家，每家发放一份问卷，最后回收 298 份问卷，有 32 份无效问卷被剔除，最后得到 266 份有效问卷。在数据收集过程中，针对共同方法变异进行事前预防和事后检验，并对收集数据的多种渠道进行差异性检验，结果表明，收集到的数据符合统计分析要求。

调研企业基本信息的统计分析见表 4－3。调研企业中，占比最大的是民营企业，共 160 家，占 60.15%；从规模上看，占比最大的是处于 301—500 人的企业（本书主要用企业人数来核定企业的规模），共 88 家，占 33.08%；以企业成立年限算，占比最大的是 6—10 年的企业，共计95家，占35.71%；从行业分布看，占比最大的是机械制造，共87家，占32.70%。

表4－3　　样本企业基本信息统计分析

类别	指标	测量代码	企业数	所占比重（%）
企业性质	国有企业	1	42	15.79
	集体企业	2	34	12.78
	民营企业	3	160	60.15
	外资企业	4	30	11.28
企业规模	100人及以下	1	38	14.29
	101—300人	2	72	27.07
	301—500人	3	88	33.08
	501—1000人	4	38	14.28
	1000人以上	5	30	11.28
企业成立年限	2年及以下	1	30	11.28
	3—5年	2	57	21.43
	6—10年	3	95	35.71
	11—20年	4	61	22.93
	20年以上	5	23	8.65
所属行业	电子与通信	1	46	17.29
	纺织服装	2	23	8.65
	食品加工	3	19	7.14
	机械制造	4	87	32.70
	生物制药	5	23	8.65
	石油化工	6	11	4.14
	新材料	7	19	7.14
	冶金与能源	8	15	5.64
	其他	9	23	8.65

对企业调查人员的分析见表4－4。从性别看，调查人员中男性占比较高，为75.56%；被试职务集中在中层管理人员，一般是部门经理，占69.55%；成员大多接受过本科及以上学历教育，占66.17%。

表 4-4　　被调查者的基本情况

类别	类别	人数	所占比重（%）
成员性别	男	201	75.56
	女	65	24.44
成员职务	一般职工	12	4.51
	基层管理人员	33	12.41
	中层管理人员	185	69.55
	高层管理人员	36	13.53
成员教育程度	中专/高中及以下	38	14.28
	大专	52	19.55
	本科	134	50.38
	研究生	42	15.79

三　统计分析

本书得到了 266 个有效样本数据。为了进行探索性因子分析和验证性因子分析，笔者采用 SPSS 将调研的 266 个样本随机平均分成两组，即每组均有 133 个有效样本，对前面的一半样本进行探索性因子分析（EFA），剩下的进行验证性因子分析（CFA）。这样做的目的是对开发出的供应链动态能力的测量量表进行检验，验证其有效性。需要说明的是，在统计分析中，采用的数据是基于企业个体回答调研问卷所回收的数据，这样做是符合国际惯例的（Gibson and Birkinshaw，2004；张群祥，2012）。第一，本书所研究的供应链动态能力是体现组织层面的特征，但是，对其无法进行直接测量，需要通过企业员工的感知进行表征和采集。关于企业组织管理的研究，国际惯例均是通过采集企业员工得来的数据来反映组织层面的特征。第二，探索性因子分析和验证性因子分析的样本量有一定的要求，对企业个体采集数据相对较容易，能够满足数据统计的要求，本书研究中，共采集到 266 个有效样本。

四　因子分析

（一）供应链动态能力的探索性因子分析

进行探索性因子分析的目的主要是提高所测题项的信度（张文

彤，2004；马庆国，2010）。本书采用 SPSS 20.0 进行统计分析，首先对 133 个有效样本数据进行 KMO 检验，查验其是否符合 Kerlinger（1986）的判断标准，即因子分析要求 KMO 值大于 0.70；其次进行巴特莱特球形度的显著性检验。经过对 133 个样本数据的计算分析，得到的结果如表 4－5 所示。其中，KMO 值为 0.820，大于 0.70，同时巴特莱特球形度检验的显著性很小，P＝0.000，因此，调查得到的数据完全适合进行因子分析，接下来进行因子分析提取。

表 4－5　　KMO 测度和巴特莱特球形度检验结果

项目		统计结果
KMO 采样充足测度		0.820
巴特莱特球形度检验	Approx χ^2	1321.228
	自由度	108
	Sig.	0.000

在进行探索性因子分析时，本书采用主成分分析法，提取了 3 个因子，其特征根均大于 1，符合抽取的要求。另外，抽取因子的累计方差达到 64.857% 的解释比例，具体负荷矩阵见表 4－6。

从表 4－6 可知，供应链动态能力的 14 个测量题项，其因子载荷均大于 0.5（表中数字已经加粗）。这说明了该测量量表具有较好的因子结构。对这些因子分别进行命名：F_1 为供应链协调能力（5 个测量类目），此因子解释了 26.213% 的总体变异；F_2 为供应链学习能力（5 个测量类目），此因子解释了 20.066% 的总体变异；F_3 为供应链重构能力（4 个测量类目），此因子解释了 18.578% 的总体变异。

表 4-6　供应链动态能力的探索性因子分析结果（N=133）

因子	测量题项	F_1	F_2	F_3
F_1 供应链协调能力	企业利用供应链文化设计来填补上下游企业的文化差异	**0.811**	0.123	0.023
	企业制定了供应链职责层次来清晰界定上下游企业的任务和职责	**0.734**	0.088	0.120
	企业有专门的供应链部门管理供应链相关事务	**0.701**	0.321	0.076
	企业设有供应链经理参与具体的供应链运作和管理	**0.628**	0.011	0.222
	企业有专门信息平台进行上下游企业沟通	**0.610**	0.112	0.110
F_2 供应链学习能力	企业善于利用供应链上下游企业收集信息	0.322	**0.790**	0.324
	企业有工具能对供应链隐性知识进行显性化	0.089	**0.764**	0.121
	企业经理能够定期或不定期与上下游企业进行经验交流	0.146	**0.711**	0.054
	企业有信息系统等平台共享企业之间的信息	0.045	**0.693**	0.035
	企业经常组织员工学习供应链企业先进经验	0.076	**0.622**	0.066
F_3 供应链重构能力	企业能对供应链环境的变化及时进行战略目标调整	0.421	0.221	**0.762**
	企业生产过程的人员、设备、工艺、资源投入具有柔性	0.089	0.100	**0.628**
	企业能根据市场变化与供应链合作伙伴进行技术创新	0.330	0.462	**0.657**
	企业能够与供应链合作伙伴快速进行产品质量改进	0.112	0.085	**0.610**
解释变异量（%）		26.213	20.066	18.578

通过探索性因子分析，我们将抽取到的供应链动态能力的 3 个因子（供应链学习能力、供应链协调能力和供应链重构能力）进行均值、标准差和相关项分析，具体的结果如表 4-7 所示。

表 4-7　供应链动态能力的三维度描述性统计（N=133）

变量（维度）	均值	标准差	供应链学习能力	供应链协调能力	供应链重构能力
供应链学习能力	5.005	1.0531	1		
供应链协调能力	5.213	1.1517	0.358**	1	
供应链重构能力	4.926	0.9839	0.312**	0.366**	1

注：** 在 0.01 的显著性水平下显著相关。

从表 4 – 7 可知，供应链学习能力的均值为 5.005，标准差为 1.0531；供应链协调能力的均值为 5.213，标准差为 1.1517；供应链重构能力的均值为 4.926，标准差为 0.9839。其中，供应链动态能力的三个维度在 0.01 的显著性水平下显著正相关，其中，供应链学习能力与供应链协调能力的相关系数为 0.358，供应链学习能力与供应链重构能力的相关系数为 0.312，供应链协调能力和供应链重构能力的相关系数为 0.366。根据共同变异的计算方法（共同变异 $=1-R^2$，其中，R 表示相关系数）计算，三个维度的共同变异在 86.6%—90.3%（其中，$1-0.366\times0.366=0.866$；$1-0.312\times0.312=0.903$）。根据 Ancona、Faraj 等学者的观点，可以判断供应链动态能力的三个维度是独立变动的，因此可以对探索性因子分析结果加以分析。

综上所述，采用探索性因子分析方法，在经过 KMO 和巴特莱特球形度检验的基础上，我们经过主成分因子提取法，提炼出供应链动态能力的三维概念构思，即供应链动态能力包含供应链学习能力、供应链协调能力和供应链重构能力，但是，其构念维度的内在稳定性需要通过 CFA 进行验证。

（二）供应链动态能力的验证性因子分析

1. 验证性因子分析

（1）拟合指标说明。接下来将进行供应链动态能力的验证性因子分析。本书主要采用了 χ^2/df、RMSEA、GFI、AGFI、NFI、IFI、CFI 等拟合指数作为模型评价的拟合指标。

①卡方指数（χ^2）。反映研究模型的拟合优度。χ^2 值的大小受到所调研样本容量大小的影响，其检验结果也将会出现判断的偏差。一般来说，样本数值越大，χ^2 值就容易变得显著，因此导致的结果是，几乎所有的假设模型因不符合要求而被拒绝（侯杰泰等，2004）。这样来看，单纯采用 χ^2 指数是具有局限性的，学者根据这种情况，建议采用 χ^2/df 指标来降低对样本数量的敏感度，同时通过其数值来判断模型的拟合程度。其判断标准是：$\chi^2/df<2$，表明模型拟合良好；χ^2/df 值为 2—5，表示模型可以接受；χ^2/df 大于 5，表示模型拟合较

差（吴明隆，2010）。

②近似误差均方根（RMSEA）。RMSEA 是绝对拟合指标，在对模型拟合程度进行判断时，它经常被应用到，是一个相对比较理想的指数。因为它受到样本数量的影响比较小，对拟合程度较差的模型比较敏感（侯杰泰等，2004）。Steiger（1990）提出了 RMSEA 数值对于模型拟合程度的判断标准：小于 0.05，模型拟合良好；为 0.05—0.08，模型拟合较好；为 0.08—0.1，拟合程度一般；大于 0.1，拟合较差。

③NFI、IFI 和 CFI（属于相对拟合指数）。NFI 表示规范拟合指数，容易受到样本容量的限制。因此，有学者提出用 IFI（修正拟合指数）对 NFI 进行修正，以降低 NFI 对样本容量的敏感性。CFI（比较拟合指数）通过与独立模型进行比较和分析，用来判断模型拟合程度的大小，这个指标能够反映预设模型的变化（侯杰泰等，2004；吴明隆，2010）。一般来说，NFI、IFI 和 CFI 的数值均要大于 0.9，表示假设模型可以接受，其数值越接近 1 表示拟合程度越高（Bagozzi and Yi，1988）。

④拟合优度指标（GFI）和调整拟合优度指数（AGFI）。GFI 也被称为适配度指数，用来表征观察矩阵中的方差与协方差可被复制矩阵预测得到的数值（吴明隆，2010）。GFI 为 0—1，一般的判断标准是 GFI 的数值要大于 0.9。AGFI 是调整拟合优度指数，调整后的 GFI 不会受单位影响（黄芳铭，2005），GFI 值越大，AGFI 数值也会越大。侯杰泰等（2004）提出，AGFI > 0.9，表示拟合程度良好。

（2）验证性因子分析。探索性因子分析（EFA）对可测量题项采用主成分提取方法，提炼出能够概括和解释大量可观测事实的最少因子，用这些因子来表示变量的主要信息（马庆国，2002；涂辉文，2010）。但是，EFA 分析是数据驱动的研究范式，它对理论的推导存在一定的主观局限性。为了检验数据指标测量和理论模型的契合程度，需要进行验证性因子分析（CFA），因为 CFA 更加注重研究的理论基础（Mcdonald and Marsh，1990）。接下来，将对探索性因子分析之后剩下的 133 问卷作为样本，检验其信度和效度。

理论构建过程中，为了判断哪种模型更符合实际，需要提出多个竞争性的假设模型，以便找出拟合程度最好的模型，这样做是非常必要，也非常重要的（侯杰泰，2004）。基于以上分析并参考相关理论，本书针对供应链动态能力的维度构思，提出三个竞争性模型进行对比研究，这三个模型分别命名为 M_1 模型、M_2 模型和 M_3 模型（见图4－2）。

模型1（M_1）在、模型2（M_2）、模型3（M_3）模型中，每个模型均有14个观察变量。其中，M_1 是供应链动态能力的单因子模型。M_2 是供应链动态能力的正交三因子模型，这三个正交因子分别是供应链学习能力、供应链协调能力和供应链重构能力。在正交模型中，这三个因子互不相关。M_3 是供应链动态能力的斜交三因子模型，这三个斜交因子和模型2的正交因子一样，分别是供应链学习能力、供应链协调能力和供应链重构能力三个因子，但是，和 M_2 不同的是，斜交模型中的三个因子是相互关联的。接下来将运用调研数据对这三个模型进行拟合检验。

对竞争性模型进行评价，主要通过变量间的关联模式与数据拟合程度来判断，这也是运用结构方程方法对模型比较分析和评价的核心要点（李怀祖，2004；吴明隆，2010）。在本书研究中，通过AMOS软件对三个假设模型构思进行验证性因子分析和多模型的拟合检验。供应链动态能力模型的拟合结果见表4－8。

表4－8　供应链动态能力验证性因子分析拟合指数（N＝133）

模型	χ^2/df	GFI	AGFI	RMSEA	NFI	IFI	CFI
M_1	5.003	0.688	0.652	0.159	0.726	0.702	0.783
M_2	3.561	0.820	0.815	0.112	0.789	0.865	0.851
M_3	1.702	0.910	0.909	0.068	0.906	0.923	0.911
评价标准	<2	>0.9	>0.9	<0.1	>0.9	>0.9	>0.9

在表4－8中，我们可以将 M_1、M_2、M_3 进行对比分析，数据结果显示，M_3 的绝对拟合指数和相对拟合指数，均优于其他的两个模型（M_1 和 M_2）。另外，M_3 的 χ^2/df 为1.702，小于2；RMSEA为0.068，

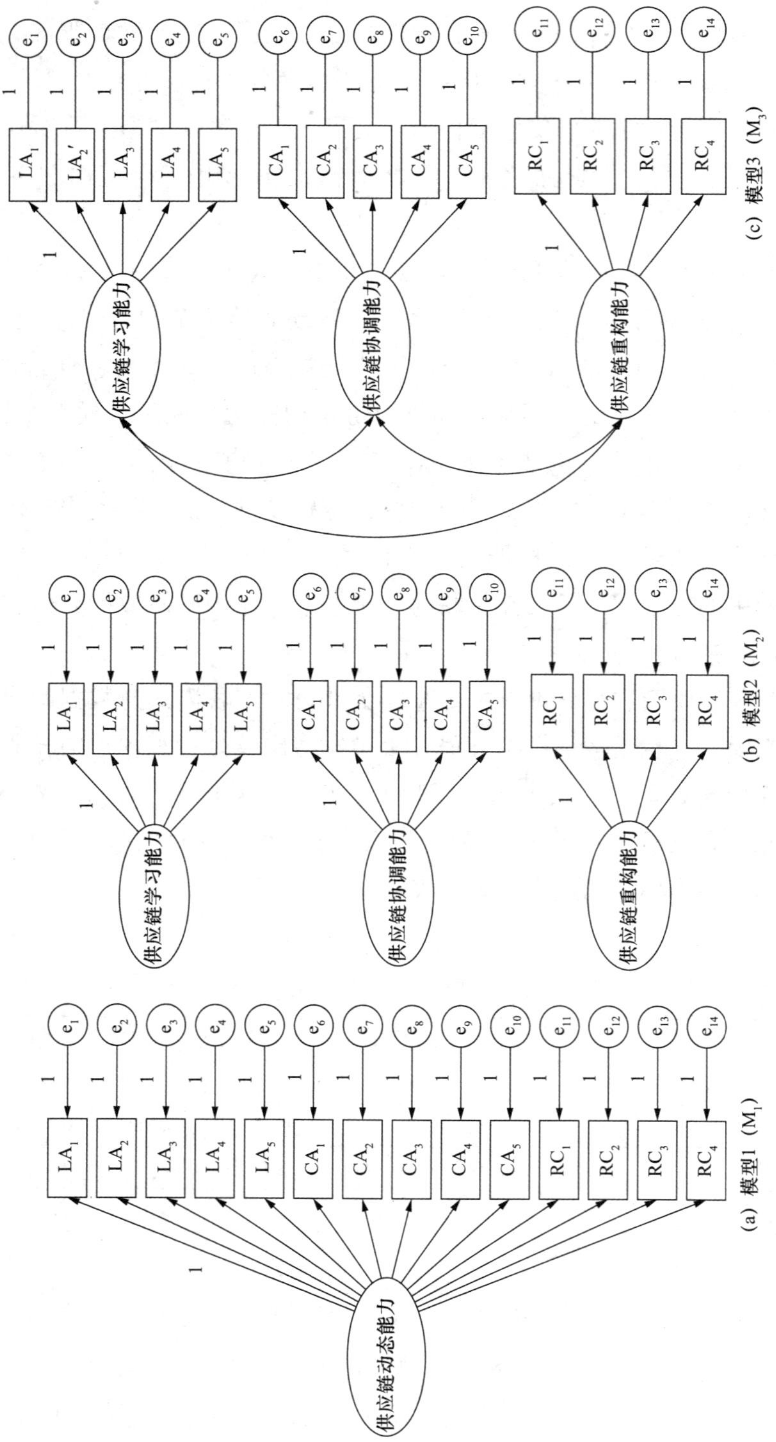

图 4-2　供应链动态能力构念的三个竞争性因子模型

介于 0. 05—0. 08 之间；GFI、AGFI、NFI、IFI、CFI 拟合值均大于 0. 9。因此，M_3 拟合程度相较 M_1 和 M_2 最好，接受拟合程度最优的模型（Steiger，1990；吴明隆，2010）。

通过对供应链动态能力的三因子斜交结构模型进行分析，可以发现，供应链动态能力的三个维度，即供应链学习能力、供应链协调能力和供应链重构能力的标准因子载荷都在 0. 7 左右（见图 4 – 3），相对较高，这也表明各个维度的观测指标（供应链学习能力包含 5 个观测指标、供应链协调能力包含 5 个指标、供应链重构能力包含 4 个指标）与对应潜变量之间的效度较好，可以接受。

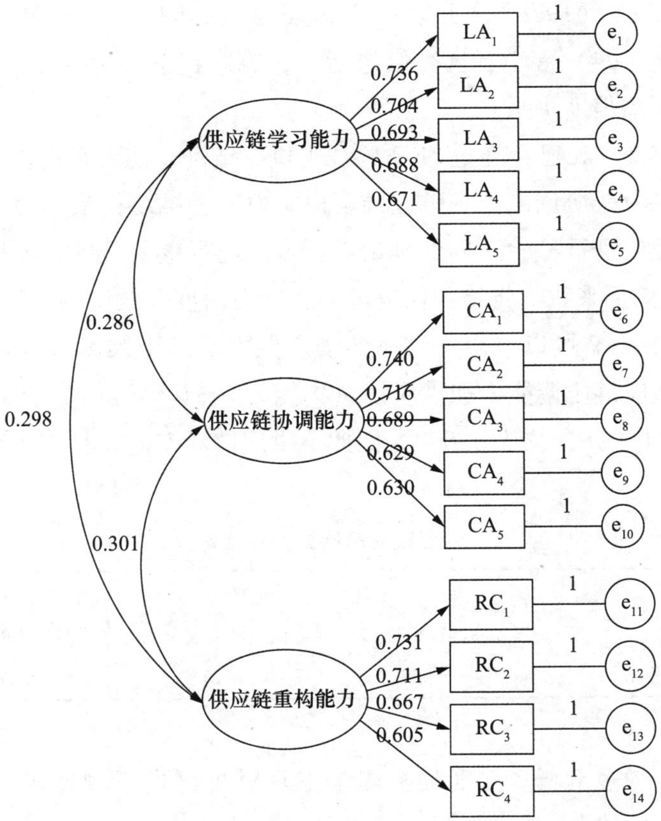

图 4 – 3　供应链动态能力的三因子斜交结构模型

2. 信度与效度分析

（1）信度分析。信度是指调查问卷的测试对象在相同条件下、不同时间内进行同样测试所得结果的一致性。对于信度分析，通常采用克隆巴赫 α 系数进行测量。克隆巴赫 α 系数的数值介于 0—1，其值越大，表明信度越高，在研究中，我们一般要求 α 系数大于 0.7，这样，能够保证所测数据的信度水平。Cuieford（1965）对克隆巴赫 α 系数范围进行了界定，不同的区间代表相应的可信度程度，具体如下：α≤0.30（不可信）；0.30 < α≤0.40（勉强可信）；0.40 < α≤0.50（稍微可信）；0.50 < α≤0.70（可信）；0.70 < α≤0.90（很可信）；α > 0.90（十分可信）。

Nunnally（1978）、黄俊英和林震岩（1994）、Hair 等（1998）、Iglesias（2004）等学者也类似地指出，克隆巴赫 α 系数值大于 0.7，即代表了高信度水平。

在前文中，已经通过 SEM 验证了供应链动态能力是由供应链学习能力、供应链协调能力和供应链重构能力三个维度构成。为了进一步对以上理论进行检验（新的理论需要多次进行重复验证，以检验其有效性），接下来我们将检验供应链动态能力信度和效度。

从表 4 - 9 可以看出，供应链动态能力的三个维度（供应链学习能力、供应链协调能力和供应链重构能力），其信度值分别是 0.807、0.818 和 0.796，均大于 0.7，因此，供应链动态能力具有较高信度。

表 4 - 9　　　　供应链动态能力信度检验

变量维度	供应链动态能力		
	供应链学习能力	供应链协调能力	供应链重构能力
克隆巴赫 α 系数	0.807	0.818	0.796

（2）效度分析。效度是指测量工具对事物进行测度时的准确程度。其数值越大，表明测量结果越接近其本质内容，也就越能反映出事物的正确性（巴比，2005；荣泰生，2012）。一般来说，效度分为内容效度（或称表面效度）、构思效度（或称构念效度）、区分效度

（或称判别效度）、聚合效度等（林枫，2011；张群祥，2012），具体分析如下：

①内容效度检验。内容效度用来测度所设题项能否涵盖构念所有项目的程度。这就要求研究者能够对构念进行准确的界定，不能在测量题项设计时出现缺失或者重叠的题项（荣泰生，2005）。在本书研究中，供应链动态能力的调查问卷经过文献梳理、专家咨询、小组讨论等过程，并对企业深度访谈基础上形成初稿。后经过样本试调研，并多轮次修订，最后定稿。调查问卷的形成过程是严格按照科学规范的程序进行的，这样做可以使测量题项与概念定义之间具有较好的匹配性。因此，本书研究中的供应链动态能力各个变量测量（包括供应链学习能力、供应链协调能力和供应链重构能力）具有较好的内容效度。

②构思效度检验。或称构念效度，是指所设题项能够测度出理论特征的程度。常用因子分析来检验量表的构思效度（吴明隆，2003）。对供应链动态能力的构思效度检验，可以综合考察其区分效度和聚合效度，从而采用系统的证据对其构思效度做出推断（王重鸣，2001）。

③区分效度检验。在表 4－6 中，先对供应链动态能力进行探索性因子分析，将其测量题项进行聚合。结果表明，供应链动态能力三个维度的题项在其所属维度上呈现出最大的载荷，这表明供应链学习能力、供应链协调能力和供应链重构能力之间具有差异性；然后进行验证性因子分析，其结果表明，供应链动态能力三维度具有较好的区分效度。

④聚合效度检验。从表 4－7 可知，供应链动态能力三个维度的相关系数介于 0.312—0.366，且在 0.05 的显著性水平下显著相关，说明供应链学习能力、供应链协调能力和供应链重构能力是对同一个概念的描述，具有较好的聚合效度。

综上所述，经过扎根技术提炼出供应链动态能力的三维概念模型（供应链学习能力、供应链协调能力和供应链重构能力），并在探索性因子分析与验证性因子分析之后得到了验证，表明供应链动态能力测量量表具有较好的信度和效度。

3. 供应链动态能力差异性分析

供应链动态能力对于企业质量绩效有着重要影响，但是，不同类别的企业，其供应链动态能力特征是否存在差异，需要对调查的数据进行比较分析。接下来，将对供应链动态能力的组织间差异进行分析，样本数据量为133，详细情况见表4-10。

表4-10　　供应链动态能力的组织间差异分析（N=133）

类别	指标	供应链学习能力	供应链协调能力	供应链重构能力
企业性质	国有企业	5.022	5.448	4.934
	集体企业	4.868	5.015	5.002
	民营企业	5.107	4.920	5.186
	外资企业	5.335	4.911	4.928
	F值	0.867	0.461	0.654
	显著性	0.512	0.855	0.609
企业规模	100人及以下	5.111	5.073	4.881
	101—300人	5.002	4.980	5.008
	301—500人	4.948	5.026	4.889
	501—1000人	5.099	4.998	5.004
	1000人以上	5.123	5.092	5.315
	F值	0.337	0.405	0.448
	显著性	0.885	0.783	0.603
企业成立年限	2年及以下	5.129	5.016	4.998
	3—5年	5.203	5.096	5.012
	6—10年	5.120	4.949	5.105
	11—20年	5.014	5.104	5.220
	20年以上	4.973	4.889	5.210
	F值	0.906	0.446	0.656
	显著性	0.484	0.837	0.771

从表4-10可知，供应链动态能力各个维度在三个企业特征变量（企业性质、企业规模和企业成立年限）上得分不一致，但在0.05的显著性水平下，企业的供应链动态能力并不因企业特征变量的不同而

存在显著差异。也就是说，供应链动态能力的三个维度在企业特征变量上呈现较好的一致性，这也为下一步变量间的关系检验提供了可比的基础。对供应链动态能力而言，供应链学习能力、供应链协调能力和供应链重构能力是企业动态能力在供应链中的拓展，不会因为企业特征的不同而有所差异，具有相当的稳定性。

五 研究讨论

本部分主要是对供应链动态能力的构思维度进行验证研究。将采集到的有效样本266份进行对半分开，其中，前133份用于探索性因子分析，后133份用于验证性因子分析，通过两次因子检验，验证了供应链动态能力维度构成的有效性。之后，通过方差方法对供应链动态能力在企业不同特征的差异性进行分析。主要结论如下：

（一）供应链动态能力的维度结构得以验证

基于供应链动态能力的扎根理论分析，同时参考以前的相关量表并结合动态能力理论，本书设计了供应链动态能力初始量表。然后通过试调查，对反馈回来的问卷进行修改，并参考有关专家的建议后，形成了供应链动态能力最终调查问卷。为了检验供应链动态能力维度构成是否具有较好的信度和效度，在本书研究中，通过对133份的调查问卷进行了探索性因子分析（EFA），经过旋转，选取供应链动态能力的三个因子，分别是供应链学习能力、供应链协调能力和供应链重构能力。接下来，对另外133份调查问卷进行验证性因子分析（CFA），数据拟合的结果表明，基于扎根理论得到的供应链动态能力维度构思具有较好的信度和效度，可以作为下一步进行研究的测量工具，为接下来的中介作用分析奠定了基础。

（二）供应链动态能力组织间不存在差异

在不同企业的特征变量情景下，供应链动态能力是否存在显著差异，也是对供应链动态能力进行分析的重要方面。经方差分析，在不同背景下的企业，作为组织水平概念的供应链动态能力呈现较好的一致性，不存在显著水平的差异。也就是说，无论是什么性质的企业、多大规模的企业以及其成立时间的长短，供应链动态能力均表现出相当的稳定性。

（三）研究的理论进展

对于供应链动态能力维度构成，在梳理过的文献中，没有成熟的量表可以借鉴，因此，本书采用扎根分析方法，探索性地识别出供应链的维度构念，这既是对供应链动态能力的理论开拓，也是对一般动态能力研究的深化和延伸，具有一定的理论意义。作为质性研究方法的扎根分析，存在一定的缺陷性，需要运用定量方法进行佐证。为此，本书向目标企业发放了大样本问卷，并对回收的样本进行探索性因子分析和验证性因子分析，实证结果表明，供应链动态能力的三维度构思，即供应链学习能力、供应链协调能力和供应链重构能力具有较好的信度和效度，有力地支持了扎根分析的结论。

第五章　研究二：供应链质量管理对企业质量绩效的作用机制研究

——基于动态能力理论

第一节　子研究1：供应链质量管理有效性检验及对企业质量绩效影响

一　问题提出

在供应链环境下，相对单个企业的质量管理而言，影响质量管理的要素更为复杂，需要同时考虑供应链内部情况、外部情况以及供应链中不同企业之间的相互作用和相互影响。随着对供应链质量管理探讨的开展和深入，人们对它的研究也表现出了浓厚的兴趣。而供应链质量管理对企业质量绩效影响则成了企业和学者都非常关注的问题。学者从各个不同的角度进行了探讨，目前，对其进行的研究结论尚未达成共识，也没有形成普遍认可的系统性理论体系。尤其在中国情景下进行的研究较少，即使已经进行过的研究，其得出的结论也存在较大争议（张群祥，2012；尹懿，2015）。部分学者持正面观点，即供应链质量管理能够正向促进企业质量绩效的提升；另一部分学者存在不同的意见。

通过文献梳理，从学者研究的已有成果来看，大部分学者认为，供应链质量管理对于质量绩效有积极作用（田慧慧，2014；尹懿，2015；R. Zhao，2015）。虽然有些学者是针对质量管理与企业绩效关系的研究，但是，其中也涉及供应链质量管理要素等的影响，也可以作为理论借鉴。Adam（1997）对不同地区的质量管理进行对比分析，以确定质量管理在地域上的普适性。经过研究发现，北美、欧洲和亚洲三个地区的企业，其质量管理与企业绩效的影响关系存在相似的规律，质量要素在地区之间具有可转移性和可移植性。Forker（1997）指出，影响企业绩效的质量要素主要有5个。Tracey（1998）认为，供应链质量管理中的供应商关系与企业内部的产品质量是影响企业绩效的主要因素。Kannan（1998）等认为，供应商参与、供应商选择与分散采购因素可以提高企业运营绩效，所以，他提出必须重视这三个因素，通过强化这些要素来确保供应链的质量。Kuei和Madu（2001）通过对中国台湾企业的研究，发现供应链质量管理中的一些要素，如过程管理、供应商选择、统计方法培训等，对企业的组织绩效会产生积极影响。Chinho Lin（2005）等以中国台湾和中国香港企业为例，通过实证研究，发现中国香港和中国台湾企业的供应链质量管理与企业绩效间关系存在一致性。也就是说，中国香港企业所得到的结论在中国台湾企业中也是成立的。同时，作者分析得出，企业质量管理和供应商的选择、参与和管理具有高度的相关性，并且质量管理对于企业绩效存在显著影响。Zhao（2015）指出，供应链质量管理对组织绩效有积极作用。

另一部分持相反观点的学者认为，供应链质量管理要素并不是都对质量绩效有积极作用。如Anderson等（1999）发现，全员参与和个别绩效结果（如顾客服务绩效）之间不存在显著关系。Christensen和Bower（1996）提出，顾客导向不仅仅要求企业将眼光放到顾客显性需求上，也要求企业关注顾客的潜在需求。研究结论表明，如果只关注显性需求，将导致企业对于市场的动态性缺乏认知，使企业失去宝贵的市场机会（Slater and Narver，1998）。另外，也会使企业创新能力下降（Kim and Marbougne，1999），最后失去产品竞争力。Prajogo和Sohal（2001）也提出了类似的观点。Yeung、Lee和Chan（2003）等通过对电子行业实施的一项研究，指出ISO 9000的失效主要源于不恰当的管理目标和期望，所以，领导支持并非总是对质量绩效起积极作用，有时会有负面影响。除此之外，张玉林（2004）指出，在需求信息不确定的情况下，供应链质量管理中的信息共享并不总是对整个供应链系统有益，信息共享也会产生负面影响，这引起了学者的高度关注（蔡淑琴和梁静，2007）。

总之，供应链质量管理（SCQM）和质量绩效（QP）之间的影响关系仍存分歧，学者从自己研究的角度出发，得出的分歧性结论易于导致理论研究者和企业管理者无所适从，因而本书的首要问题就是探明两者之间的关系。此外，一些学者研究表明，质量管理实践（包括供应链质量管理）具有国家和文化情景性，并非普遍适用的研究框架。徐淑英和张志学（2011），魏江、邬爱其和彭雪蓉（2014）提出，管理理论具有一定的情景依赖性，对于任何组织管理的研究，必须立足于特定的情景，得出的研究结论与组织所在国家、区域的社会、文化、法律和经济等情景因素息息相关，有一定的理论适用边界。因此，本土情景下的供应链质量管理，应该和我国企业的具体情况结合起来，深入挖掘质量管理实践各个要素在供应链环境下拓展的有效性，以及对质量绩效的作用路径，基于西方背景下的研究结论需要用批判的眼光看待。另外，通过梳理我国关于供应链质量管理的相关文献来看，基于规范方法的研究较为少见，一些学者仅仅停留在基本理论的阐述上，尚未深入实证研究；同时，国内较多的研究也是关于企业内部质量管理的研究（何帧，2008；苏秦等，2010），如质量管理体系、TQM、QC 小组、质量工具方法等，对于质量在供应链拓展的研究相对较少，亟待开展相关探索（熊伟等，2012）。因此，在企业竞争转变为供应链竞争的当下，在质量成为 21 世纪企业竞争武器的今天，积极探究我国本土企业供应链质量管理的发展机理及其对质量绩效的影响，具有十分重要的意义（Huo，2014；霍宝锋，2015）。一方面可以廓清理论分歧，另一方面可以为企业提供借鉴。基于此，本书详细阐述了供应链质量管理的含义和结构表征，同时提出了研究模型与理论假设，并在大样本企业实际调研基础上，通过统计工具进行检验，并对结果进行讨论。

二　案例分析结果

由于国内外对于供应链质量管理与企业质量绩效的关系存在分

歧，因此，要探究本土情景下供应链质量管理对于企业质量绩效的影响，需要通过大样本数据的实证研究。在进行实证研究之前，本书第三章采用了探索性案例，首先对供应链质量管理与企业质量绩效的关系进行了多案例比较分析，并结合第二章的理论文献，提出如下命题：供应链质量管理正向影响企业质量绩效①，为后面进一步的实证研究奠定基础。

三 研究模型

（一）研究模型

目前，对于供应链质量管理维度划分上存在分歧，本书借鉴国内外学者对于质量管理实践的分类（Flynn et al.，1995；Ahire，1996；Kaynak，2003；Fening et al.，2008），梳理国内学者的研究成果（姜鹏，2009；熊伟，2012；张群祥，2012），并基于供应链质量管理的背景，在本土企业的实践调研基础上，通过和专家多轮研讨反馈，将供应链质量管理划分为供应链质量基础要素和供应链质量协同要素两类。其中，前者包括领导支持、全员参与和顾客导向三个维度；后者包括信息共享、持续改进和供应商关系三个维度。这六个要素充分体现了供应链质量管理的实然内涵及其核心原则。供应链质量管理内涵及其构成要素的厘定，为后续分析其对企业质量绩效的影响奠定了基础。值得说明的是，在本书研究中，笔者认为，供应链质量管理是质量实践在供应链中的拓展，因此，仍沿用了质量实践最常用的两类划分方法，但是，其理论拓展及其在中国情景下的有效性，将通过后面的调研数据予以分析和检验，这也是本书具有探索性和开创性的重要方面，研究模型见图5-1。

（二）研究假设

在第三章中，我们已经就供应链质量管理要素与企业质量绩效的关系做了文献研究，并提出了相关假设，具体假设参见表3-10。表中的假设包含供应链质量管理与企业质量绩效之间的关系假设，具体的假设序号是H1—H8，其中H1包含H1a和H1b两个假设；H2包

① 此处引用了第三章多案例研究的结论，特此说明。

含 H2a 和 H2b 两个假设；H3 包含 H3a 和 H3b 两个假设；H4 包含 H4a 和 H4b 两个假设；H5 包含 H5a 和 H5b 两个假设；H6 包含 H6a 和 H6b 两个假设。

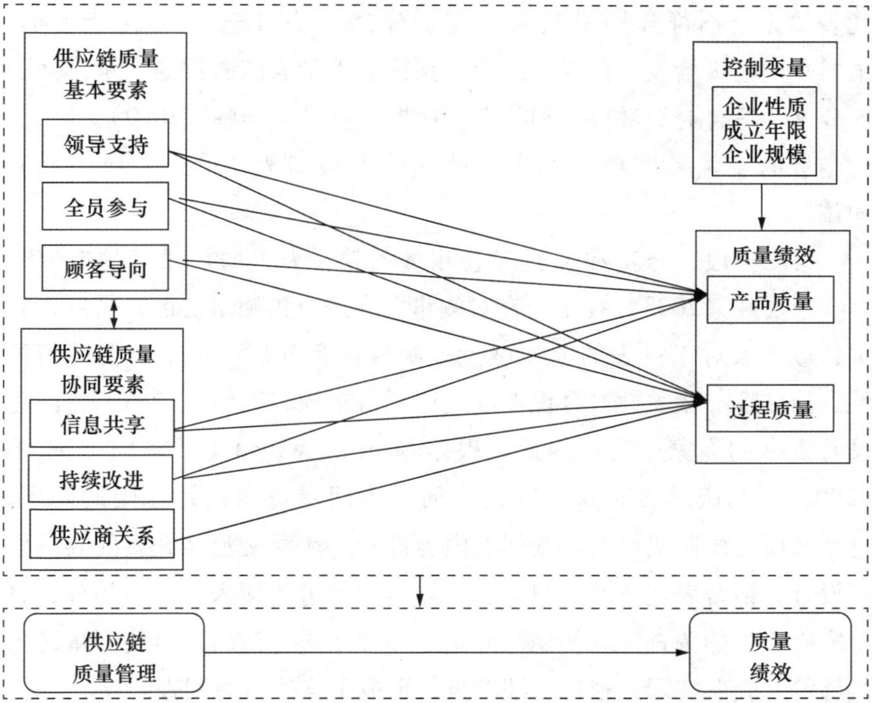

图 5－1　中国情景下供应链质量管理要素与企业质量绩效的研究模型

四　研究方法

（一）问卷设计

合理设计调查问卷是获取有效数据的一个重要前提，它对数据分析结果的有效性、可靠性十分关键。因此，为了保证调查问卷的规范性和科学性，笔者先后经过三个阶段对问卷进行设计，第一阶段是问卷初稿；第二阶段是修改和补充测量题项；第三阶段是小样本测试和最终问卷的形成，下面详细进行说明。

第一阶段，主要是形成调查问卷初稿。以研究文献为基础，并采用相对成熟的量表作为参考，同时为保证国外量表在我国情景下的移植性、准确性和适用性，采用双向回译的方法进行量表题项设计。采用这样方式，可以保证国外成熟的量表题项被有效地应用到本土研究中。在对变量测量方式上，采用李克特七级量表对变量进行测量。1代表“完全不符合”，7代表“完全符合”，从1—7程度逐步增加。本书采用七级量表，主要是因为李克特七级量表能够提高变量之间的区分度，适合对细微特征和状态的捕捉测量（邓今朝，2010）。因此，对测量的变量和题项采用主观感知的七级量表，最终形成了问卷初稿。

第二阶段，修正和补充问卷测量条款。为了增加量表的专家效度，吴明隆（2003）提出，在对测量问卷进行预测试之前，需要请相关领域专家对于量表的题项进行多次探讨和分析，对于语言的清晰性、简洁性、相关性、合理性等进行严格把控，以使设计的调查问卷具有较高的专家效度。因此，根据Shaw和Wright（1967）、王重鸣（2000）、马庆国（2002）等提出的关于问卷量表设计原则的要求，笔者与研究团队成员就调查问卷内容进行了广泛交流，并就问卷的题项设计、语言表述、题项归类、问卷格式等进行深入探讨。另外，将专家修正过的调查问卷初稿，向企业经理人进行访谈，以使测量题项能够符合企业实际。根据反馈意见，形成了修改后的调查问卷。

第三阶段，正式调查问卷的形成。笔者选取了和我们研究中心有过合作项目的15家企业进行了小样本测试，根据它们的反馈结果进行检验分析，同时采纳了它们对于调查问卷题目的有关建议，对上一阶段形成的问卷进行修正，然后让企业再次进行填答，如此反复几次，形成了较为完善的最终调查问卷。

（二）变量测度

1. 解释变量

解释变量是供应链质量管理，分为基础要素和协同要素。其中，供应链质量管理的基础要素包括领导支持、全员参与和顾客导向三个子解释变量；供应链质量管理协同要素包括信息共享、持续改进和供应商关系三个子解释变量，见表5-1。

表 5－1　　供应链质量管理维度测量

变量	指标具体内容描述	测量依据
领导支持	1. 高层领导明确制定供应链上的质量管理战略	Saraph 等（1989）；Ahire 等（1996）；Prajogo 和 Sohal（2003）；张群祥（2012）；张异（2012）；霍宝锋（2015）
	2. 高层领导提供必要的资源支持供应链上的质量活动	
	3. 高层领导营造有利于供应链上质量活动开展的环境	
	4. 高层领导把供应链上的质量改进作为关键绩效考核指标	
	5. 高层领导能够承担供应链上相应的质量责任	
全员参与	1. 员工对他们自己承担的供应链管理任务负责并自我监督	Ahire 等（1996）；Zhang（2000）；Sila（2007）；刘杰（2008）；霍红（2013）；霍宝锋（2015）
	2. 企业高层重视员工关于供应链上质量管理方面的建议	
	3. 企业对员工参与供应链上的质量活动有明确的奖励措施	
	4. 企业注重对员工进行供应链相关的质量方法培训	
顾客导向	1. 企业有科学的方法了解供应链顾客的需求和期望	Flynn 等（1995）；Lakhal（2006）；Kim（2012）；熊伟（2013）
	2. 企业产品开发过程中非常注重供应链顾客需求	
	3. 企业能够与供应链顾客建立良好关系，有效解决客户投诉	
	4. 企业能够运用科学方法定期对供应链顾客满意度评估	
信息共享	1. 企业建立有与供应链企业信息共享平台	Lee 等（1997）；Zhao（2002）；谭文超（2008）；叶飞（2009）；Wu（2014）
	2. 企业积极与供应链企业进行质量信息交流	
	3. 企业能够将共享信息运用到供应链管理中	
持续改进	1. 企业持续不断地改进供应链上的质量管理活动	Ahire 等（1996）；Lakhal（2006）；熊伟（2010）；吴建秋（2014）
	2. 企业高层对供应链改进活动提供大力支持	
	3. 企业注重学习新知识来提升供应链上质量改进技能	
供应商关系	1. 企业与供应商保持长期合作关系	Saraph 等（1989）；Anderson 等（1994）；张群祥（2012）；Zeng（2013）；田慧慧（2014）
	2. 企业和少数几个供应商建立有战略合作伙伴关系	
	3. 企业有完善的供应商评价体系	
	4. 企业对供应商能够提供技术方面的支持	
	5. 供应商积极参与企业的产品开发	

2. 被解释变量

对质量绩效的测度，研究者通常采用客观测度和主观测度两种方式。前者使用的数据有不合格品率、质量成本等，这些数据相对比较准确，但是，通常会涉及调查企业的商业机密，因此难以获取，即使获取，也有可能和实际有所偏差。后者则使用质量指标的主观评判，主观数据较易获得与操作，准确性却欠缺一些。两者相比，研究中使用主观测度数据方式的更为广泛。

在对于质量绩效的测度方面，Dow（1999）采用4个指标表征企业质量绩效，如质量总成本、产品合格率、相比竞争对手的质量缺陷、产品保证成本。Samson 和 Terziovski（1999）对于企业质量绩效的考核和 Dow 有所差别，主要考察产品缺陷比率、质量召回成本、交货及时率等因素。Haner（2002）从产品质量和过程质量两个方面对质量绩效进行测量。其中，产品质量主要包括产品绩效水平、成本控制、顾客价值、设计稳定性、产品投资回报等；过程质量主要包括生产率、产品开发团队的效能、项目管理绩效、企业的灵活性等。Kaynak（2003）根据前人研究的成果，用生产率、产品或服务质量、浪费与返工成本占销售额比率、采购物料交期、产品或服务交付期5个指标来测量企业质量绩效。本书在参考 Garvin（1987）的测量指标基础上，采用主观测量方式，从产品质量绩效和过程质量绩效两个方面进行测度，测度指标如表5－2所示。

表5－2　企业质量绩效维度测量

变量	指标具体内容描述	测量依据
产品质量绩效	1. 与竞争对手相比，本企业能够提供更优越的产品质量	Garvin(1987)；Ahire 等(1996)；Curkovic(2000)；Haner(2002)；Prajogo 和 Sohal(2006)；Hong(2008)；奉小斌(2012)
	2. 与竞争对手相比，本企业能够提供非常可靠的产品	
	3. 与竞争对手相比，本企业产品出产前废品损失率较低	
	4. 与竞争对手相比，本企业提供的产品十分耐用	

续表

变量	指标具体内容描述	测量依据
过程质量绩效	1. 与竞争对手相比，本企业的生产效率较高	Garvin(1987)；Ahire 等(1996)；Curkovic(2000)；Haner(2002)；Prajogo 和 Sohal(2006)；Hong(2008)
	2. 与竞争对手相比，本企业能够运用质量工具进行更有效改进	
	3. 本企业在产品设计中，能够充分考虑顾客的需求	
	4. 与供应商建立长期合作，并有效提高彼此的绩效	

3. 控制变量

通过对文献研究，还有一些变量影响企业质量绩效，如企业规模、性质与成立年限等因素。为增加研究结论的稳健性，在研究过程中，对组织层面的这些因素进行控制。

企业规模能够影响企业行为和管理决策，而且影响程度较大（Nadler and Tushman，1999）。一般认为，企业规模越大，质量活动的实施和导入更顺畅，质量绩效也会更加明显（Sila，2007；张群祥，2012）。也有一些学者得出了相反的结论。

企业性质不同，管理方式等方面存在着较大差异（王萍和宋合义，2003；Davis，2014）。这些各具特点的企业可能对质量管理实践存在不同看法，如外资企业可能更加重视质量管理。因此，对企业质量绩效产生影响的因素也包含企业性质。

影响企业质量绩效的一个重要因素还包括企业年龄（Zahra 等，2000；张群祥，2012）。对于经营管理相对完善、存活时间越长的企业能累积更多的经验与知识，有较多的机会和供应链上的企业进行交流，就会有较强的持续改进能力，对供应链质量管理活动的全面推进，提升供应链质量水平都大有裨益。本书对企业成立年限的界定是从成立之初到 2014 年 7 月开始调研时为止的时间跨度。

（三）数据收集

本书采用问卷调查法，收集本书中相关的数据（注：本次调查的数据是在第四章供应链动态能力量表开发之后进行的大规模调查数据)。在调查对象上，选取高新技术企业作为样本，因为这些企业管理相对规范，供应链质量管理有一定的基础，是本书最为合意的调查对象。在调查区域上，主要覆盖浙江省、河南省、上海市、江苏省、广东省、山东省、山西省、陕西省8个省市的高新技术企业。

本次调查集中在2014年7月15日至12月31日，历时5个多月，共发放问卷450份。调研问卷发放方式有：①现场发放。利用质量奖评审以及质量团队开展横向课题咨询等机会进行发放。②电子邮件发送。通过和浙江省质监局合作的机会，经他们提供的导入质量奖的企业名录（因为这些企业有一定的管理基础），通过电子邮件向企业发送调查问卷。③委托同学、朋友等个人关系进行调查问卷发放。最后回收328份问卷，其中42份属于无效问卷，剩下有效问卷286份，有效回收率为63.56%。

（四）回答者偏差预防与不同渠道数据差异性检验

调查问卷的题项是一种主观评价，采用的是李克特七级量表，根据被调查者的认同程度进行评分，这种方法会出现回答者反应差异。一些学者提出了一些措施，可以有效降低这方面对研究的不利影响（Fowler，1988；Smith and Ellingson，2002；许冠南，2008；彭新敏，2009；奉小斌，2012）。本书主要从四个方面着手，采取相应措施，降低回答者偏差。

（1）对于答卷人，尽量选择企业中工作三年以上的管理人员或者中高层管理者，这样，可以避免答卷人因对公司以及问卷题项不了解带来的不利影响。另外，如果碰到不清楚的题目，可以直接向笔者咨询后再填写。

（2）本调查问卷的设计，部分采用了国内外成熟的量表，对于其中开发的题项，经过了科学的量表开发程序，并在广泛征求专家建议基础上，对其语言表达、题目设置等方面经过反复修改，排除了存在歧义的题目，保证了问卷的科学性和准确性。

（3）为了减少问卷回答者的顾虑，以取得被调查者最大限度的支持，从而得到真实的答案，问卷在开始部分就强调本书研究的学术性，承诺对其填写的信息予以保密，并仅仅用于学术研究，不涉及商业机密。

（4）问卷填写采取匿名的形式，使填答者没有心理负担，能够客观真实地填写有关内容，这样，可以有效地降低回答者反应偏差的影响。

对于调查问卷的数据收集，本书采用了三种渠道方式，对于不同渠道收集的数据进行汇总和分析，确保三种渠道获取的调研数据不存在显著差异（Jansen et al.，2005；于建成，2005；奉小斌，2012），以便能够顺利进行下一步的研究。为了检验这种差异性，本书随机选取了几个变量进行 t 检验，前因变量有顾客导向、信息共享、持续改进，结果变量有产品质量绩效和过程质量绩效，见表 5－3。结果表明，三种调研方式获得的数据不存在显著差异。

表 5－3　收集数据渠道的差异性检验

变量		方差齐性检验		均值齐性检验	
		F 值	Sig.	t 值	Sig.
顾客导向	假设方差相等	1.251	0.335	－1.346	0.520
	假设方差不相等			－1.552	0.498
信息共享	假设方差相等	1.723	0.248	－0.450	0.598
	假设方差不相等			－0.423	0.600
持续改进	假设方差相等	1.213	0.340	－0.655	0.611
	假设方差不相等			－0.518	0.671
产品质量绩效	假设方差相等	0.513	0.513	0.540	0.599
	假设方差不相等			0.511	0.583
过程质量绩效	假设方差相等	0.365	0.615	0.538	0.543
	假设方差不相等			0.529	0.509

（五）共同方法变异的预防与检验

共同方法变异（Common Method Variance，CMV），主要是因为诸多原因造成预测变量与因变量的人为共变，如同一数据来源、评分者倾向性一致、同样的测试环境，或者是项目特征和题项语境等原因

(Lee and Podsakoff et al. , 2003；熊伟和奉小斌，2012)。发生共同方法变异，结果是预测变量与因变量之间的人为共变会误导研究结论(Maekenzi，2003)。针对此问题，遵循周浩和龙立荣（2004）等的建议，本书尽量采取事前预防措施，如对测量进行时空分离、对答卷者的信息进行保护等。此外，对收回的问卷进行事后检验。

1. 事前预防

本书对 CMV 的事前预防主要从两个方面展开：第一，采用时间与空间隔离方式收集资料。具体来说，本书将样本数据收集的时间分成两个阶段，也就是将调研的 5 个月时间分拆成两个时间段，先集中调研一部分目标企业，然后过一段时间，再调研另外的目标企业。同时，调研对象尽量选择不同的地区，以实现资料收集的空间分离。第二，优化问卷设计。具体来说，问卷调查为减少填答者的疑虑通常会采用无记名方式，这样可以保证数据的有效性和真实性。并在对个人信息保密的基础上，向被调查者保证调查出来的样本数据仅用于学术研究（陶懿，2011)。

2. 事后检验

由于问卷调查均为主观评价，因此，样本数据仍可能存在共同方法变异问题。本书研究对回收的调查问卷采用 Harman 单因子检验法进行检验，从而来判断是否存在共同方法变异以及其变异程度。其操作过程相对比较简单，也就是将量表的所有变量放在一起进行因子分析，如果在未旋转的因子分析中，选取一个因子或者出现某个因子的解释力特别大，可以判断出现了较为严重的共同方法变异，就要引起足够的重视（Podsakoff and Organ，1986；奉小斌，2012)。本书通过此方法，将所有变量放在一起进行因子分析，析出的最大因子解释力仅为 15.228%。因此可以判断，本书的共同方法变异问题并不严重。

（六）研究方法

接下来，将采用描述性统计分析、克隆巴赫 α 系数法、因子分析法、结构方程建模分析法进行研究。

1. 描述性统计分析

它是研究中最常采用的方法，主要是对调查样本的总体状况进行统计分析。在描述性分析中，可以通过对样本均值、标准差、不同样本所占比重以及累计比例等，大致掌握总体样本的总体状况。

2. 克隆巴赫 α 系数法

它主要是对因子或者变量的信度进行检验。根据其数值的大小，评估各因子的信度水平，判断其是否能够通过信度检验。前面已经叙述过具体的信度区间标准，这里不再赘述。

3. 因子分析法

它常常用来检验问卷题项的效度，其主要是通过计算因子分析中各题项的载荷值，并将这些数值与设定好的荷载系数值进行对比。如果因子分析计算中所得数值大于设定的参考值，说明测量各题项具备较好的效度，满足数据进行统计分析的要求，可以进一步做统计分析；反之，则开展统计分析的条件就不满足。

4. 结构方程模型分析法（SEM）

它是检验变量之间因果关系的分析方法，可以用来估计整个模型的拟合程度。它具有很多的优点，如可以同时检验多个观察变量和多个潜变量的关系；允许自变量和因变量包含测量误差等。运用该方法时，通过统计出来的数值与设定的拟合数值比较，从而判断该模型的拟合程度。

五 数据分析

（一）描述性统计分析

本书通过在浙江省、河南省、上海市、江苏省、广东省、山东省、山西省、陕西省 8 个省市进行调查问卷的发放和收集，共取得有效问卷 286 份。从地区上来讲，在浙江省各个地区所得调查问卷最多，共为 185 家，占有效样本的 64.69%；从行业分析，机械制造、化工和纺织传统制造业的样本数量所占比例较大，合计占 54.20%；从企业规模来看，101—1000 人的中小企业占绝大部分比例，合计占 70.98%；民营企业 178 家，占 62.24%，是样本采集的主体；从企业年龄来看，各个阶段的企业样本均有覆盖，其中，6—10 年的企业相对较多，占 35.32%，超过了总数的1/3。具体情况见表5－4。

表5－4　　受访企业基本信息统计（N＝286）

指标		数量	比重（%）	累计比重（%）
企业性质	国有企业	56	19.58	19.58
	集体企业	25	8.74	28.32
	民营企业	178	62.24	90.56
	外资企业	27	9.44	100
企业规模	100人及以下	35	12.24	12.24
	101—300人	56	19.58	31.82
	301—500人	91	31.82	63.64
	501—1000人	56	19.58	83.22
	1000人以上	48	16.78	100
企业成立年限	2年及以下	33	11.54	11.54
	3—5年	68	23.77	35.31
	6—10年	101	35.32	70.63
	11—20年	53	18.53	89.16
	20年以上	31	10.84	100
所属行业	电子和通信	35	12.24	12.24
	机械制造	88	30.77	43.01
	生物制药	26	9.09	52.10
	化工和纺织	67	23.43	75.53
	新材料	29	10.14	85.67
	冶金和能源	22	7.69	93.36
	其他	19	6.64	100
样本区域	浙江	185	64.69	64.69
	河南	32	11.19	75.88
	上海	16	5.59	81.47
	江苏	13	4.55	86.02
	广东	12	4.20	90.22
	山东	10	3.50	93.72
	山西	9	3.14	96.86
	陕西	9	3.14	100.0

被调查者的人员统计情况如表 5 – 5 所示，所得有效样本中，男性人数是 218 人，占 76. 22%；从调查人员的职务来看，主要集中在中层管理人员，是 193 人，占 67. 48%；从教育程度来看，本科和研究生的比例加起来较多，占 63. 98%，这说明被调查企业的供应链部门、质量部门、管理部门等的中高层人员主要由高学历、年轻化的人员组成。

表 5 – 5　　　　被调查者的基本情况（N = 286）

类别	类别	人数	比重（%）	累计比重（%）
性别	男	218	76. 22	76. 22
	女	68	23. 78	100
职务	一般职工	14	4. 90	4. 90
	基层管理人员	38	13. 28	18. 18
	中层管理人员	193	67. 48	85. 66
	高层管理人员	41	14. 34	100
教育程度	中专/高中及以下	33	11. 54	11. 54
	大专	70	24. 48	36. 02
	本科	141	49. 30	85. 32
	研究生	42	14. 68	100

（二）信度与效度分析

1. 信度检验

运用 SPSS 20. 0 进行统计分析，所得结果详见表 5 – 6。从结果来看，供应链质量管理基础要素、协同要素和企业质量绩效的 α 信度系数相对较大，均在 0. 70 以上。按照设定的 α 系数区间，达到了可以接受的范围，因此，供应链质量管理和企业质量绩效均具有较好的效度水平，可以进行下一步的统计分析。

2. 效度检验

内容效度检验：本书的测量题项是按照科学规范程序得出来的，经过了文献梳理、专家咨询、企业访谈、预测试、反馈和修改等多轮次，使得测量题项尽可能地反映出问题的本质。因此，测量量表具有较好的内容效度。

表 5－6　　供应链质量管理与企业质量绩效的信度检验结果

维度		测度题项	α 系数	总量表 α 系数	供参考的 α 系数范围
基础要素	领导支持	5	0.810	0.795	α≤0.30 表示不可信；0.30＜α≤0.40 表示勉强可信；0.40＜α≤0.50 表示稍微可信；0.50＜α≤0.70 表示可信；0.70＜α≤0.90 表示很可信；α＞0.90 表示十分可信
	全员参与	4	0.778		
	顾客导向	4	0.765		
协同要素	信息共享	3	0.823	0.804	
	持续改进	3	0.796		
	供应商关系	5	0.798		
质量绩效	产品质量绩效	4	0.901	0.895	
	过程质量绩效	4	0.892		

构思效度的检验：主要采用因子分析法。吴明隆（2003）指出，通过因子分析检验构思效度，可以较好地测度研究中的变量是否能够正确表征。通过探索性因子分析和验证性因子分析的结果比较，可以检验其效度水平。接下来将进行两类因子的分析。

在本书中，先进行探索性因子分析（EFA），分别对供应链质量管理基础要素、协同要素、企业质量绩效进行 EFA 分析；接下来，再对以上几个变量进行验证性因子分析（CFA）。对于同一批次回收的数据，在做探索性因子分析和验证性因子分析时，最好将数据分开进行，抽取一部分数据先做探索性因子分析；然后，用剩下的数据进行验证性因子分析，这样，可以进行有效的印证。一般来说，进行探索性因子分析具有最低样本容量要求，其样本数量应该是其变量数的 5—10 倍，或者样本量最低达到变量中题项数的 5—10 倍（彭新敏，2009；张群祥，2012）。在本书中，最多的变量数是 6，变量中最多的题项数是 5，根据以上要求，进行探索性因子分析只要达到 60 份样本数即可。因此，在研究过程中，笔者将 286 份有效问卷中随机抽取 66 份，将其进行探索性因子分析，然后将剩下的 220 份进行验证性因子分析。

（1）供应链质量管理基础要素探索性因子分析。

①KMO 和巴特莱特球形度检验。在表 5－7 中，对供应链质量管理基础要素进行了 KMO 和巴特莱特球形度检验。其中，KMO 用来检验采样充足度，其数值在 0—1，数值越大，越适合进行因子分析。结果显示，KMO 为 0. 889，数值较大，说明因子分析效果不错。

表 5－8　KMO 测度和巴特莱特球形度检验结果

项目		统计数据
KMO 采样充足测度		0. 889
巴特莱特球形度检验	Approx χ^2	2667. 537
	自由度	210
	Sig.	0. 000

②主成分法因子提取。在提取因子时，本书采用主成分分析方法（后文中进行因子分析时，也采用此方法）。供应链质量管理基础要素的数据经过因子分析，析出 3 个特征值大于 1 的因子。并且这 3 个大于 1 的因子，对总方差的累计贡献率达到 75. 543%，也就是说，3 个因子包含供应链质量管理基础要素 13 个题项的大部分信息，因此，可以提取出 3 个因子，具体见表 5－8。

表 5－8　总方差分解

序号	初始特征值			旋转载荷因子平方和		
	特征值	占总方差比重（%）	占总方差累计比重（%）	特征值	占总方差比重（%）	占总方差累计比重（%）
1	4. 768	36. 679	36. 679	3. 897	29. 978	29. 978
2	2. 611	20. 086	56. 765	3. 290	25. 307	55. 285
3	2. 441	18. 779	75. 543	2. 634	20. 259	75. 543
4	0. 589	4. 533	80. 076			
5	0. 476	3. 660	83. 736			
6	0. 402	3. 092	86. 828			
7	0. 329	2. 529	89. 357			

续表

序号	初始特征值			旋转载荷因子平方和		
	特征值	占总方差比重（%）	占总方差累计比重（%）	特征值	占总方差比重（%）	占总方差累计比重（%）
8	0.303	2.333	91.689			
9	0.273	2.102	93.791			
10	0.242	1.865	95.656			
11	0.221	1.698	97.354			
12	0.174	1.341	98.695			
13	0.170	1.305	100.000			

注：因子提取方法：主成分分析法。

③载荷矩阵。供应链质量管理基础要素载荷矩阵如表5-9所示，变量归属于载荷最大的因子（表中已经把相应的数字加粗）。因子在各变量上的载荷系数在0.568—0.719，这表明所测题项具有较高的构思效度。

表5-9　　供应链质量管理基础要素载荷矩阵（N=66）

序号	题项类目	因子1	因子2	因子3
1	LS_1	**0.719**	0.067	0.213
2	LS_2	**0.702**	0.223	0.078
3	LS_3	**0.682**	0.045	0.367
4	LS_4	**0.679**	0.346	0.088
5	LS_5	**0.661**	0.145	0.076
6	FP_1	0.032	0.206	**0.708**
7	FP_2	0.112	0.467	**0.663**
8	FP_3	0.067	0.207	**0.607**
9	FP_4	0.099	0.067	**0.568**
10	CO_1	0.310	**0.699**	0.211
11	CO_2	0.045	**0.660**	0.056
12	CO_3	0.021	**0.603**	0.132
13	CO_4	0.234	**0.579**	0.239

供应链质量管理基础要素析出 3 个因子，其中，因子 1 为领导支持，因子 2 为顾客导向，因子 3 为全员参与。

（2）供应链质量管理协同要素探索性因子分析（EFA）。同样，对供应链质量管理协同要素的题项进行检验，KMO 为 0.876，表明适合进行因子分析。经计算，供应链质量管理协同要素共析出特征根大于 1 的 3 个因子，其累计解释方差比重为 72.510%，说明这 3 个因子包含供应链质量管理协同要素的大部分信息。其载荷矩阵如表 5 - 10 所示，我们将提取的因子分别为信息共享、持续改进和供应商关系。

表 5 - 10　　供应链质量管理协同要素载荷矩阵（N = 66）

序号	题项类目	因子 1	因子 2	因子 3
1	IS_1	**0.805**	0.064	0.116
2	IS_2	**0.781**	0.122	0.321
3	IS_3	**0.689**	0.088	0.078
4	CI_1	0.321	**0.800**	0.123
5	CI_2	0.089	**0.712**	0.056
6	CI_3	0.120	**0.705**	0.122
7	SR_1	0.113	-0.043	**0.738**
8	SR_2	0.116	0.329	**0.688**
9	SR_3	0.076	0.085	**0.671**
10	SR_4	0.067	0.121	**0.633**
11	SR_5	0.325	0.223	**0.616**

（3）企业质量绩效探索性因子分析。在企业质量绩效进行探索性因子分析之前，也进行了 KMO 和巴特莱特球形度检验。经检验，适合进行因子分析，其载荷矩阵的具体数值如表 5 - 11 所示。

（4）供应链质量管理基础要素验证性因子分析。接下来进行验证性因子分析，样本量是剩下的 220 个样本。供应链质量管理基础要素测量模型如图 5 - 2 所示，其拟合结果如表 5 - 12 所示。

表 5-11　　企业质量绩效载荷矩阵（N=66）

变量	题项	因子 1	因子 2
产品质量绩效 CP	与竞争对手相比，本企业能够提供更优越的产品质量	**0.822**	0.112
	与竞争对手相比，本企业能够提供非常可靠的产品	**0.772**	0.082
	与竞争对手相比，本企业产品出产前废品损失率较低	**0.725**	0.157
	与竞争对手相比，本企业提供的产品十分耐用	**0.719**	0.022
过程质量绩效 GC	与竞争对手相比，本企业的生产效率较高	0.021	**0.812**
	与竞争对手相比，本企业能够运用质量工具进行更有效改进	0.110	**0.806**
	本企业在产品设计中，能够充分考虑顾客的需求	0.020	**0.792**
	与供应商建立长期合作，并有效提高彼此的绩效	0.186	**0.736**

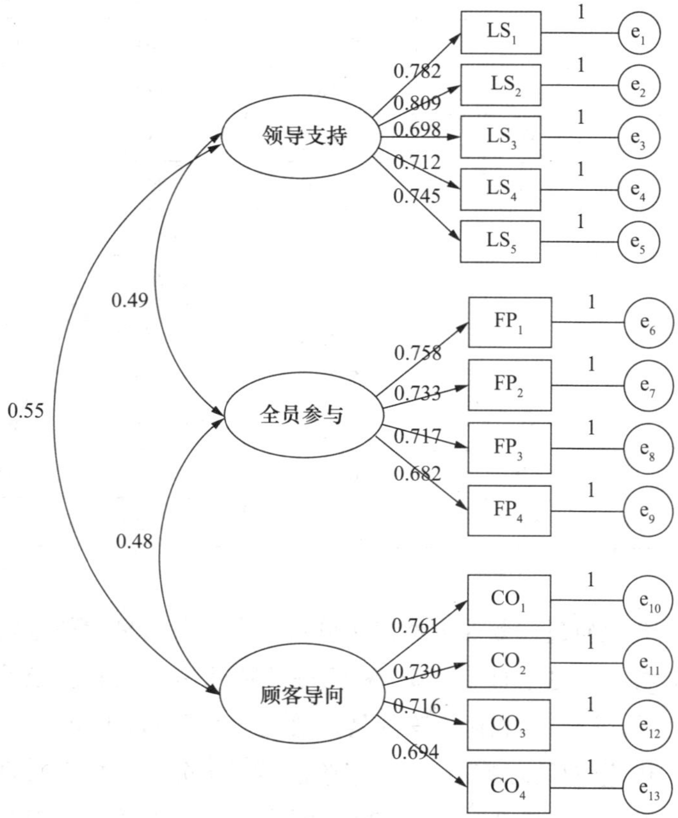

图 5-2　供应链质量管理基础要素测量模型

表 5－12 供应链质量管理基础要素模型拟合指数（N＝220）

拟合指标	χ^2/df	GFI	AGFI	RMSEA	NFI	IFI	CFI
指标值	1.587	0.920	0.911	0.048	0.912	0.916	0.923
拟合标准	<2	>0.9	>0.9	<0.1	>0.9	>0.9	>0.9

在表5－12中，供应链质量管理基础要素的拟合结果分别是：χ^2/df 值为 1.587，小于 2；GFI 为 0.920，AGFI 为 0.911，NFI 为 0.912，IFI 为 0.916，CFI 为 0.923，均大于 0.9；RMSEA 为 0.048，小于 0.05，拟合程度良好；同时，图 5－2 中的路径系数均在 $P<0.001$ 的水平显著，即供应链质量管理基础要素的理论模型可以接受。

（5）供应链质量管理协同要素验证性因子分析。上面对供应链质量管理协同要素的探索性因子分析，表明其由三个维度构成，分别是信息共享、持续改进和供应商关系。接下来，我们进行 CFA 分析，采用的样本量仍然是 220 个，其测量模型如图 5－3 所示，其数据的拟合结果如表 5－13 所示。

表 5－13 供应链质量管理协同要素模型拟合指数（N＝220）

拟合指标	χ^2/df	GFI	AGFI	RMSEA	NFI	IFI	CFI
指标值	1.425	0.930	0.921	0.042	0.920	0.921	0.927
拟合标准	<2	>0.9	>0.9	<0.1	>0.9	>0.9	>0.9

在表5－13中，供应链质量管理协同要素的拟合结果分别是：χ^2/df 值为 1.425，小于 2；GFI 为 0.930，AGFI 为 0.921，NFI 为 0.920，IFI 为 0.921，CFI 为 0.927，均大于 0.9；RMSEA 为 0.042，小于 0.05；拟合程度良好；同时，图 5－3 中的路径系数均在 $P<0.001$ 的水平显著，即供应链质量管理协同要素理论模型可以接受。

（6）企业质量绩效验证性因子分析。前面已经对企业质量绩效进行了探索性因子分析，并且其由产品质量绩效和过程质量绩效两维度构成。为了对其稳定性进行检验，我们同样进行验证性因子分析，其测量模型如图 5－4 所示，拟合结果如表 5－14 所示。

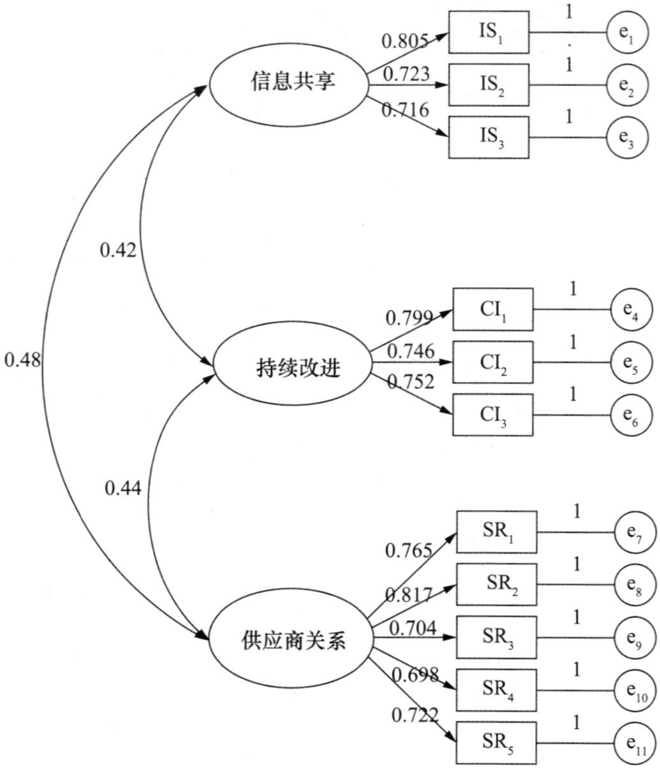

图 5－3　供应链质量管理协同要素测量模型

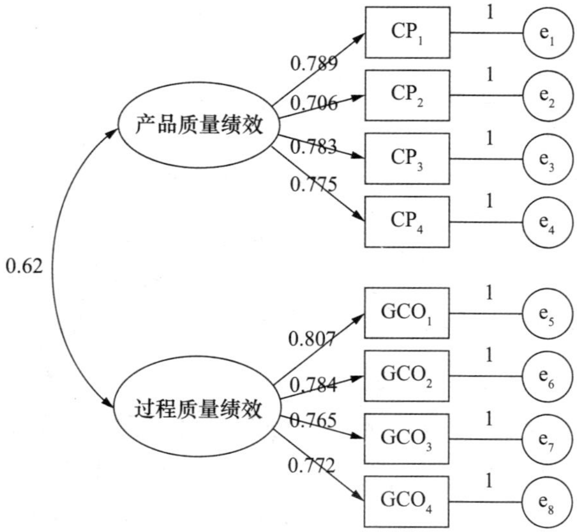

图 5－4　企业质量绩效测量模型

表 5 - 14　　企业质量绩效模型拟合指数（N = 220）

拟合指标	χ^2/df	GFI	AGFI	RMSEA	NFI	IFI	CFI
指标值	1.473	0.926	0.920	0.053	0.916	0.918	0.920
拟合标准	<2	>0.9	>0.9	<0.1	>0.9	>0.9	>0.9

表 5 - 14 中，企业质量绩效的拟合结果分别是：χ^2/df 值为 1.473，小于 2；GFI 为 0.926，AGFI 为 0.920，NFI 为 0.916，IFI 为 0.918，CFI 为 0.920，均大于 0.9；RMSEA 为 0.053，小于 0.1；拟合程度良好；同时，图 5 - 4 中的路径系数均在 $P<0.001$ 的水平显著，即企业质量绩效的理论模型可以接受。

（7）因子分析总结。通过对供应链质量管理基础要素和协同要素的探索性因子与验证性因子分析，验证了质量管理实践在供应链环境下拓展的有效性，为下面的路径检验奠定了基础。

（三）假设检验

1. 变量间的相关关系检验

Kline（1998）、马庆国（2010）等指出，在应用最大似然法进行结构模型估计时，要求调研得到的数据服从正态分布，其判断标准是：要求偏度绝对值小于 3，峰度绝对值小于 10。经计算，调研数据的偏度绝对值为 2.16，峰度绝对值为 5.67，符合正态分布，因此可以进行结构模型的拟合估计。接下来，我们先进行 Pearson 相关关系分析，初步判断供应链质量管理各维度和企业质量绩效的相关关系，再进行结构方程建模，分析供应链质量管理对企业质量绩效的影响程度。两者的相关关系分析见表 5 - 15。

2. 供应链质量管理各要素对质量绩效影响的假设检验

根据前文的研究假设，本书构建了供应链质量管理对企业质量绩效影响的结构方程模型路径图，具体内容见图 5 - 5。其中，6 个外生变量分别是领导支持、全员参与、顾客导向、信息共享、持续改进和供应商关系。两个内生变量分别是产品质量绩效和过程质量绩效。除此之外，在该模型中，还存在 32 个外生变量的残差变量，这里用字母 e_1—e_{32} 来表示；另外还存在两个内生变量的残差变量分别用 e_{33} 和 e_{34} 表示。这 34

个残差变量的路径系数默认为1。模型拟合结果见表5-15。

表5-15 供应链质量管理各要素与企业质量绩效变量间的相关关系（N=220）

变量	均值	标准差	领导支持	全员参与	顾客导向	信息共享	持续改进	供应商关系	产品质量	过程质量
1	4.319	0.864	(0.810)							
2	4.188	0.823	0.346**	(0.778)						
3	4.235	0.748	0.286**	0.350**	(0.765)					
4	4.272	0.735	0.310**	0.347**	0.274**	(0.823)				
5	4.572	0.648	0.324**	0.426**	0.356**	0.249**	(0.796)			
6	4.025	0.772	0.196*	0.317**	0.223**	0.388**	0.315**	(0.798)		
7	4.498	0.589	0.437**	0.306**	0.382**	0.146	0.308**	0.140	(0.901)	
8	4.582	0.687	0.372**	0.288**	0.327**	0.315**	0.276**	0.313**	0.418**	(0.892)

注：(1) 对角线括号中的数字为变量测量的信度系数。(2) ** 表示在0.05的显著性水平下显著；* 表示在0.01的显著性水平下显著。

表5-16表明，模型图路径的拟合指标值 χ^2/df 为1.883，小于2；拟合指数GFI为0.912，AGFI为0.904，NFI为0.903，IFI为0.913，CFI为0.914，均大于0.90；另外，RMSEA为0.049，小于0.5。这表明供应链质量管理与企业质量绩效关系模型的拟合指标达到了拟合标准，可以接受该模型。具体的路径系数和显著性概率P值的情况如下：

（1）供应链质量管理基础要素中的领导支持对产品质量绩效的标准化路径系数为0.423，显著性概率P值为0.000，因此，假设H1a通过检验；另外，领导支持对过程质量绩效的标准化路径系数为0.364，显著性概率P值为0.000，因此，假设H1b也通过检验。

（2）供应链质量管理基础要素中的全员参与对产品质量绩效的标准化路径系数为0.319，显著性概率P值为0.000，因此，假设H2a通过检验；另外，全员参与对过程质量绩效的标准化路径系数为0.278，显著性概率P值为0.000，因此，假设H2b也通过检验。

（3）供应链质量管理基础要素中的顾客导向对产品质量绩效的标准化路径系数为0.373，显著性概率P值为0.000，因此，假设H3a通过检验；另外，顾客导向对过程质量绩效的标准化路径系数为0.310，显著性概率P值为0.000，因此，假设H3b也通过检验。

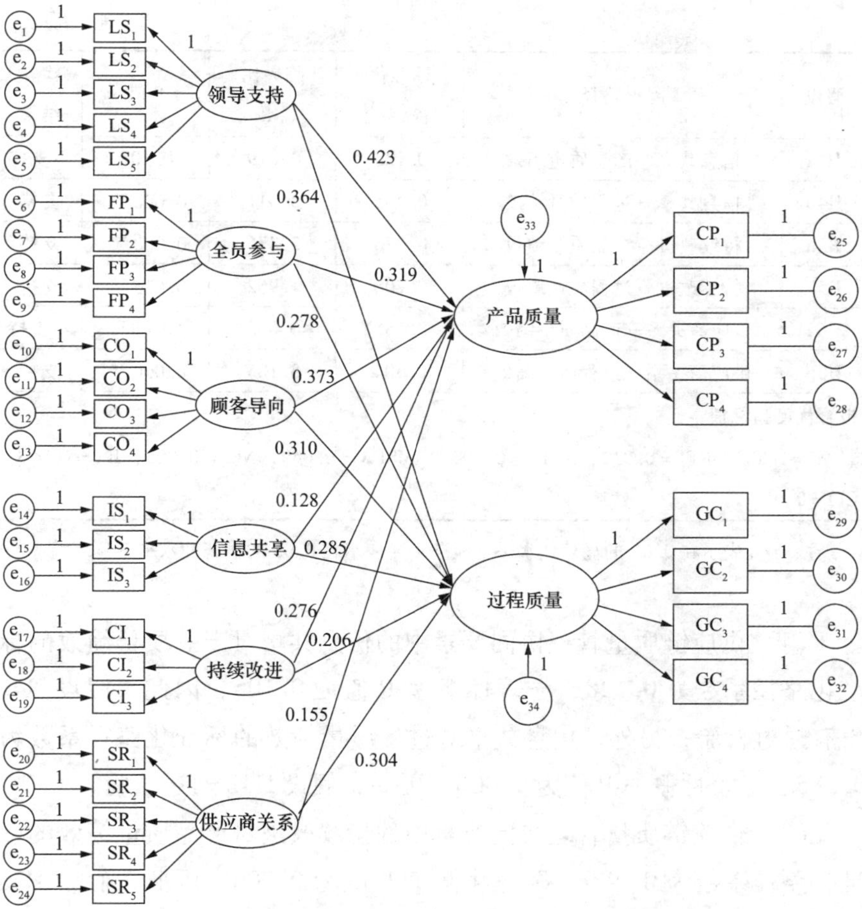

图 5－5　供应链质量管理影响企业质量绩效的结构方程模型

表 5－16　　供应链质量管理各要素对企业质量绩效影响的 SEM 检验结果

假设	因果路径	标准化路径系数	临界比 C. R.	P 值	检验结果
H1a	领导支持→产品质量绩效	0. 423	2. 891	0. 000 **	支持
H1b	领导支持→过程质量绩效	0. 364	3. 072	0. 000 **	支持
H2a	全员参与→产品质量绩效	0. 319	2. 822	0. 000 **	支持
H2b	全员参与→过程质量绩效	0. 278	1. 985	0. 000 **	支持
H3a	顾客导向→产品质量绩效	0. 373	3. 210	0. 000 **	支持
H3b	顾客导向→过程质量绩效	0. 310	2. 856	0. 000 **	支持

续表

假设	因果路径	标准化路径系数	临界比 C. R.	P值	检验结果
H4a	信息共享→产品质量绩效	0.128	0.079	0.105	不支持
H4b	信息共享→过程质量绩效	0.285	3.011	0.000 **	支持
H5a	持续改进→产品质量绩效	0.276	2.376	0.000 **	支持
H5b	持续改进→过程质量绩效	0.206	1.962	0.016 **	支持
H6a	供应商关系→产品质量绩效	0.155	0.083	0.082	不支持
H6b	供应商关系→过程质量绩效	0.304	3.185	0.000 **	支持
拟合优度指标值： χ^2/df = 1.883，GFI = 0.912，AGFI = 0.904，RMSEA = 0.049，NFI = 0.903，IFI = 0.913，CFI = 0.914					

注：** 表示在 0.01 的显著性水平下显著；* 表示在 0.05 的显著性水平下显著。

（4）供应链质量管理协同要素中的信息共享对产品质量绩效的标准化路径系数为 0.128，显著性概率 P 值为 0.105，因此，假设 H4a 没有通过检验；另外，信息共享对过程质量绩效的标准化路径系数为 0.285，显著性概率 P 值为 0.000，因此，假设 H4b 通过检验。

（5）供应链质量管理协同要素中的持续改进对产品质量绩效的标准化路径系数为 0.276，显著性概率 P 值为 0.000，因此，假设 H5a 通过检验；另外，持续改进对过程质量绩效的标准化路径系数为 0.206，显著性概率 P 值为 0.016，因此，假设 H5b 也通过检验。

（6）供应链质量管理协同要素中的供应商关系对产品质量绩效的标准化路径系数为 0.155，显著性概率 P 值为 0.082，因此，假设 H6a 没有通过检验；另外，供应商关系对过程质量绩效的标准化路径系数为 0.304，显著性概率 P 值为 0.000，因此，假设 H6b 通过检验。

3. 供应链质量管理基础要素和协同要素交互作用的检验

接下来将采用多元回归方法对交互作用进行检验。检验之前，先进行多重共线性、异方差和序列相关检验。其中，多重共线性检验通过计算 VIF 值进行判断，如果 VIF 值远小于 10，则可以判断该模型不存在多重共线性。经计算，供应链质量管理基础要素 VIF 为 1.462，供应链质量管理协同要素 VIF 为 1.006，供应链质量管理基础要素 × 协同要素的 VIF 为 1.228，均远小于 10，因此不存在多重共线性问题。对异方差采用散点图方法进行检验，绘制的散点图呈无序状，可以判断不存在异方差问题。最后，计算 DW 值对序列相关问题进行判断，DW 值接近 2，不存在序列相关问题，可以进一步进行多元回归分析，具体结果见表 5 - 17。

表 5 - 17 供应链质量管理基础要素和协同要素交互作用回归分析

变量	产品质量绩效			过程质量绩效		
	模型 1	模型 2	模型 3	模型 4	模型 5	模型 6
控制变量						
企业规模	0.098 *	0.136 *	0.128 *	0.138 *	0.132 *	0.135 *
企业性质	0.035	0.029	0.026	0.034	0.039	0.030
企业年龄	0.027	0.035	0.037	0.042	0.036	0.037
自变量						
基础要素		0.238 **	0.217 **		0.242 **	0.209 **
协同要素		0.165 *	0.112 *		0.276 **	0.235 **
交互项						
基础要素 × 协同要素			0.170 *			0.217 **
R^2	0.088	0.237	0.338	0.097	0.241	0.326
校正 R^2	0.082	0.221	0.325	0.080	0.223	0.284
ΔR^2		0.149 **	0.250 **		0.144 **	0.229 **

注：（1）表中为标准化回归系数；（2）模型 2 和模型 3 中的 ΔR^2 是与模型 1 比较；模型 5 和模型 6 中的 ΔR^2 是与模型 4 比较；（3） * 、** 分别表示在 0.1、0.05 的显著性水平下显著。

由表 5 - 17 结果可知，供应链质量管理基础要素和协同要素交互作用，对产品质量绩效的标准化路径系数是 0.170，显著性概率 P 值小于 0.05，假设 H7 通过检验；另外，两者交互作用对过程质量绩效的标准化路径系数为0.217，显著性概率P值小于0.01，因此，假设H8也通过检验。

六　结果讨论

（一）本土情景下供应链质量基础要素对质量绩效影响的讨论

实证结果表明，本土情景下供应链质量管理中的领导支持正向影响质量绩效（产品质量绩效和过程质量绩效）。这也印证了Prajogo和Sohal（2004）、Chinho（2005）、Perdomo－Ortiz（2006）、Kaynak和Hartley（2008）、蒲国利和苏秦（2010）、Kim（2012）、R. Zhao（2015）等的研究结果。从正向影响的基本情况来看，与国外的研究结论在一定程度上相符，但是，也存在中国本土化的特殊性。从影响的标准化路径系数来看，中国情景下，更注重领导支持的作用。其中，领导支持对于产品质量绩效的正向作用最大，达到0.423。另外，领导支持对于过程质量绩效的作用也非常明显，达到0.364。因此，在中国企业实施供应链质量管理过程中，一定要发挥领导的积极作用。另外，供应链环境下，企业常常是供应链网络系统中的一部分，企业高层管理者不仅需要领导所属企业的运营，而且作为供应链中的核心企业，也承担着鼓励所有合作企业都参与到质量运动和绩效改进当中的责任（Wisner，Tan and Leong，2015）。同时，在中国情景下，领导支持能够从有形资源和无形资源两个方面提供支持。从有形资源来讲，可以提供相应资金、合作平台、人员支持等；从无形资源来讲，可以激发员工（包括伙伴企业的员工）内在工作的积极性，鼓励员工突破固有思维和行为方式，大胆进行创新和实践，从而提升个体、组织以及供应链的能力水平（Amabile，1996；Oldham和Cummings，1996；Amabile，2004；Moneta和Kramer，2004；Schroeder，2005；薛会娟，2011；汤超颖、朱月利和商继美，2011；Baronienė和Neverauskas，2015）。

在本土环境下，全员参与对于企业质量绩效的作用是积极的，是正向的，这在本书中也得到了很好的验证。进一步支持了Dow等（1999）、Lai和Cheng（2005）、Lakhal等（2006）、Nair（2006）、Sila（2007）、Heaphy和Dutton（2008）、霍宝锋（2015）等的研究。

但是，中国情景下的全员参与对于产品质量绩效的正向作用（标准化路径系数是0.319）要大于对过程质量绩效的作用（标准化路径系数为0.278）。这与国外注重过程改进和过程质量绩效的结论存在一定的差异性。这是因为，本土化企业的全员参与，在供应链环境下，更注重最终产品的质量绩效表现（因为产品质量绩效的好坏更容易测度，也更容易通过产品质量绩效的优劣来评价员工绩效的好与坏），至于过程质量绩效，相较产品质量绩效就显得弱化了一些。因此，基于本土化情景，供应链质量管理中的全员参与，既要提升其参与的短期目标性，也要提升过程的持续性，真正让员工参与供应链管理的主动性得到激励和提高，从而改善员工的工作态度，提升责任感和承诺水平。周荣辅、朱超博（2012），霍宝锋（2015）也提出，随着质量管理从企业内部向组织外部拓展，企业与外部成员企业之间的共同参与、沟通协调显得非常重要，因此，需要从制度层面鼓励员工的参与。同时，员工参与能够激发员工的内潜力，从而能将这种积极的情绪转化为服务顾客的动力，更全面地满足顾客的需求。

供应链核心企业实施顾客导向的供应链质量管理方式在本土情景下能够正向促进产品质量绩效和过程质量绩效的假设，在本书中也得到了验证。这与学者 Mielgo 等（2009）、Loe 和 Ferrell（2015）等的研究结论相吻合，厘清了部分学者之间的分歧，为供应链质量管理实践活动提供了有益参考。从顾客导向影响产品质量绩效和过程质量绩效的标准化路径系数来看，分别达到了0.373和0.310，相较其他供应链质量管理要素而言，还是显得比较突出和明显。这说明，我国经过几十年市场经济的发展，顾客导向在企业中也深得人心，因此，在以后的供应链质量管理中，需要持续增强对于顾客导向的积极作用。另外，供应链中的顾客导向需要企业对市场、消费者需求以及竞争者的动向保持敏锐嗅觉，并能够在资源重新配置以及适时更新方面对市场情报做出积极响应（Jaworski and Kohli，1996）。顾客导向原则，激励供应链企业不断搜索和获取顾客的多元化需求，并积极进行各个方面的创新（Juran，1988；Mielgo et al.，2009），进而通过工艺改造和生产优化，开发出新产品，增加顾客价值（Wycoff，2003）。在此过程中，由于顾客需求动态变化，特别是潜在需求的挖掘及客户需求的创造与引领等，存在极大的不确定性（Miler，1983；Jaworski and Kohli，1993），需要识别和评估相关市场、财务、生产、技术与研发等诸多风险（Venkatraman，1989；冯长利、张明月和刘洪涛等，2015），这在客观上促进了供应链对外界环境的感知能力和应对能力，提升了企业的质量绩效。

（二）本土情景下供应链质量协同要素对质量绩效影响的讨论

本土情景下，供应链协同要素中的信息共享对于过程质量绩效的正向作用得到了验证，但是，对于产品质量绩效的正向作用没有通过验证。就像前文提出的一样，目前理论界对信息共享价值的研究并没有得到统一的结论。因此，需要仔细研究信息共享的使用条件以及其带来的负面影响。在本书中，信息共享在过程质量的积极作用体现得十分明显，这也进一步支持了学者 Lee 等（1997），Zhao 等（2002），Zhou 等（2007），谭文超（2008），Car（2007），叶飞（2009）乔永胜（2012），Chuang、Chen 和 Tsai（2015）的结论。而信息共享之所以没有对产品质量绩效产生较为明显的正向作用，也是本土情景下的一种特殊体现。究其原因，正像学者 Romano（2002）、张玉林（2004）、蔡淑琴和梁静（2007）等提出的一样，在供应链动态背景下，我国企业信息共享的层次不高（徐岩等，2004），同时信息冗余产生的负面影响没有得到很好的解决，从而没有发挥出信息共享对于产品质量绩效的应有价值，因此需要注意供应链管理信息系统的重构，这也是我国企业今后需要深入研究并解决的问题。

在检验本土企业供应链协同要素中持续改进和企业质量绩效的关系时，发现持续改进对于产品质量绩效、过程质量绩效均具有积极的正向作用，这和国内外一些学者的观点相类似，如 Kaynak、Janet 和 Hartley（2005），Hoang 和 Igel（2006），Feng 等（2006）、Costa 和 Lorente（2008）、尤建新（2008）、Kim 等（2012）等。从持续改进影响产品质量绩效和过程质量绩效的标准化路径系数来看，分别是 0.276 和 0.206，这表明我国本土企业已经较为注重持续改进，是值得肯定和鼓励的。当前，供应链环境下的持续改进，其概念已经超越了以往质量管理的范畴，它不仅仅是提升企业质量的一种理念和策略，而且成为与企业战略相关的系统性管理方式，我国许多公司已经将持续改进导入到企业的日常运营中，从而应对外部环境的变化（Hoang and Igel，2006）。另外，对供应链质量管理定义的权威学者Robinson和Malhotra在对这个概念进行界定时，提出持续改进产品和服务质量是其核心理念之一，通过持续改进来创造价值以满足顾客，其定义充分反映了持续改进的重要性。

另外，在本土化情景下，供应商关系对于过程质量绩效的正向作用得到了验证，而对于产品质量绩效的正向影响没有通过检验。究其原因，之所以对于过程质量绩效的影响比较明显，是因为在供应链背景下，企业相互之间的联系和沟通较以前有很大提高，尤其是合作关系进一步加强，提升了企业之间的合作水平。这些方面，也得到了Tan（2002），Lin、Chow和Madu（2005），Kaynak和Hartley（2008），Youn、Yang和Hong（2013），Vanpoucke（2014），R. Zhao（2015），陈瑞义、琚春华、盛昭瀚等（2015）的认同。但是，在我国情景下，国内企业与供应商的关系更多基于短期利益，它们之间关系的构建是基于交易的需要，关注点多是产品价格、物流条件等（张群祥，2012），仍未形成与供应商长期的信任和合作，更不用说战略联盟关系。因为双方难以形成信任的关系和氛围，这就使供应商关系的积极作用大打折扣。Rocha（1993）提出，信任在供应链伙伴关系的构建中是非常重要的，怎么强调也不为过，它是企业能够长期高水平合作的关键要素。通过信任，可以从更深层次形成信息交流和知识共享，打破保守姿态，使学习范围和合作层次得以提升，供应链伙伴关系更加长久，从而更有利于企业产品质量和过程质量的提升。这些也为我国企业与供应商的新型关系提供了发展方向。

（三）本土情景下供应链质量基础要素与协同要素交互作用对企业质量绩效影响

在单个企业的质量管理分析中，多位学者提出，质量管理包含基础实践和核心实践（Flynn，1995），这两者是相互依存的一个整体，它们之间必然存在某种程度的内在关联（Sousa and Voss，2002）。

Kim（2012），张群祥（2012），Chang、Chen 和 Chiou（2015）就曾指出，两者可能存在交互作用而影响企业的绩效。

借鉴以上研究思路，并在本土化情景下，提出供应链质量管理基础要素和协同要素的交互作用以及对于企业质量绩效的影响，也是笔者所进行的有益尝试。研究结果发现，本土情景下，供应链质量管理三大基础要素（领导支持、全员参与和顾客导向）和供应链质量管理三大协同要素（信息共享、持续改进和供应商关系）存在交互作用，正向作用于企业质量绩效。在本书中，它们两者之间的交互作用提升了产品和过程质量绩效，这与 Lakhal 等（2006）、张群祥（2012）的研究结论比较吻合。在供应链质量管理要素中，它们之间有一定的关联性，并相互促进。如领导支持影响供应商关系，因为供应链环境中的领导企业，在指导本企业进行质量管理的同时，也积极引导和鼓励供应商企业能够参与到供应链质量管理中来。领导支持还可以通过提供资源和设立相应奖励积极影响员工参与。Lai 和 Cheng（2005），Flynn（2005），白世贞和姜曼（2013），Chang、Chen 和 Chiou（2015）提出，为了更好地满足顾客需求，企业高层管理者应该提升企业员工的质量意识，对员工进行质量培训。经过培训的员工，能够将这种质量意识带到工作中，进行管理创新和持续改进。而且，通过信息共享平台，能够提升员工的顾客导向意识，明确顾客需求，做到与顾客有效沟通，及时快速地解决客户的投诉，提升顾客的满意度和忠诚度。如此，供应链质量管理的基础要素和协同要素交互作用，促进企业的产品质量绩效和过程质量绩效。总之，本土化情景下，供应链质量管理基础要素和协同要素的交互作用正向影响企业质量绩效的假设，得到了大样本数据的验证，也为未来我国企业提升供应链质量管理水平指明了方向。也就是说，在提升供应链质量管理过程中，不能仅仅着眼于某个供应链质量管理要素，而要统筹协调，系统发展。

（四）研究结论

本部分检验了本土情景下供应链质量管理诸要素影响质量绩效的假设。通过收集大样本数据，遵循实证研究的规范流程，综合运用探索性因子分析（EFA）、验证性因子分析（CFA）进行信度和效度检验，运用结构方程模型（SEM）、回归分析对关系假设进行检验。结果表明，大部分命题假设通过验证，小部分假设没有得到支持，具体情况见表5－18。

表5－18　供应链质量管理影响企业质量绩效的检验结果汇总

假设	结论
H1a	支持
H1b	支持
H2a	支持
H2b	支持
H3a	支持
H3b	支持
H4a	不支持
H4b	支持
H5a	支持
H5b	支持
H6a	不支持
H6b	支持
H7	支持
H8	支持

结果表明，本土化情景下，供应链质量管理基础要素分别对产品质量绩效、过程质量绩效有显著的正向作用。供应链质量管理协同要素对产品质量绩效、过程绩效的正向作用没有通过全部检验，具体来说，持续改进能够正向促进产品质量绩效和过程质量绩效；而信息共享能够正向促进过程质量绩效，对产品质量绩效的正向作用没有得到证实；供应商关系对于过程质量绩效的正向作用通过了检验，但是，对于产品质量绩效的正向作用没通过验证。另外，供应链质量管理基础要素与协同要素交互作用，对企业的产品质量绩效、过程质量绩效有着积极的正向作用。这些结论，有些和国外研究的结论相吻合，有些是中国情景下的特殊体现，这表明，质量管理作为提升企业绩效的一种管理理念和方式，并不完全具有普适性，仍要和当地的外部环境相联系。只有如此，才能真正提升企业质量竞争能力，真正提升企业质量绩效。

总之，基于前文文献和提出的理论假设，运用大样本企业调研数据，探明了供应链质量管理（SCQM）对质量绩效（QP）的影响关系，廓清了学界的分歧。加之，我国提出“中国制造2025”国家战略，质量管理成为企业竞争的有力武器，因此，积极探索我国情景下供应链质量管理对质量绩效的作用路径有着特殊的意义。在验证了两者的影响关系之后，亟须探讨它们之间的内在作用机理。接下来将结合供应链动态能力，遵循经典的IPO模型，即“输入—加工—输入”的研究范式，探究和挖掘“供应链质量管理—供应链动态能力—企业质量绩效”三者之间的关系。

第二节　子研究2：供应链质量管理对企业质量绩效的作用机制
——供应链动态能力的中介效应

一　问题提出

通过本章的子研究1，检验了本土企业供应链质量管理诸要素对企业质量绩效的影响。从整体上讲，供应链质量管理能够正向促进质量绩效。然而，上面仅仅对两者关系进行了分析，供应链质量管理如何影响企业质量绩效的过程机理仍然没有弄清楚。正如一些学者所言，理论研究要能够对其作用机制进行深入剖析，完善其理论分析框架，避免出现研究成果的“理论碎片”，制约了研究成果的传承性（张群祥，2012）。接下来，将从供应链动态能力的视角切入，对于供应链质量管理与质量绩效的关系深入探讨。

正如前文文献所述，企业从小到大、从弱到强的演化过程，是自身能力不断提升的过程（吴航，2015）。外界环境的变化，为企业可持续发展带来了挑战，企业要想形成持续竞争优势，必须通过知识搜寻、吸收和内化，提升组织的学习水平，从而克服路径依赖，获得与外界环境相适应、相匹配的战略柔性能力。在企业构建核心能力过程中，动态能力理论为企业与外部环境的协调和融合，提供了一定的指导作用和借鉴意义（马鸿佳和侯美玲，2015）。

在供应链背景下，动态能力理论为研究供应链质量管理提供了新的视角。在外部环境动荡变化的今天，资源学派的静态研究理论、能力学派的刚性问题，对于解释市场发展中出现的诸多情形，缺乏有力的解释。动态理论在资源理论、企业能力理论基础上迅猛发展，并对解释动态环境下的企业问题具有积极作用（董保宝和葛宝山，2012）。结合前面文献，本书将供应链动态能力作为研究切入点，并借鉴经典的 IPO 模型（输入—加工—输出），探索供应链质量管理与企业质量绩效的过程机制，深入挖掘三者的作用机理。

二　研究模型

（一）研究模型

本部分主要研究供应链动态能力在供应链质量管理影响企业质量绩效过程中的中介作用，具体研究模型如图 5－6 所示。

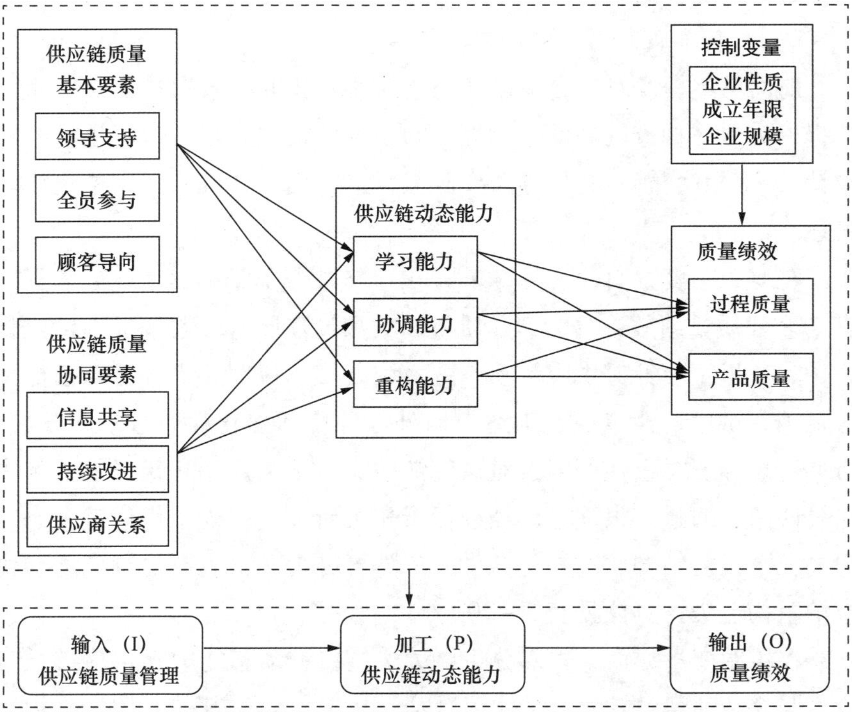

图 5－6　供应链质量管理、供应链动态能力和企业质量绩效关系的研究模型

(二) 研究假设

前文已经就供应链质量管理影响企业质量绩效的内在作用机理做了文献研究，提出了供应链动态能力作为中介变量的12条命题假设（即假设H9至假设H20），这些关系假设分别描述了供应链动态能力（供应链学习能力、供应链协调能力和供应链重构能力）在供应链质量管理要素（基础要素和协同要素）和企业质量绩效（产品质量绩效和过程质量绩效）中的中介作用，具体假设参见表5-19。

表5-19 供应链质量管理要素影响企业质量绩效的中介效应假设汇总

关系假设	假设
供应链质量管理要素影响质量绩效的中介效应假设：供应链动态能力为中介	H9、H10、H11、H12、H13、H14、H15、H16、H17、H18、H19、H20

三 研究方法

(一) 问卷设计与变量测度

前面已经提及对，合理设计调查问卷是获取有效数据的一个重要前提，为保证调查问卷的科学性，问卷设计按照规范的流程进行初稿设计、修改和完善、终稿等重要阶段，上文已经详细叙述，这里不再赘述。

在变量测度方面，解释变量（供应链质量管理要素）、被解释变量（企业质量绩效，分为产品质量绩效和过程质量绩效）前面已经探讨过，这里主要针对供应链动态能力维度做一说明。供应链动态能力表征了在供应链背景下，为适应内外部环境的变化，通过组织学习、协调管理和资源重构等因素对供应链的竞争优势产生积极影响。本书在第四章中通过扎根理论已经进行了相关研究，明确了供应链动态能力的三个维度结构，主要包括供应链学习能力、供应链协调能力和供应链重构能力，具体见表5-20。

在控制变量方面，本部分主要关注供应链动态能力在供应链质量管理与企业质量绩效之间的中介效应，因此，对于其他对中介作用可能产生影响的企业特征变量（如企业性质、企业规模、企业年龄等）

表 5-20 供应链动态能力变量测度

变量	测量题项	来源
供应链学习能力	LA_1 企业善于利用供应链上下游企业收集信息 LA_2 企业有工具能对供应链隐性知识进行显性化 LA_3 企业经理能够定期或不定期与上下游企业进行经验交流 LA_4 企业有信息系统等平台共享企业之间的信息 LA_5 企业经常组织员工学习供应链企业先进经验	Ikujiro Nonaka（1994）；Protogerou（2012）；董俊武（2004）；池芳微（2009）；崔瑜和焦豪（2009）；江成城（2011）；冯军政和魏江（2011）；金昕（2015）；基于扎根研究结论编写
供应链协调能力	CA_1 企业利用供应链文化设计来填补上下游企业的文化差异 CA_2 企业制定了供应链职责层次来清晰界定上下游企业的职责 CA_3 企业有专门的供应链部门管理供应链相关事务 CA_4 企业设有供应链经理参与具体的供应链运作和管理 CA_5 企业有专门信息平台进行上下游企业沟通	Wang（2007）；马士华（2005）；叶春（2005）；江成城（2011）；董保宝（2012）；曹永辉（2013）；李刚（2014）；吴航（2015）；基于扎根研究结论编写
供应链重构能力	RC_1 企业能对供应链环境的变化及时进行战略目标调整 RC_2 企业生产过程的人员、设备、工艺、资源投入具有柔性 RC_3 企业能根据市场变化与供应链合作伙伴进行技术创新 RC_4 企业能够与供应链合作伙伴快速进行产品质量改进	Martin（2000）；Protogerou（2012）；查敦林（2004）；达庆利（2005）；华中生（2007）；戴勇（2008）；冯长利（2015）；基于扎根研究结论编写

进行了控制。相关研究表明，不同性质的企业，其管理风格不同（胡谍和王元地，2015），相应地，对供应链动态能力和供应链质量管理的重要性认知也不同，因此，性质各异的企业可能对供应链动态能力与质量绩效产生不同影响。同样，不同年龄的企业的供应链动态能力等方面也可能存在差异，并且不同年龄的企业由于其知识存量不同，管理技能水平不一，对质量绩效可能也存在差异性的影响。此外，不同规模的企业，其拥有的资源和发展的战略目标存在差异，这也可能导致企业质量绩效的结果不同。综上分析，将这三个变量作为控制变量。

（二）数据收集与研究方法

在对数据收集方面，本章的子研究1已经做了详细说明，同时针对回答者偏差已经采用了预防措施。另外，对于共同方法变异的负面影响，本书已经采取了事前预防和事后检验的措施，尽量保证数据的科学性。

在研究方法方面，因为本部分主要研究的是供应链动态能力在供应链质量管理和质量绩效之间关系的中介效用。研究方法主要有结构方程检验法（侯杰泰等，2005；吴明隆，2010；张群祥，2012）和分步回归检验法（Baron and Kenny，1986）等。

四　数据分析

（一）供应链动态能力的验证性因子分析

由于本章已经对供应链质量管理基础要素、协同要素、产品质量绩效与过程质量绩效进行了探索性因子分析和验证性因子分析，均表现出了较高的信度和效度。虽在第四章中也检验了供应链动态能力的信度与效度，但作为新开发构念，为检验其有效性，需多次反复验证。我们再次对供应链动态能力进行验证性因子分析。①

供应链动态能力验证性因子分析结果如表5-21所示，其中，χ^2/df 为1.681，小于2；GFI、NFI等5个指标大于0.90；RMSEA为0.065，小于0.1；总体上模型拟合较好。另外，载荷系数均大于0.7，具有较好的收敛效度。

---

① 本次验证所用数据是最终问卷调研的数据，与第四章所用数据不是同一批数据，特此说明。

表 5－21　　供应链动态能力模型拟合指数（N＝220）

拟合指标	χ^2/df	GFI	AGFI	RMSEA	NFI	IFI	CFI
指标值	1.681	0.905	0.912	0.065	0.908	0.914	0.918
拟合标准	<2	>0.9	>0.9	<0.1	>0.9	>0.9	>0.9

（二）控制变量影响分析

1. 企业年龄对中介变量和结果变量的影响分析

从表 5－22 可知，样本企业年龄对供应链学习能力、供应链协调能力、供应链重构能力、产品质量绩效和过程质量绩效均没有显著影响。说明不管企业年龄“2 年及以下”“3—5 年”“6—10 年”“11—20 年”，还是“20 年以上”，其在供应链动态能力的形成，以及产品质量绩效和过程质量绩效方面不存在显著差异。

表 5－22　　企业年龄对中介变量和结果变量的影响分析（ANOVA）

类目	F 值	显著性概率 P	是否显著
供应链学习能力	0.702	0.625	否
供应链协调能力	0.741	0.610	否
供应链重构能力	1.067	0.377	否
产品质量绩效	1.229	0.232	否
过程质量绩效	1.172	0.284	否

2. 企业性质对中介变量和结果变量的影响分析

从表 5－23 可知，企业性质对供应链学习能力、供应链协调能力、供应链重构能力、产品以及过程质量绩效均没有显著影响。说明企业不会因为性质不同对供应链动态能力的形成，以及产品质量和过程质量绩效方面存在显著差异。

表 5－23　　企业性质对中介变量和结果变量的影响分析（ANOVA）

类目	F 值	显著性概率 P	是否显著
供应链学习能力	0.583	0.442	否
供应链协调能力	0.369	0.785	否
供应链重构能力	0.576	0.324	否
产品质量绩效	1.021	0.296	否
过程质量绩效	1.533	0.146	否

3. 企业规模对中介变量和结果变量的影响分析

从表 5－24 可以发现，企业规模对供应链学习能力、供应链协调能力、供应链重构能力没有显著影响，但是，对企业质量绩效（产品质量绩效和过程质量绩效）均有显著影响。接下来，我们将通过方差齐性检验，对调研企业的规模情况与企业质量绩效的影响进行两两比较。

表 5－24　企业规模对中介变量和结果变量的影响分析（ANOVA）

类目	F 值	显著性概率 P	是否显著
供应链学习能力	1.303	0.168	否
供应链协调能力	0.791	0.412	否
供应链重构能力	0.737	0.453	否
产品质量绩效	2.566	0.036	是
过程质量绩效	2.732	0.012	是

在进行方差齐性检验以后，Sig. 为 0.423 > 0.05，表明企业规模对企业质量绩效的影响具有方差齐性，因此，采用 LSD 方法对不同规模的企业进行两两比较。进一步对企业规模“100 人及以下”“101—300 人”“301—500 人”“501—1000 人”和“1000 人以上”的均值进行两两比较，结果表明，规模在“1000 人以上”“301—500 人”的企业在产品质量绩效和过程质量绩效上显著高于其他三类企业，规模在“501—1000 人”的企业产品质量绩效和过程质量绩效显著高于“100 人及以下”“101—300 人”的企业，但是，“100 人及以下”“101—300 人”的企业没有显著差别。

（三）供应链动态能力的中介效应

1. 按照 Baron 和 Kenny 方法对中介效应的初次检验

Baron 和 Kenny（1986）提出，中介效应检验的三个步骤：第一，自变量和因变量关系检验，前者对后者的解释具有显著性；第二，自变量和中介变量关系检验，前者对后者的解释也具有显著性；第三，当纳入中介变量后，自变量对因变量的影响显著降低。由于本书中介效应检验较多，本书应用结构方程，分三步检验中介效应。

（1）自变量和因变量关系检验。图 5－7 是供应链质量管理和企业质量绩效的路径关系结构简化图。

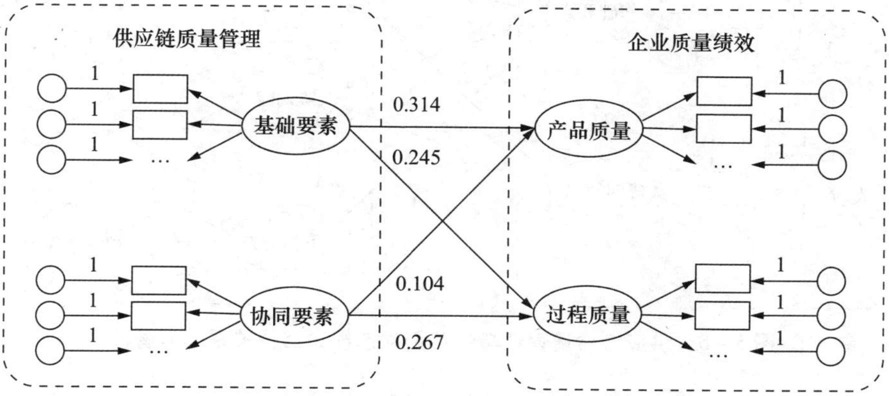

图 5－7　供应链质量管理和企业质量绩效路径关系

从表 5－25 可知，拟合指标中，χ^2/df 为 1.678，GFI、AGFI、NFI、IFI、CFI 等拟合指数均大于 0.90，RMSEA 为 0.050，达到了模型拟合的标准，并从图 5－7 标准化路径系数可知，其拟合路径能够接受。数据分析结果进一步验证了本章子研究 1 的假设。

表 5－25　供应链质量管理和企业质量绩效路径关系的拟合指数（N＝220）

拟合指标	χ^2/df	GFI	AGFI	RMSEA	NFI	IFI	CFI
指标值	1.678	0.912	0.910	0.050	0.913	0.915	0.920
拟合标准	<2	>0.9	>0.9	<0.1	>0.9	>0.9	>0.9

（2）自变量和中介变量关系检验。图 5－8 显示了供应链质量管理与供应链动态能力的路径关系结构简化图。

从表 5－26 可知，数据结果显示，模型拟合程度较好。同时，从图 5－8 知道，供应链质量管理基础要素与供应链学习能力的标准化路径系数为 0.386，与供应链协调能力的标准化路径系数为 0.342，与供应链重构能力的标准化路径系数是 0.253，且均在 0.01 的显著性

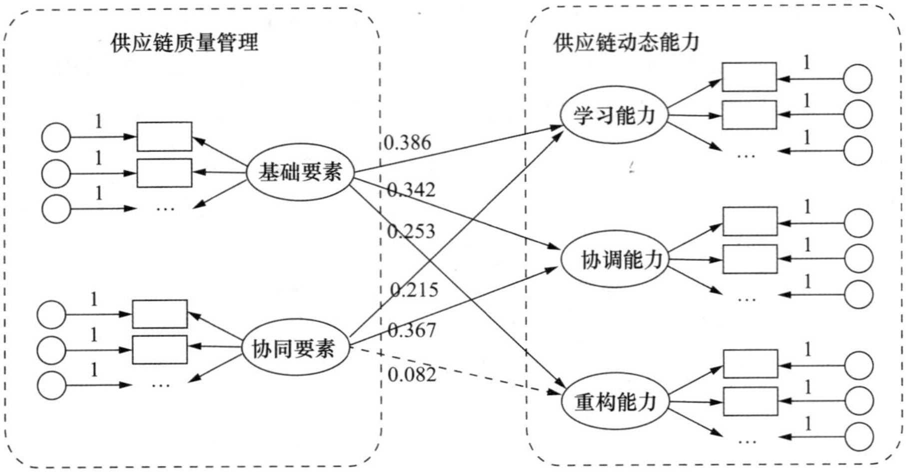

图 5-8　供应链质量管理与供应链动态能力路径关系的显著性

水平下显著；供应链质量管理协同要素与供应链学习能力、协调能力的标准化路径系数分别为 0.215、0.367，均在 0.01 的显著性水平下显著；而供应链质量管理协同要素与供应链重构能力的路径系数为 0.082，但并未达到显著水平（P>0.10）。

表 5-26　供应链质量管理与供应链动态能力路径关系的拟合指数（N=220）

拟合指标	χ^2/df	GFI	AGFI	RMSEA	NFI	IFI	CFI
指标值	1.563	0.911	0.910	0.049	0.912	0.917	0.921
拟合标准	<2	>0.9	>0.9	<0.1	>0.9	>0.9	>0.9

（3）纳入所有变量，检验中介效应。第三步纳入所有变量，通过观察路径系数及其变化检验中介效应，具体如图 5-9 所示，拟合指标值如表 5-27 所示。

表 5-27　供应链质量管理、供应链动态能力与企业质量绩效路径关系拟合指数（N=220）

拟合指标	χ^2/df	GFI	AGFI	RMSEA	NFI	IFI	CFI
指标值	1.607	0.912	0.902	0.052	0.906	0.908	0.914
拟合标准	<2	>0.9	>0.9	<0.1	>0.9	>0.9	>0.9

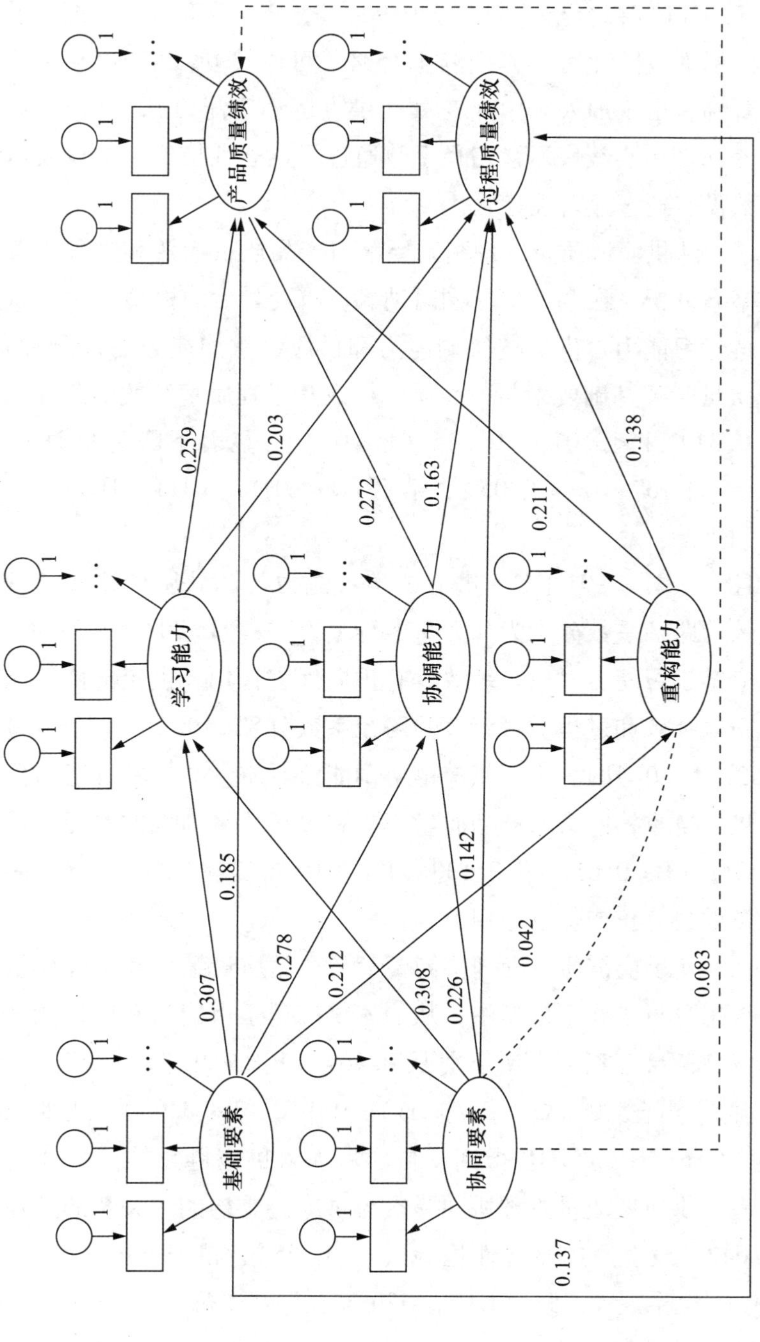

图 5-9　供应链质量管理、供应链动态能力与企业质量绩效的路径关系

上述模拟的拟合指标中，χ^2/df 为 1.607，小于 2；GFI、AGFI、NFI、IFI、CFI 等拟合指数均大于 0.90，RMSEA 为 0.052，达到了模型拟合的标准，因此可以判定其拟合路径可以接受。从图 5－9 可以直观地看到，由于加入了中介变量（供应链动态能力），路径系数发生了改变（图中实线表示该路径系数通过了显著性检验，虚线表示该路径系数没有通过显著性检验）。

第一，从供应链质量管理基础要素与产品质量绩效和过程质量绩效的关系来分析。在全模型（同时纳入所有变量后的模型）中，从加入供应链学习能力、供应链协调能力和供应链重构能力的情况来看，供应链质量管理基础要素与产品质量绩效和过程质量绩效的路径系数分别从 0.314（$P<0.01$）、0.245（$P<0.01$）显著下降为 0.185（$P<0.05$）、0.137（$P<0.05$），假设 H9、H10、H11、H12、H13、H14 得到支持。

并且，从图 5－9 可知，供应链学习能力与产品质量绩效和过程质量绩效的路径系数分别为 0.259（$P<0.01$）和 0.203（$P<0.01$），表明供应链学习能力对质量绩效具有正向促进作用；供应链协调能力与产品质量绩效和过程质量绩效的路径系数分别为 0.272（$P<0.01$）和 0.163（$P<0.01$），表明供应链协调能力对质量绩效具有正向促进作用；供应链重构能力与产品质量绩效和过程质量绩效的路径系数分别为 0.211（$P<0.01$）和 0.138（$P<0.05$），表明供应链重构能力对质量绩效也有正向促进作用。

第二，从供应链质量管理协同要素与产品质量绩效和过程质量绩效的关系来分析。在全模型中，从加入供应链学习能力和协调能力变量的情况来看，路径系数分别从 0.104（$P<0.05$）、0.267（$P<0.01$）显著下降为 0.083（$P>0.05$）、0.142（$P<0.05$），由此，假设 H15、H16、H17、H18 得到支持。从加入供应链重构能力变量的情况来看，供应链质量管理协同要素与供应链重构能力关系的路径系数为 0.042，没有通过显著性检验（$P>0.05$），根据 Baron 和 Kenny（1986）的检验方法，假设 H19、H20 没有得到支持。

2. 按照温忠麟的中介效应检验程序再次检验

在 Baron 和 Kenny（1986）及其他学者研究基础上，温忠麟、侯杰泰和张雷（2005）提出了一个中介效应检验程序（见图 5 - 10）。笔者指出，通过该程序，在进行中介效用检验时，两类错误能够得以减少和降低；另外，该程序可以检验部分中介和完全中介。接下来，将按照该程序，在上面分析的基础上，深入分析供应链动态能力在供应链质量管理和企业质量绩效的中介效应。

（1）供应链质量管理基础要素、动态能力和产品质量及过程质量绩效的中介效应。通过前面的数据分析，得到表 5 - 28。

表 5 - 28　供应链质量管理基础要素、动态能力和企业质量绩效的中介效应

假设	因果路径	c	a	b	c′
H9	基础要素→供应链学习能力→产品质量绩效	0. 314	0. 307	0. 259	0. 185
H10	基础要素→供应链学习能力→过程质量绩效	0. 245	0. 307	0. 203	0. 137
H11	基础要素→供应链协调能力→产品质量绩效	0. 314	0. 278	0. 272	0. 185
H12	基础要素→供应链协调能力→过程质量绩效	0. 245	0. 278	0. 163	0. 137
H13	基础要素→供应链重构能力→产品质量绩效	0. 314	0. 212	0. 211	0. 185
H14	基础要素→供应链重构能力→过程质量绩效	0. 245	0. 212	0. 138	0. 137

表 5 - 28 的数据表明，从供应链质量管理基础要素、供应链学习能力和产品质量绩效的中介效应分析来看，c 为 0. 314，a 为 0. 307，b 为 0. 259，c′为 0. 185，均具有显著性，因此供应链学习能力在三者之间具有部分中介效应，H9 成立，并且中介效应和总效应的比例为：$ab/c = 0.307 \times 0.259/0.314 = 0.253$。

从供应链质量管理基础要素、供应链学习能力和过程质量绩效的中介效应分析来看，c 为 0. 245，a 为 0. 307，b 为 0. 203，c′为 0. 137，均具有显著性，因此，供应链学习能力在三者之间具有部分中介效应，H10 成立，并且中介效应和总效应的比例为：$ab/c = 0.307 \times 0.203/0.245 = 0.254$。

从供应链质量管理基础要素、供应链协调能力和产品质量绩效的中介效应分析来看，c 为 0. 314，a 为 0. 278，b 为 0. 272，c′为 0. 185，

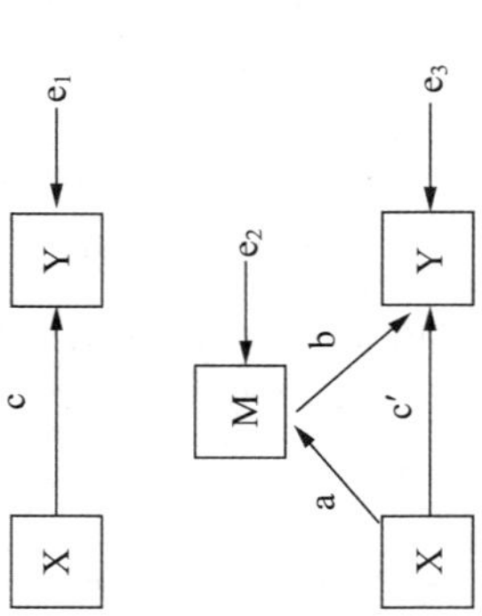

$Y=cX+e_1$

$M=aX+e_2$

$Y=c'X+bM+e_3$

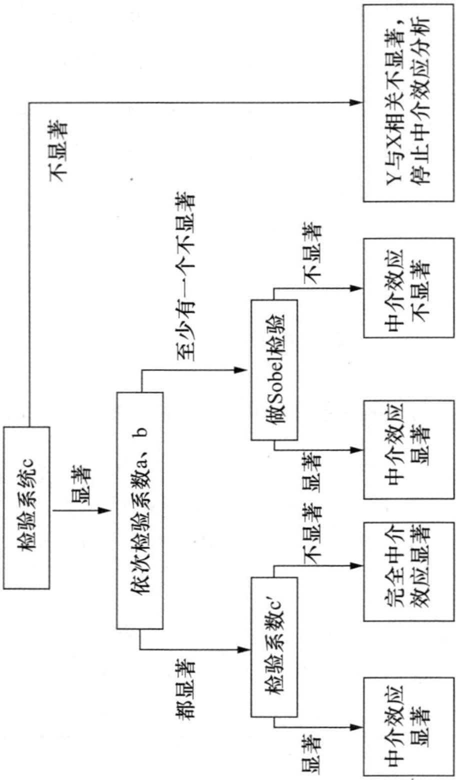

图 5－10　中介效应检验程序

均具有显著性，因此，供应链协调能力在三者之间具有部分中介效应，H11成立，并且中介效应和总效应的比例为：ab/c = 0.278 × 0.272/0.314 = 0.241。

从供应链质量管理基础要素、供应链协调能力和过程质量绩效的中介效应分析来看，c为0.245，a为0.278，b为0.163，c′为0.137，均具有显著性，因此，供应链协调能力在三者之间具有部分中介效应，H12成立，并且中介效应和总效应的比例为：ab/c = 0.278 × 0.163/0.245 = 0.185。

从供应链质量管理基础要素、供应链重构能力和产品质量绩效的中介效应分析来看，c为0.314，a为0.212，b为0.211，c′为0.185，均具有显著性，因此，供应链重构能力在三者之间具有部分中介效应，H13成立，并且中介效应和总效应的比例为：ab/c = 0.212 × 0.211/0.314 = 0.142。

从供应链质量管理基础要素、供应链重构能力和过程质量绩效的中介效应分析来看，c为0.245，a为0.212，b为0.138，c′为0.137，均具有显著性，因此为供应链重构能力在三者之间具有部分中介效应，H14成立，并且中介效应和总效应的比例为：ab/c = 0.212 × 0.138/0.245 = 0.119。

综上，按照温忠麟的中介效应检验程序的再次检验，H9、H10、H11、H12、H13、H14得到支持。通过该检验，明晰了动态能力在供应链质量管理基础要素和质量绩效之间的中介效应大小，对前面的分析结果进一步进行了加强。

（2）供应链质量管理协同要素、动态能力和产品质量及过程质量绩效的中介效应。由前面的数据分析，得到表5-29。

表5-29　供应链质量管理协同要素、动态能力和企业质量绩效的中介效应

假设	因果路径	c	a	b	c′
H15	协同要素→供应链学习能力→产品质量绩效	0.104	0.308	0.259	0.083
H16	协同要素→供应链学习能力→过程质量绩效	0.267	0.308	0.203	0.142
H17	协同要素→供应链协调能力→产品质量绩效	0.104	0.226	0.272	0.083

续表

假设	因果路径	c	a	b	c′
H18	协同要素→供应链协调能力→过程质量绩效	0. 267	0. 226	0. 163	0. 142
H19	协同要素→供应链重构能力→产品质量绩效	0. 104	0. 042	0. 211	0. 083
H20	协同要素→供应链重构能力→过程质量绩效	0. 267	0. 042	0. 138	0. 142

表5-29数据表明，从供应链质量管理协同要素、供应链学习能力和产品质量绩效的中介效应分析来看，c为0.104，a为0.308，b为0.259，均具有显著性，c′为0.083，不具有显著意义，因此，供应链学习能力在三者之间具有完全中介效应，H15成立。

从供应链质量管理协同要素、供应链学习能力和过程质量绩效的中介效应分析来看，c为0.267，a为0.308，b为0.203，c′为0.142，均具有显著性，因此，供应链学习能力在三者之间具有部分中介效应，H16成立，并且中介效应和总效应的比例为：$ab/c = 0.308 \times 0.203/0.267 = 0.234$。

从供应链质量管理协同要素、供应链协调能力和产品质量绩效的中介效应分析来看，c为0.104，a为0.226，b为0.272，均具有显著性，c′为0.083，不具有显著意义，因此，供应链协调能力在三者之间具有完全中介效应，H17成立。

从供应链质量管理协同要素、供应链协调能力和过程质量绩效的中介效应分析来看，c为0.267，a为0.226，b为0.163，c′为0.142，均具有显著性，因此，供应链协调能力在三者之间具有部分中介效应，H18成立，并且中介效应和总效应的比例为：$ab/c = 0.226 \times 0.163/0.267 = 0.138$。

从供应链质量管理协同要素、供应链重构能力和产品质量绩效的中介效应分析来看，c为0.104，b为0.211，均具有显著性，a为0.042，不具有显著意义，因此，进行Sobel检验，z为1.058，$P > 0.05$，不具显著性，因此，供应链重构能力在三者之间不具有中介效应，H19不成立。

从供应链质量管理协同要素、供应链重构能力和过程质量绩效的中介效应分析来看，c 为0.267，b 为0.138，均具有显著性，a 为0.042，不具有显著意义，因此进行 Sobel 检验，z 为1.002，$P > 0.05$，不具有显著性，因此，供应链重构能力在三者之间不具有中介效应，H20 不成立。

五　结果讨论

（一）供应链质量管理基础要素对企业质量绩效的内在作用机制分析

本书证实了供应链学习能力在供应链质量管理基础要素与产品质量绩效和过程质量绩效之间的中介效应。Pablo 等（2007）的研究结果已经表明，领导能力是企业动态能力形成的驱动因素之一。许多学者，如 Tripsas 和 Gavetti（2000）、Eisenhardt 和 Martin（2000）、Adner 和 Helfat（2003）、Helfat 等（2007）、成龙和文风（2015）都强调了经理人员在企业适应环境中的作用。他们指出，领导支持促进了全员参与，而全员参与是供应链学习能力构建的基本保障。霍宝锋（2015）认为，不同组织结构的设立，使员工参与供应链质量管理的积极性产生不同的效果。总之，通过本书的实证分析可知，供应链学习能力是供应链质量管理基础要素影响产品质量绩效和过程质量绩效的关键中介变量。

供应链协调能力在供应链质量管理基础要素与产品质量绩效和过程质量绩效之间的中介效应也得到证实。Rindova 和 Kotha（2001）研究发现，高层管理团队的支持、建立企业未来发展的信念等对于企业协调能力的形成具有重要的影响作用。Adner 和 Helfat（2003）提出，管理层认知、社会资本和人力资源三类要素决定了企业的战略与发展，从而对企业协调能力产生作用。另外，由于领导支持可以形成有效的供应链运作团队，对供应链资源的有效协调有积极作用（江成城，2011；Wisner、Tan 和 Leong，2015）。Deci 和 Ryan（1999）指出，员工行为更多地体现为一个自我管理、自我决定的过程。而领导承诺、顾客导向和员工参与等基础要素可通过心理授权，触发员工的自我效能感，改善他们的工作态度以及对组织的承诺，激发员工的积极性和自主性（Cotton，1991；Rhoades 和 Drasgow，2000；Heaphy 和 Dutton，2008；张群祥，2012；R. Zhao，2015）。同时，通过全员参与，建立供应链相互交流的平台，从而更好地协调供应链之间的伙伴关系，提升供应链协调能力（霍宝锋，2015）。Kohli 和 Jaworski（1996），Chang、Chen 和 Chiou（2015）认为，顾客导向通过以顾客为中心，保持对市场、顾客以及竞争者动向的敏锐度，有效地进行供应链资源重新配置，并对市场情报做出积极响应，有利于供应链企业之间的协调。以上说明，供应链质量管理基础要素对产品质量绩效和过程质量绩效正向影响是通过供应链协调能力的中介机制来实现。

此外，本书还进一步证实了供应链重构能力在供应链质量管理基础要素与产品质量绩效和过程质量绩效中发挥的中介作用。领导支持、全员参与和顾客导向能够通过社会情感支持、观点自由表达等方式对行业和市场信息保持敏感性，从而有利于企业供应链重构能力的提升（霍宝锋，2015）。Zahra 等（2006）认为，基于企业家精神的企业家管理活动对企业资源配置、组织学习模式等都存在影响，而这些方面对于企业供应链重构能力的培育具有决定作用。Bonoma（1988）提出，供应链运作团队提升了供应链的战略执行力、创新能力以及柔性能力。这些都体现了领导支持对于供应链重构能力的提升具有积极作用。另外，全员参与使企业对于外部的环境变化有很强的敏感性，从而提升供应链的敏捷性能力。也正是通过全员的参与和交流，对于外界的变化能够获得更多的信息并及时反应，从而提升供应链的柔性能力。顾客导向原则，激励供应链企业不断地搜索获取顾客多元需求及市场创新理念，将其导入到新产品开发过程中，以适应持续变化的客户需要（Juran，1988；Mielgo et al.，2009）。在此过程中，由于市场环境的动态变化，特别是潜在需求的挖掘、未来市场的走向等，存在极大的不确定性（Miler，1983；Jaworski 和 Kohli，1993；李永飞、苏秦和童键，2012），需要识别和评估诸多风险（Venkatraman，1989），这就客观上促进了供应链对外界环境的感知能力和应对能力。以上表明，供应链重构能力是供应链质量管理基础要素影响产品质量绩效和过程质量绩效的重要中介变量。

（二）供应链质量管理协同要素对企业质量绩效的内在作用机制分析

本书验证了供应链学习能力在供应链质量管理协同要素和企业质

量绩效之间的中介效应。信息共享可以使组织学习更为便利。Calsson（2003）的研究表明，信息通信技术（ICT）、知识管理系统（KMS）能够形成有效的信息共享，它们对于企业间社会网络的建立和维护具有积极作用，进而能够提升企业的供应链学习能力。在动态环境下，企业通过积极主动的学习，广泛地扫描外部知识，建立广泛的沟通网络和信息共享平台，获取所需要的市场信息、技术知识等，不断扩大企业的知识存量，增强其在供应链网络中的学习能力，提升企业的质量绩效（Dorothy，1995）。持续改进是通过增强持续性学习而累积知识的过程，这些知识的累积和转化能够使个人和企业获得持续开发的新技能，促进企业创新发展（Garvin，1994）。其本质更多地体现为在现有知识基及能力基础上通过渐进的变革而促进企业改进的过程（Deming，1986；Anderson and Schroeder，1994）。知识是供应链学习能力的基础和来源，因此，通过持续改进，可以进行知识共享和组织学习，从而提升供应链学习能力。良好的供应链伙伴关系（包括供应商关系）能增进供应链和企业的竞争优势（Baronien 和 Neverauskas，2015；成龙和文风，2015）。Moorman 等（1992）通过实证研究表明，信任是形成合作伙伴关系的核心维度，基于信任基础上的战略合作关系能够使企业产生更高水平的联合行动方案，从而共享信息和情报，提高供应链学习能力，形成供应链竞争优势。因此，供应链质量管理协同要素通过供应链学习能力的中介作用对企业质量绩效产生影响。

研究还进一步证实了供应链质量管理协同要素通过促进供应链协调能力正向影响企业质量绩效的作用过程。蒂斯特别指出，信息共享在动态能力形成过程中扮演着重要的角色，是动态能力的核心要素与影响组织绩效的微观基础之一（Teece，2007）。信息共享能够促进伙伴关系的合作水平，并实现绩效提升（Mehra，Hoffman and Danilo，2001；Mangiameli and Roethlein，2001；Chuang，Chen and Tsai，2015）。另外，动态能力理论提出，在环境相对比较稳定的背景下，独特的资源和能力能够使企业保持一定的竞争优势，但是，环境的变化是客观存在的，要想获得持续的竞争优势，企业应该也必须寻找新的、能持续改进和创新的能力，才能获得“熊彼特租”（Teece 等，

1997；Jesso，2002；蒋学伟，2002；Helaft 等，2003；马鸿佳和侯美玲，2015）。持续改进是贯穿于整个供应链和企业的行为，它是一种有计划的系统性改进活动（Imai，1986；Gilbertet，1994），有利于企业协调能力的提升。Dyer 和 Sigh（1998）认为，伙伴关系（本书主要探讨供应商关系）是供应链协调能力的前提和基础。具有良好的伙伴关系，投入的专用资产会越多，能够形成战略协作能力，从而使供应链协调能力更具竞争优势。综上表明，在供应链质量管理协同要素导入过程中，组织应注重提高供应链协调能力，进而提升企业产品质量绩效和过程质量绩效。

但是，供应链质量管理协同要素对供应链重构能力的直接作用在本书中未得到证实，其路径系数没有通过显著性检验。Baron 和 Kenny（1986）提出，中介效应存在的前提条件是必须要满足自变量对中介变量的显著影响。显然，供应链重构能力的中介效应没有得到验证。分析其原因，可能在于现阶段我国信息共享、持续改进和供应商关系三种供应链质量管理要素更强调渐进改进、标准化和控制，同时供应链信息的冗余使企业对于外界变化不能很好地判别和有效利用。从重构能力视角来看，标准化和控制降低了企业对于外界环境的敏感性，使企业更容易按照循规蹈矩的管理思想进行经营。此外，为了防差和符合规格，加之资源的稀缺性，企业也不能对失败进行充分的宽容（张群祥，2012）。综上原因，导致了上述三个要素不利于形成企业供应链重构能力。

（三）研究结论

研究表明，初始的研究假设大部分得到了检验，小部分没有得到支持，本书对其进行了原因分析。检验结果如表 5－30 所示。

表 5－30　供应链质量管理、动态能力与企业质量绩效作用机制检验结果汇总

假设	结论
H9	支持
H10	支持
H11	支持

续表

假设	结论
H12	支持
H13	支持
H14	支持
H15	支持
H16	支持
H17	支持
H18	支持
H19	不支持
H20	不支持

根据研究假设的验证结果，修正后的研究模型如图 5 - 11 所示。

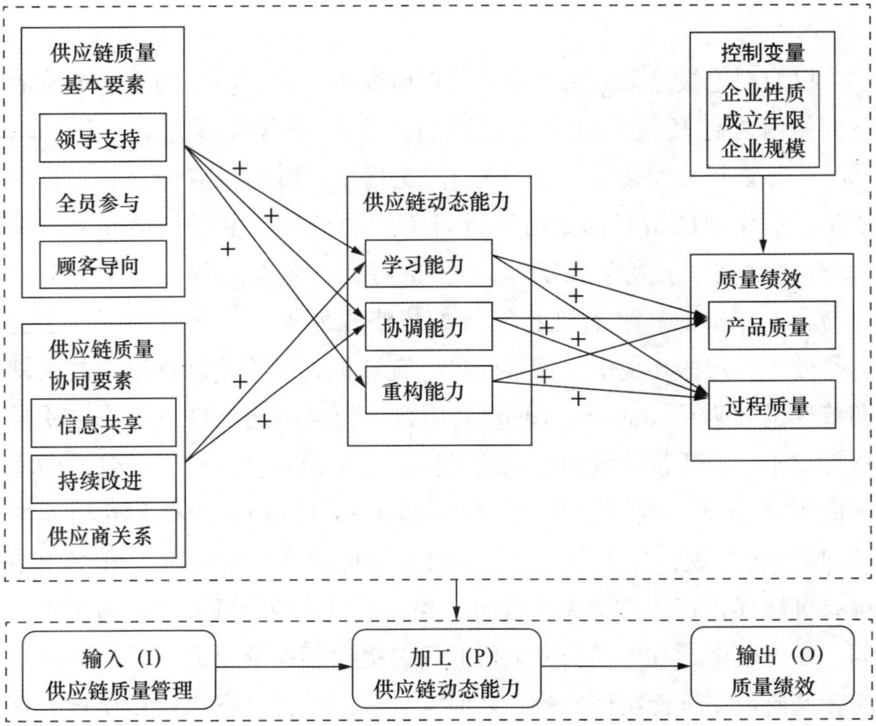

图 5 - 11　供应链质量管理、供应链动态能力和企业质量绩效关系的修正模型

第六章　研究三：供应链质量管理对企业质量绩效的影响机制研究

——基于权变理论

第一节　问题提出

权变理论被经常应用到企业管理研究中，因为不同的企业面临着不同的内外部环境，而这将会影响到企业经营管理方式（D. Lex，2001；徐淑英和张志学，2011）。前文指出，影响供应链质量管理对质量绩效作用的情景因素可以进行不同的分类，主要包括外部特征（如环境动态性、竞争强度等）、内部特征（如企业规模、结构有机性与企业年龄等）和管理特征（如战略规划等）等多种因素。企业总是处于特定的环境中，情景变量一直被视为组织管理理论中的关键调节变量（Venkatraman，1990）。因此，探索不同条件下供应链质量管理对于企业质量绩效的影响差异性，对于指导供应链质量管理的实际应用是非常必要的。根据 Sousa 和 Voss（2001）、宋永涛和苏秦（2010）等建议，基于内外两方面引入环境动态性（外部）和组织结构有机性（内部）作为调节变量，深入探讨这两个调节变量的作用机制。在研究中，首先根据文献研究资料提出相关的研究假设，并通过实际调研数据进行实证检验，来回答“在何种情景下供应链质量管理对企业质量绩效的影响呈现变异表现”这一基本问题。

第二节　研究模型

（一）研究模型

徐淑英和张志学（2005，2011）提出，对管理问题一定要进行情景化研究，也就是需要考虑情景因素对管理影响的研究。他们建议，对于组织的研究应当对当地情景有深刻的理解。换句话说，情景化研究必须是基于本土化的（陈晓萍，2008）。Cappelli 和 Sherer（1991）将情景定义为有助于解释管理现象的周边环境，一般是那些与接受调查的分析单位有明确关系的典型因素。在质量管理研究中，许多学者都引入了权变理论，如李钊等（2008）、Sitkin 等（1994）、Das 等（2000）、Sousa 和 Voss（2001）、Sila（2007）、熊伟（2012）、Zhao（2015）等。通过文献回顾，在本书中把供应链质量管理权变研究描述为：通过采用权变理论的观点，探讨内外部情景变量如何影响供应链质量管理及其实施效果的研究。本书将环境动态性和组织结构有机性作为调节变量，来研究供应链质量管理对企业质量绩效的调节作用。

在研究中，经常将环境动态性作为质量管理研究的一个重要调节变量。随着知识经济时代的来临，外部环境的动态变化对企业生存和发展提出了挑战，市场环境的日益复杂和技术环境的快速变化，使企业必须与外界环境相匹配（Kessler 和 Bierly，2002；冯长利、张明月、刘洪涛等，2015）。供应链系统是一个动态的开放系统，它随时与外部环境进行着诸如能量、物质、信息以及废物等的交换。供应链中存在众多企业，由于这些企业所属行业不同，面临的风险类型和特点存在差异，而且这些不确定性因素直接影响着供应链质量管理的水平和层次。因此，研究环境动态性对核心领导企业供应链质量管理实施效果的影响非常必要。

从内部特征来讲，组织结构有机性也是非常重要的一个调节变量。有些学者针对组织结构有机性进行了分类，并分析了其在质量管理中的调节作用，如 Shea 和 Howell（1998）通过实证研究得出结论，认为机械式组织在质量管理实践中更加有效。而 Douglas 和 Judge（2001）得出了与上述不同的结论，结果显示，有机式组织结构的企业更适合进行质量管理活动。Hendricks 和 Singhal（2001）、Sila（2007）认为，大企业组织结构相对复杂和臃肿，集权化程度更高，导入全面质量管理活动较难；而在相对较小的企业中，其组织形式比较简单，机制也比较灵活，沟通渠道便捷，获取信息比较直接，因此更容易在这类企业实施 TQM。因此，相较大企业，中小企业导入 TQM 效果更显著。Zhang、Linderman 和 Schroeder（2011）提出，机械式组织和有机式组织运用于质量管理的不同阶段，在进行质量开发时，机械式组织效果显著；在质量探索阶段，有机式组织更有效。但是，这些学者基本都是国外研究的结果，针对中国情景并基于组织结构有机性的分析还不是很多，因此，本书基于内部视角并聚焦于企业组织结构有机性维度，考察其对供应链质量管理和企业质量绩效关系的调节效应。

综上所述，本书基于外部环境和内部特征两方面引入环境动态性与组织结构有机性作为调节变量，建立相应模型，在此基础上提出命题假设，深入探讨这两个调节变量的影响机制。具体的概念模型如图 6－1 所示。

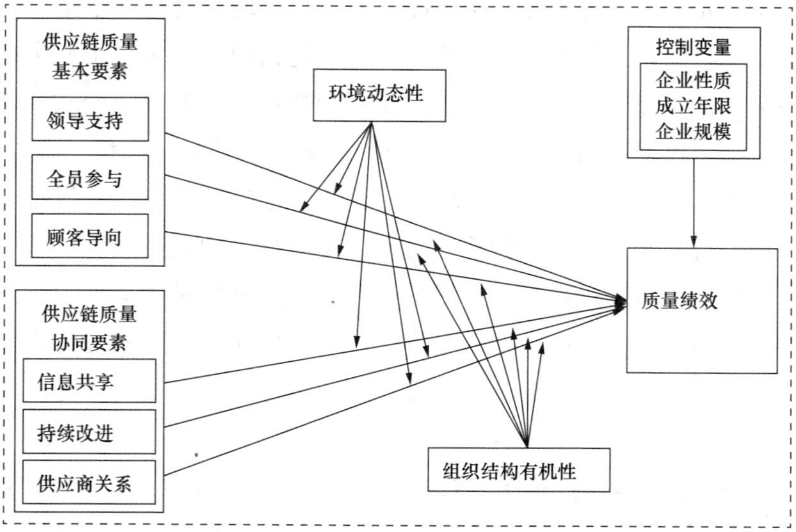

图 6－1　供应链质量管理和企业质量绩效关系的调节效应研究模型

（二）研究假设

在第三章中，已经就供应链质量管理要素和企业质量绩效的调节效应做了文献研究，并提出了相关的假设，具体假设参看表6-1的假设汇总表，其中环境动态性调节效应的假设序号是H21—H26，分别表示供应链质量管理要素中的领导支持和企业质量绩效关系的环境动态性调节效应；供应链质量管理要素中的全员参与和企业质量绩效关系的环境动态性调节效应；供应链质量管理要素中的顾客导向和企业质量绩效关系的环境动态性调节效应；供应链质量管理要素中的信息共享和企业质量绩效关系的环境动态性调节效应；供应链质量管理要素中的持续改进和企业质量绩效关系的环境动态性调节效应；供应链质量管理要素中的供应商关系和企业质量绩效关系的环境动态性调节效应。

表6-1　供应链质量管理和企业质量绩效关系的调节效应假设汇总

关系假设	假设
环境动态性调节供应链质量管理要素和企业质量绩效的关系假设	H21、H22、H23、H24、H25、H26
组织结构有机性调节供应链质量管理要素和企业质量绩效的关系假设	H27、H28、H29、H30、H31、H32

组织结构有机性调节效应的假设序号是H27—H32。分别表示供应链质量管理诸要素和企业质量绩效关系的组织结构有机性调节效应。

第三节　研究方法

一　问卷设计与变量测度

本章采用的调查问卷与第五章相同，也是在经历三个重要阶段之后最终设计形成的，问卷中所涉及的各个测试问题，均采用李克特七级评分量表，从1—7表示正向分数的增加，在此不再赘述。

在变量测度中，被解释变量（结果变量）是企业质量绩效，其变量测度在第五章中已经详述；解释变量是供应链质量管理，包括基础要素（分为领导支持、全员参与和顾客导向三个维度）和协同要素（分为信息共享、持续改进和供应商关系三个维度），控制变量也同样为企业性质、企业年龄和企业规模，这些在第五章中都已经对其进行了详细叙述，这里都不再展开。在本节中，对引入的调节变量做一下说明。本书中，调节变量分别是环境动态性和组织结构有机性，具体测度如下。

（一）环境动态性

环境动态性表征了环境变化速度和不可预测性。这些变化包括宏观环境、行业环境、竞争者动态变化等，从而表征了企业环境的动荡性大小（Miller 和 Friesen，1982；Zahra 和 Bogner，2000；Baum 和 Wally，2003；刘雪锋，2007；彭新敏，2009；李俊，2011；余绍忠，2012）。环境动态性的维度划分，不同的学者存在不同的划分方法。如 Duncan（1972）、Child（1972）认为，环境动态性可以分为环境变化的速率和环境变化的不可预测性这两方面。Miller 和 Friesen（1982）、Dess 和 Beard（1984）在研究环境动态性维度时，借鉴了前人的分类方法，用变化速度和预见性两方面进行测度，这和上面的划分基本一致。Keats 和 Hitt（1988）采用环境变化的速度、环境变化带来的不稳定性两个维度表征环境动态性。Volberda（1998）从环境变化强度和变化维度两个方面进行界定。杨波和张卫国（2009）提出，环境动态性可通过环境变化的幅度和速度两个维度来加以衡量。李俊（2011）基于 Miller 和 Friesen（1982）、Dess 和 Beard（1984）的研究，从环境变化的速度和不可预测性两个维度表征环境动态性。

在以上学者所开发量表的基础上，基于前文对环境动态性的内涵界定，本书从以下两个维度来测度环境动态性：一是环境变化速度；二是环境变化的不可预测性，具体测量类目见表6-2。对于每个题项，本书均采用李克特七级量表进行度量，从1代表“完全不符合”

到7代表“完全符合”，下同。

表6－2　　环境动态性测度

变量	指标具体内容描述	测量依据
环境动态性	1. 企业业务领域的及时变化速度快且新业务可能出现 2. 企业所处行业内的客户偏好在不断地快速发生变化 3. 企业客户的需求变化速度快并倾向寻找新的产品和服务 4. 企业竞争者持续不断地调整战略并推出新产品和服务	Duncan（1972）；Child（1972）；Aworski 和 Kohli（1993）；Miller 和 Friesen（1982）；Dess 和 Beard（1984）；Keats 和 Hitt（1988）；彭新敏（2009）；李俊（2011）；余绍忠（2012）

（二）组织结构有机性

本书认为，组织结构有机性是指组织结构的复杂性程度、集权化程度、正式化程度以及跨部门之间的整合程度。复杂度、集权化和正式化程度越低，跨部门的整合程度越高，表征组织结构有机性越高（余绍忠，2012）。Pugh 等（1968，1969）提出，可以从四个核心维度来测度组织结构有机性，一是集权化程度；二是活动结构性维度（主要包含正式性与专门化）；三是生产线监督程度；四是支持性部门的规模。如果上述四个方面的程度较大，则组织结构有机性低。与以上分类类似，Reimann（1973）也从四个维度来考察组织结构有机性：正式化、集权性、专门化、支持性部门规模，与 Pugh 等相比，Reimann 没有考虑生产线监督这个维度。Fredrickson（1984）在研究组织结构有机性时提出，可以从正式性、复杂性和集权性三个维度进行测度。其他学者如 Covin、Slevin 和 Schultz（1994）、Slevin 和 Covin（1997）等指出，组织结构有机性可以从分权化、结构扁平化、部门之间整合程度以及非正式化沟通畅通性四个维度进行测度，这四个方面的程度越低，预示着该组织结构有机性越低，企业的组织结构就越偏向于机械式。王聪轩（2008）在组织结构有机性测量中，采用了权力分布和非正式化程度、纵向和横向沟通畅通化、结构扁平化、应变性与灵活性四个维度。如果企业拥有较高的权力下放与非正式化程度，内部的纵向与横向沟通较为频繁，并具有较充分的知识与信息共享，高的灵活性与应变性等特点，组织就越接近有机式结构，其有机性也往往越高，企业更易于在动态环境中保持柔性能力。

在借鉴以上学者研究成果的基础上，本书对组织结构的有机性进行了四维度划分，主要包括组织结构复杂性、集权性、正式性和整合性四个维度，其中整合性表现为跨部门沟通畅通性，具体见表6-3。

表6-3　　组织结构有机性变量测度

变量	指标具体内容描述	测量依据
组织结构有机性	1. 企业组织结构较为扁平，纵向管理层级较少 2. 企业创建了较为灵活的授权机制，决策权力较为分散 3. 企业建立了多样化信息沟通渠道及知识学习途径 4. 企业跨部门协调较顺畅，能有效组合研发、生产及销售	Pugh 等（1968）；Pugh、Hickson 和 Hinings（1969）；Jachson 和 Morgan（1982）；Fredrickson（1984）；Covin、Slevin 和 Schultz（1994）；Slevin 和 Covin（1997）；王聪轩（2008）；余绍忠（2012）

二　数据收集与研究方法

本章的调查问卷与第五章相同，通过采用规范的问卷调查方法，对8个省市的高新技术企业进行调研。在调查问卷发放方式上，主要是实地调研、企业培训机会现场发放、电子邮件，另外辅助电话调查和传真等方法，最后共回收有效问卷286份。

在研究方法中，针对环境动态性和组织结构有机性的调节效应，本节主要采用克隆巴赫α系数法、因子分析法、方差膨胀因子法（主要运用方差膨胀因子VIF检验多重共线性）、DW法（Durbin-Watson，该方法用来检验序列相关问题）、残差项散点图法（Scatterplot，该方法用来检验异方差问题）、多元线性回归等研究方法。其中，克

隆巴赫 α 系数法、因子分析法已叙述过，接下来对方差膨胀因子法（VIF）、DW 法、残差散点图以及多元线性回归做简要说明。

方差膨胀因子法是用于诊断多重共线性的最常用方法。它主要采用 VIF 值来进行判断。将自变量 X_j 的方差膨胀因子记为$(VIF)_j$，它的数值通过公式$(VIF)_j = 1/(1 - R_j^2)$求得，其中，R_j^2 是以 X_j 为因变量时对其他自变量回归的复测定系数。VIF 值越小，表示该回归模型中的多重共线性越小。

残差项散点图是指根据回归模型中建立的残差序列描绘出来的散点状图形，主要用来检验回归模型的异方差问题。如果描绘出来的散点图中出现散点的无序分布，则表明该回归模型中不存在异方差问题。

DW 法检验的实质主要是通过计算 DW 值来检验回归模型的序列相关问题，DW 值介于0—4，其判别标准是：DW 值越接近 0 或 4 时，序列相关性问题越严重；DW 值接近 2 时，则不存在序列相关问题（马庆国，2010）。

多元线性回归分析法用来分析模型中变量之间的关系，包括正向作用、负向作用和无影响等，其中，回归系数用来反映关系强度。它主要通过对调研数据进行统计与分析，从而判断因变量和自变量之间的线性函数关系及其程度。

第四节　数据分析

一　信度和效度分析

李怀祖（2004）、马庆国（2010）、吴明隆（2010）等认为，对调查数据需要进行信度和效度检验，它是进行实证研究的基础。调查数据满足信度和效度的要求，它的研究结果才具有可靠性，因此，首先进行信度和效度分析，其检验方法和判断标准同前面的内容，此处不再赘述。

（一）信度分析

对调查数据，利用 SPSS 20.0 分析软件，分别对环境动态性、组织结构有机性的信度系数进行检验。结果显示，环境动态性量表的克隆巴赫 α 系数为 0.854，组织结构有机性量表的克隆巴赫 α 系数为 0.861，两者均在 0.70 以上，超出可接受水平的临界值，表明环境动态性与组织结构有机性量表具有较好的信度。

（二）效度分析

1. 环境动态性探索性因子分析

环境动态性的因子提取之前，先进行 KMO 等检验，通过对它的检验，可以检验调查样本的数据是否充分、是否具备进行因子分析的条件。通过计算，KMO 为 0.848，适合因子分析。因子提取标准为：特征根大于 1，最大因子载荷大于 0.5。经过旋转得到 1 个因子，累计解释方差的比例为 59.783%，说明环境动态性可以作为一维测量的结构，并且因子的命名也是合理的。从表 6－4 可以看出，环境动态性内部测量题项的载荷值最小为 0.759，最大为 0.878，均大于载荷系数参考值 0.50，说明环境动态性具有较好的建构效度。因此，可以对各变量的测度题项分别进行简单平均，将计算所得的平均值作为变量的样本值，以便进行后续的回归分析。

表 6－4　　环境动态性探索性因子分析（N＝66）

题项	因子
DE_1	0.878
DE_2	0.795
DE_3	0.827
DE_4	0.759

2. 环境动态性验证性因子分析

上述探索性因子分析初步验证了环境动态性的单维构念。为了检验维度的稳定性，需要进一步进行验证性因子分析（CFA）。在验证性因子分析时，采用的数据是 286－66＝220 个样本，其中，286 是有效回收的样本数据，66是探索性因子分析用到的数据。通过对220个数据的CFA分析，其拟合结果如表6－5所示，χ^2/df为1.496，小于2；GFI等指标均大于0.90，RMSEA为0.048，说明模型拟合较好。另外，载荷系数均大于0.7，说明环境动态性的理论构思模型是可以接受的，其测量指标表现出了较好的收敛效度。

表6－5　　　　环境动态性拟合指数（N＝220）

拟合指标	χ^2/df	GFI	AGFI	RMSEA	NFI	IFI	CFI
指标值	1.496	0.917	0.918	0.048	0.921	0.919	0.920
拟合标准	<2	>0.9	>0.9	<0.1	>0.9	>0.9	>0.9

3. 组织结构有机性探索性因子分析

依循上述研究方法和程序，对组织结构有机性进行探索性因子分析（EFA）。首先，对组织结构有机性的调查数据进行KMO检验，数值为0.869，并且进行巴特莱特球形度检验，结果显示，数据适合因子分析。根据因子提取的要求（特征根大于1，最大因子载荷大于0.5），提取出1个因子，其累计解释方差的比例为55.239%，说明组织结构有机性的测量题项较好地负载到一个因子上了，因此，其作为一维测量的因子结构是合适的。从表6－6可以看到，组织结构有机性4个题项的载荷系数均大于0.5，因此，组织结构有机性向量表具有较好的建构效度。

表6－6　　　　组织结构有机性探索性因子分析（N＝66）

题项	因子
OS_1	0.822
OS_2	0.819
OS_3	0.785
OS_4	0.772

4. 组织结构有机性验证性因子分析

上述探索性因子分析也初步验证了组织结构有机性的单维构念，为了检验其维度的稳定性，进一步进行验证性因子分析（CFA）。通过计算，拟合结果如表 6－7 所示。通过相关拟合指标值（χ^2/df 为 1.558，小于 2；GFI 等指标均大于 0.90，RMSEA 为 0.052），可以判断模型具有较好的拟合效果。另外，因子载荷系数均大于 0.7，测量指标表现出较好的收敛效度。

表 6－7　　　　组织结构有机性拟合指数（N＝220）

拟合指标	χ^2/df	GFI	AGFI	RMSEA	NFI	IFI	CFI
指标值	1.558	0.914	0.917	0.052	0.918	0.917	0.920
拟合标准	<2	>0.9	>0.9	<0.1	>0.9	>0.9	>0.9

二　相关分析

在回归分析之前，一般先要对回归涉及的所有变量进行相关分析，因为变量间存在相关关系是进行回归分析的前提。因此，先进行皮尔逊相关分析，结果表明：解释变量（供应链质量管理）与结果变量（质量绩效）显著相关，调节变量（环境动态性和组织结构有机性）也分别与各解释变量（供应链质量管理基础要素和协同要素）和结果变量（质量绩效）存在显著相关关系，具体见表 6－8，这初步预验证了本书假设。

表 6－8　　　描述性统计分析及变量间的相关关系（N＝220）

变量	领导支持	全员参与	顾客导向	信息共享	持续改进	供应商关系	环境动态性	组织结构有机性	质量绩效
1	1.000								
2	0.346**	1.000							
3	0.286**	0.350**	1.000						
4	0.310**	0.347**	0.274**	1.000					
5	0.324**	0.426**	0.356**	0.249**	1.000				
6	0.196*	0.317**	0.223**	0.388**	0.315**	1.000			
7	0.337**	0.102*	0.311**	0.104*	0.306**	－0.109	1.000		
8	0.299**	0.304**	0.312**	0.289**	0.275**	0.107**	0.210**	1.000	
9	0.402**	0.296**	0.355**	0.221**	0.286**	0.208**	0.322**	0.314**	1.000

注：* 表示相关系数在 0.05 的显著性水平下显著；** 表示在 0.01 的显著性水平下显著。

三　多重共线性、异方差和序列相关三大检验

马庆国（2010）提出，多元线性回归应当进行多重共线性、序列相关和异方差三大检验。在确保不存在这些问题的情况下，对模型进行回归分析的结果才具有一定的可靠性和有效性。据此，本书先对上述三大问题进行检验。

（一）多重共线性检验

多重共线性是指回归方程中一些或全部自变量之间存在严重的线性相关，即多个自变量有共同的变化趋势（古扎拉蒂，2000），使回归系数变小，标准误差扩大（张文彤和董伟，2004；奉小斌，2012）。一般可以用方差膨胀因子（VIF）指数的大小来判定是否存在多重共线性（马庆国，2010）。一般来说，VIF 值越大，变量间的共线性越大。经验判断规则是：当 VIF 大于 100 时，表明该回归方程存在严重的多重共线性，当 VIF 介于 10—100 时，表明存在较强的多重共线性，当 VIF 介于 0—10 时，表明不存在多重共线性（彭新敏，2009；张群祥，2012）。

本书采用方差膨胀因子指数数值来分析是否存在多重共线性，结果见表 6－9。结果显示，供应链质量管理基础要素（领导支持、全员参与和顾客导向）、供应链质量管理协同要素（信息共享、持续改进和供应商关系）、环境动态性和组织结构有机性的 VIF 远小于 10，表明解释变量间不存在多重共线性。

表 6－9　　　　解释变量、调节变量 VIF 结果

变量名称	VIF 结果
领导支持	1.282
全员参与	1.007
顾客导向	1.116
信息共享	1.250
持续改进	1.380
供应商关系	1.428
环境动态性	1.119
组织结构有机性	1.155

（二）异方差检验

在对回归方程异方差问题进行分析时，通常采用散点图进行判断。散点图的纵轴为标准化残差，横轴为标准化预测值，通过绘制坐标，判断是否存在异方差问题。若散点图中的散点分布呈现无规律状态，也就是无序状态，则不存在异方差性（马庆国，2010）。

根据上述方法，绘制散点图，见图 6－2。本书模型的散点图呈无序状，可以判断，回归方程不存在异方差性。

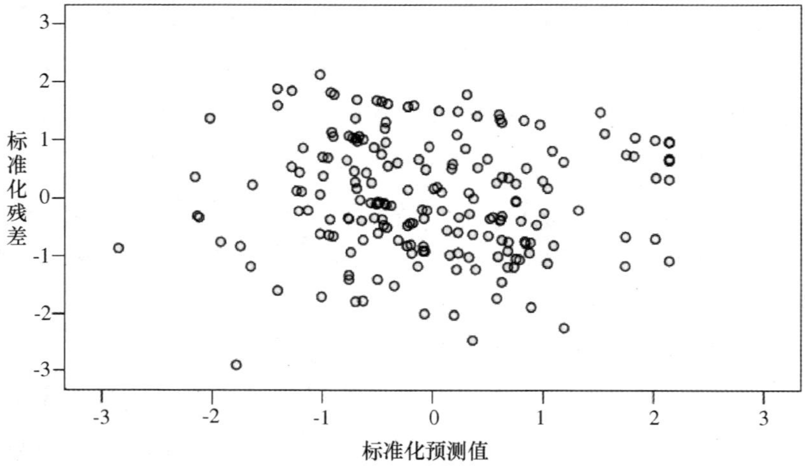

图 6－2　标准化残差

（三）序列相关检验

序列相关也是针对回归方程进行的三大检验之一，其主要是指不同时期所获得样本值之间是否存在相关关系（马庆国，2010），其违背了经典模型对随机干扰项要求相互独立的假定（古扎拉蒂，2000）。在本书研究中，选定特定时点进行横截面数据的采集。因此，从经验上判定，研究数据应该不会出现序列相关问题。

就统计而言，常用 DW 值对序列相关性问题进行判断（马庆国，2010）。DW 值介于0—4，其判别标准是：DW 值越接近0 或4 时，序列相关性问题越严重；DW 值接近 2 时，则不存在此问题。具体判断标准是（马庆国，2010）：当 $0 < DW < D_L$，存在正一阶序列相关；当 $D_L < DW < Du$，不能判断是否存在序列相关；当 $Du < DW < 4 - Du$，不存在一阶序列相关；当 $4 - Du < DW < 4 - D_L$，则无法判断是否存在自相关；当 $4 - D_L < DW < 4$，存在负一阶序列相关。

本书通过样本容量和解释变量数目，查阅 DW 表得到上下限临界值，通过计算得到 DW 值为 1.931，这个数值接近 2。通过上面的分析，可以知道，DW 值接近 2 时，越不会存在序列相关问题。因此，判定不存在序列相关问题。

四　回归分析

本书遵循从外部环境和内部特征两方面，探索环境动态性和组织结构有机性对供应链质量管理与和企业质量绩效关系的调节影响。在对上述变量进行信度、效度分析和回归模型三大问题检验基础上，运用 SPSS 20.0 软件进行多元层级回归分析以检验调节作用机制。此外，Aiken（1991）、温忠麟（2005）、吴明隆（2010）等学者建议，在做调节效应分析之前，需要进行数据的中心化处理，这样，可以减少多重共线性存在的风险，中心化处理即变量减去其相应的均值。因此，根据上述建议，本书对所有连续性预测变量进行中心化处理，包括供应链质量管理基础要素（领导支持、全员参与和顾客导向）、供应链质量管理协同要素（信息共享、持续改进和供应商关系）、环境动态性和组织结构有机性。

（一）供应链质量管理和企业质量绩效以及环境动态性调节的回归分析

表 6－10 是供应链质量管理、环境动态性及交互项对质量绩效的回归结果。根据表 6－10 的多元回归结果，分析环境动态性的调节作用。

表 6－10　供应链质量管理和企业质量绩效以及环境动态性调节回归分析结果

变量	模型 1	模型 2	模型 3	模型 4
控制变量				
企业规模	0.098 *	0.136 *	0.120 *	0.087

续表

变量	模型 1	模型 2	模型 3	模型 4
企业性质	0.035	0.029	0.026	0.025
企业年龄	0.027	0.035	0.036	0.032
自变量				
领导支持		0.223 **	0.218 **	0.220 **
全员参与		0.251 **	0.246 **	0.198 *
顾客导向		0.237 **	0.223 **	0.236 **
信息共享		0.188 *	0.137 *	0.098
持续改进		0.216 **	0.176 *	0.162 *
供应商关系		0.164 *	0.155 *	0.158 *
调节变量				
环境动态性			0.211 **	0.102 *
交互项				
环境动态性×领导支持				0.206 **
环境动态性×全员参与				0.068
环境动态性×顾客导向				0.113 *
环境动态性×信息共享				0.089
环境动态性×持续改进				-0.157 *
环境动态性×供应商关系				-0.077
R^2	0.121	0.355	0.563	0.637
调整后的 R^2	0.115	0.328	0.541	0.609
ΔR^2		0.234 **	0.442 **	0.516 **

注：表中列出的是标准化回归系数；模型 2-4 中的 ΔR^2 是指与模型 1 相比较；* 表示 $P<0.05$，** 表示 $P<0.01$。

模型 1：主要用于观察控制变量对企业质量绩效的解释作用。首先引入 3 个控制变量，$R^2=0.121$，显示控制变量（企业规模、企业性质和企业年龄）对企业质量绩效的解释力较小。

模型 2 和模型 1 对比：在模型 2 中，引入供应链质量管理的 6 个维度。纳入供应链质量管理的 6 个变量（领导支持、全员参与、顾客导向、信息共享、持续改进和供应商关系）后，模型 2 对企业质量绩效的解释力出现显著上升，数值达到35.5%；模型2结果表明，供应链质量管理基础要素对企业质量绩效具有显著影响（$P<0.01$），供应链质量管理协同要素对企业质量绩效也具有显著影响（$P<0.05$）。

模型3和模型2对比：在回归模型2中进一步引入环境动态性这个调节变量。回归结果显示，模型3对企业质量绩效的解释力为56.3%，较模型2又有进一步提高。

模型4和模型3对比：导入环境动态性和供应链质量管理诸要素的交互项，检验调节效用。结果显示，加入交互项后，模型4对企业质量绩效的解释力提高到63.7%。

回归结果显示，领导支持和环境动态性的交互作用显著，b为0.206，$P<0.01$，假设H21通过验证；全员参与和环境动态性的交互作用不显著（b为0.068），假设H22没有通过验证；顾客导向和环境动态性的交互作用显著，b为0.113，$P<0.05$，假设H23通过验证；信息共享和环境动态性的交互作用不显著（b为0.089），假设H24没有通过验证；持续改进和环境动态性的交互作用显著，b为-0.157，$P<0.05$，假设H25通过验证；供应商关系和环境动态性的交互作用不显著（b为-0.077），假设H26没有通过验证。

（二）供应链质量管理和企业质量绩效以及组织结构有机性调节的回归分析

根据多元层级回归分析方法，对组织结构有机性的调节效应进行分析（见表6-11）。

表6-11　供应链质量管理和企业质量绩效以及组织结构有机性调节回归分析结果

变量	模型1	模型2	模型5	模型6
控制变量				
企业规模	0.098*	0.136*	0.131*	0.102*
企业性质	0.035	0.029	0.037	0.028
企业年龄	0.027	0.035	0.035	0.029
自变量				
领导支持		0.223**	0.225**	0.236**

续表

变量	模型 1	模型 2	模型 5	模型 6
全员参与		0.251 **	0.207 **	0.218 **
顾客导向		0.237 **	0.236 **	0.245 **
信息共享		0.188 *	0.144 *	0.195 *
持续改进		0.216 **	0.267 **	0.231 **
供应商关系		0.164 *	0.185 *	0.198 *
调节变量				
组织结构有机性			0.226 **	0.121 *
交互项				
组织结构有机性 × 领导支持				0.185 *
组织结构有机性 × 全员参与				0.131 *
组织结构有机性 × 顾客导向				0.215 **
组织结构有机性 × 信息共享				0.101 *
组织结构有机性 × 持续改进				0.206 **
组织结构有机性 × 供应商关系				0.095
R^2	0.121	0.355	0.569	0.652
调整后的 R^2	0.115	0.328	0.551	0.617
ΔR^2		0.234 **	0.432 **	0.515 **

注：此处的模型 1 和模型 2 同表 6 - 10 的模型 1 和模型 2；模型 2、模型 5、模型 6 中的 ΔR^2 是指与模型 1 相比较；* 表示 $P<0.05$，** 表示 $P<0.01$，表中列出的是标准化回归系数。

回归结果显示，领导支持和组织结构有机性的交互作用显著，b 为 0.185，$P<0.05$，假设 H27 通过验证；全员参与和组织结构有机性的交互作用显著，b 为 0.131，$P<0.05$，假设 H28 通过验证；顾客导向和组织结构有机性的交互作用显著，b 为 0.215，$P<0.01$，假设 H29 通过验证；信息共享和组织结构有机性的交互作用显著，b 为 0.101，$P<0.05$，假设 H30 通过验证；持续改进和组织结构有机性的交互作用显著，b 为 0.206，$P<0.01$，假设 H31 通过验证；供应商关系和组织结构有机性的交互作用不显著（b 为 0.095），假设 H32 没有通过验证。

第五节　结果讨论

一　调节效应

（一）环境动态性的调节效应讨论

为了更加直观地展示交互效应，按照 Cohen（2003）推荐的绘制程序，并根据吴隆增提供的绘制方法，分别以高于和低于均值的一个标准差为基准，绘制调节变量不同水平情况下供应链质量管理影响企业质量绩效的差异性。首先，在环境动态性的不同水平下，分别做领导支持、顾客导向、持续改进和企业质量绩效的交互作用图[①]，即环境动态性对领导支持和企业质量绩效的调节效应（见图 6－3）、环境动态性对顾客导向和企业质量绩效的调节效应（见图 6－4）、环境动态性对持续改进和企业质量绩效的调节效应（见图 6－5）。

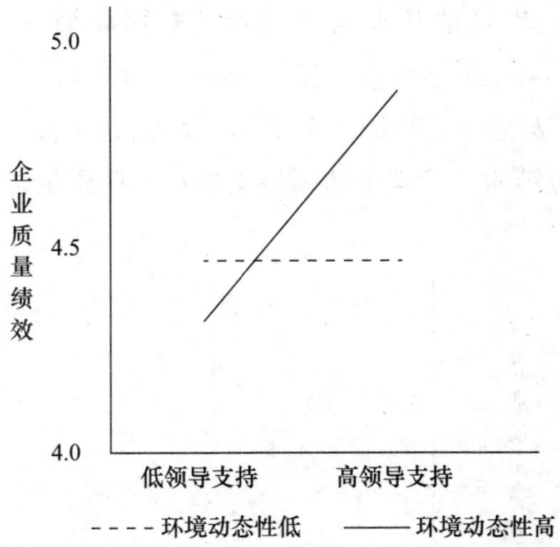

图 6－3　环境动态性对领导支持和企业质量绩效的调节效应

---

① 本书所绘制的调节效应图采用的是上海财经大学吴隆增教授浙大讲课所提供的 Excel 脚本，特此说明。

根据图 6 -3 可知，环境动态性对领导支持和企业质量绩效具有显著的正向调节作用（H21）。即在动态性较高的环境下，领导支持对企业质量绩效具有显著正向促进作用；而在稳定的环境下，领导支持对企业质量绩效有较弱的正向影响。在动态环境下，顾客需求变化显著，技术革新程度很快，供应链环境的变化给企业带来了机遇和挑战，在此情势下，领导支持的作用显得尤为重要。领导支持可形成良好的文化氛围，极大地鼓励员工参与到企业革新中（Garvin，1994；Moneta and Kramer，2004；Kim，Liu and Diefendorff，2015），展开挑战性工作。更为重要的是，动态环境下的供应链质量管理需要有形资源，如人员、资金、设备等的投入，也需要社会情感等无形资源的支持，领导至关重要（Choo，Linerman and Schroede，2007；霍宝锋，2015）。Harreld 等（2007）指出，经理职能的一个主要方面就是发挥企业动态能力的应有作用。在动态性较强的环境下，客观条件降低了管理者预测未来事件的能力及其对组织的影响，但这也促进企业家具备了更强的领导能力以应对环境的快速变化，识别战略转折点，灵活应对竞争对手，更好地管理战略变革，取得高绩效（Chang，Chen and Chiou，2015）。这与 Santos 和 Alvarez（2007），李钊、苏秦和宋永涛（2008）、姜鹏等（2010）等的研究结论相类似，即环境动态程度显著调节供应链质量管理中的领导支持和企业质量绩效的关系。

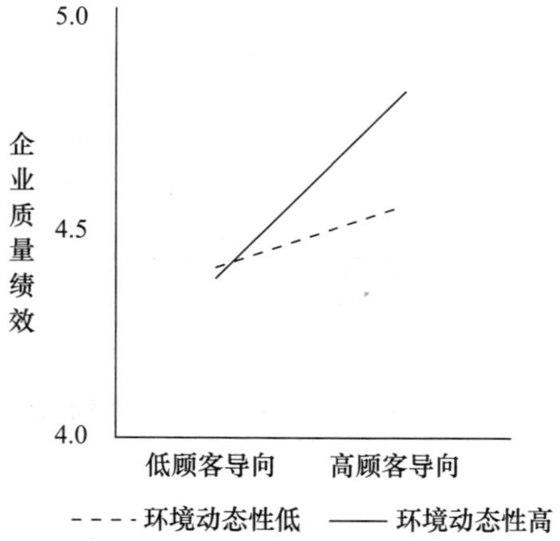

图 6 -4　环境动态性对顾客导向和企业质量绩效的调节效应

根据图 6－4 可知，环境动态性对顾客导向和企业质量绩效关系具有正向调节作用（H23）。即在动态的环境下，顾客导向对企业质量绩效具有显著的正向促进作用；但在稳定的环境下，顾客导向对企业质量绩效的正向影响将呈现一定程度的减弱。在动态市场环境下，企业面临的需求很大一部分将是非结构性需求（Glazer，1991），这种非结构性需求给企业的市场分析和产品开发带来了很大的冲击（Hill and Wilkinson，1995）。而顾客导向原则，激励供应链企业通过上下游的战略伙伴，以及第三方机构不断搜索获取顾客多元需求（Juran，1988；Mielgo，2009；Loe and Ferrell，2015），将其获得的市场和技术信息导入到研发中，从而创造出顾客更为满意的产品，提升顾客价值（Wycoff，2003；白世贞，2013；尹懿，2015）。

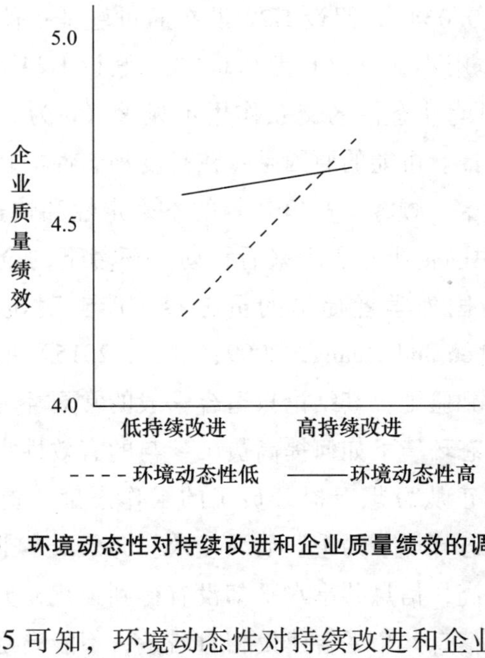

图 6－5　环境动态性对持续改进和企业质量绩效的调节效应

根据图 6－5 可知，环境动态性对持续改进和企业质量绩效关系具有负向调节作用（H25）。即在稳定的市场环境下，持续改进对企业质量绩效具有显著的正向促进作用；但在高度不确定市场环境下，持续改进对企业质量绩效的正向影响将呈现一定程度的减弱。在动态的市场环境下，持续改进难以在既有知识基础上进行非连续性创新，以不断开发新产品满足客户的动态需求（Slater and Naver，1998；张群祥，2012）。持续改进强调的是惯例的改进思维，对于外部市场环境的急剧变化敏感度和柔性不高（Bessant and Francis，1999；Terziovski and Sohal，2000）。另外，以前持续改进过程中成功的经验与模式，由于存在路径依赖，也可能在动态环境下受到制约，从而降低企业产品质量绩效和过程质量绩效。在低不确定的市场环境下，顾客的需求、市场的变化、竞争者的行为相对稳定，容易进行预测，因此企业持续改进遵从重复性惯例能够深化组织的能力，更好地支持企业的创新活动（Kim 等，2012；熊伟，2012），同时，通过与供应链伙伴的交流和合作，可以获取技术资源和知识资产，在现有知识基础上，通过持续改进提高企业质量绩效水平（Fisher，1998）。

然而，上述数据分析结果表明，全员参与和环境动态性的交互作用不显著（b 为 0.068），假设 H22 没有通过验证；信息共享和环境动态性的交互作用不显著（b 为 0.089），假设 H24 没有通过验证；供应商关系和环境动态性的交互作用不显著（b 为 -0.077），假设 H26 没有通过验证。可能的原因是：在高度动态性的环境下，企业管理面临市场、技术、顾客、竞争者等的不确定性和快速变化（Scherer，2000），从中国企业的实际来看，动态环境下的全员参与管理活动层次较低，像国外学者提出的员工参与能够明显提升组织绩效（Tsai，2002；Chen and Huang，2009；Zhao，2015）的结论在我国动态情景下没有得到验证，其结论只适合一般的常规环境。这也对我国企业在供应链动态环境下如何提高员工参与的有效性提出了挑战。本书认为，只有真正从思想上提升员工的工作态度、责任感和承诺水平，才能提升动态环境下的企业质量绩效。此外，本书也发现，环境不确定性程度越高，信息共享水平却没有得到强化，究其原因，主要在于我国企业的信息共享平台建设相对滞后，不能满足外界动荡变化的要求（张玉林，2004）。另外，由于本书采集到的民营企业较多，这些民营企业对于信息共享的作用不够重视，对于建设信息支持平台的投入比较谨慎，甚至于不屑于在此方面进行投资，导致了环境动态性越大，信息共享越不能得到有效融通。关于环境动态性负向调节供应商关系和企业质量绩效的关系在本书中也没有得到支持，本书认为，环境动态性越大，反而没有削弱供应商关系对绩效的正向作用，这表明我国本土企业相较以前，在供应商关系处理方面有了一定的进步，增强了应对外界环境变化的能力。

（二）组织结构有机性的调节效应讨论

按照上述 Cohen 等（2003）、吴隆增等建议的方法，以组织结构有机性为调节变量，分别绘制出供应链质量管理（领导支持、全员参与、顾客导向、信息共享、持续改进）和企业质量绩效的调节效应图。

通过上面回归分析的结果，假设 H27、假设 H28、假设 H29、假设 H30、假设 H31 通过了检验，因此绘制这五个调节效应。即组织结构有机性对领导支持和企业质量绩效的调节效应图（见图 6－6）、组织结构有机性对全员参与和企业质量绩效的调节效应图（见图 6－7）、组织结构有机性对顾客导向和企业质量绩效的调节效应图（见图 6－8）、组织结构有机性对信息共享和企业质量绩效的调节效应图（见图 6－9）、组织结构有机性对持续改进和企业质量绩效的调节效应图（见图 6－10）。

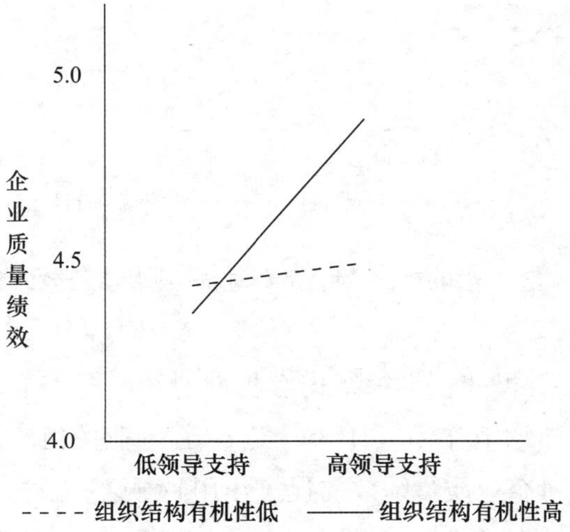

图 6－6　组织结构有机性对领导支持和企业质量绩效的调节效应

根据图 6 -6 可知，组织结构有机性对领导支持和企业质量绩效具有显著的正向调节作用（H27）。意味着企业的组织结构有机性越高，领导支持对企业质量绩效的促进作用越显著；反之，则呈现出较弱的正向影响。这一实证研究结果表明，组织结构有机性高的企业，组织机构扁平化，授权程度高，领导支持能够形成对新事物的开放和包容态度（Hurley and Hult，1998），鼓励员工进行一定程度的冒险（Amabile，1997），以及形成自主创新的氛围（Jaworski and Kohli，1996；张靖，2010；Zhao，2015）。如此，激发他们更高水平的创新能力。同时，领导支持使供应链上的伙伴企业能够更好地加强合作与沟通，通过技术合作，有效地进行顾客与市场的分析，更好地促进企业产品质量绩效和过程质量绩效的提升。

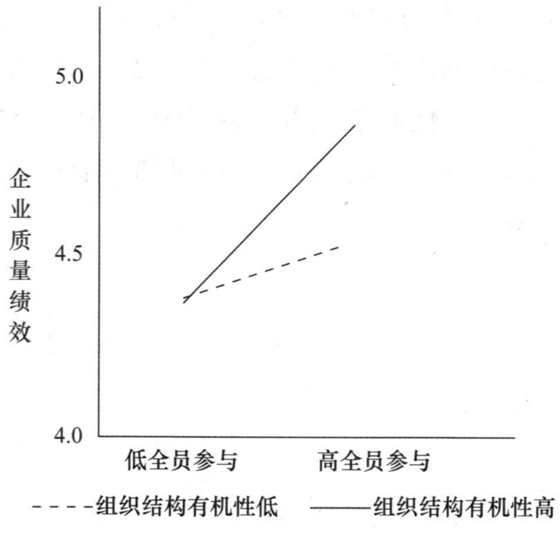

图 6 -7　组织结构有机性对全员参与和企业质量绩效的调节效应

根据图 6 -7 可知，组织结构有机性对全员参与和企业质量绩效具有显著的正向调节作用（H28）。意味着企业的组织结构有机性越高，全员参与对企业质量绩效的促进作用越显著；反之，则呈现出较弱的正向影响。有机式组织强调更多的分权和协作，因此，在有机式组织中，表现出更强的团队协作能力，从而降低了管理内耗。同时，由于团队之间的相互信任和团结，使内外部信息的交流更加通畅，也降低了信息互通的成本和无用信息的冗余，能够及时捕捉商机，使资源的整合和利用表现出更高的效率和更佳的效果，提升了企业质量绩效（Huey 和 Ying，2007；郑馨，2007；姜鹏、苏秦，2013）。同时，在组织结构有机性越高的企业中，员工越容易认同企业的战略发展，有利于缓解由于外部激烈竞争导致的员工焦虑情绪（Lau et al.，2004），从而提高他们在企业管理中的参与水平，有效改善工作态度，在宽松的工作环境中更好地提升他们的自我效能感和自我实现价值（Simpson，Siguaw and Enz，2006；Tiemey and Farmer，2002）。

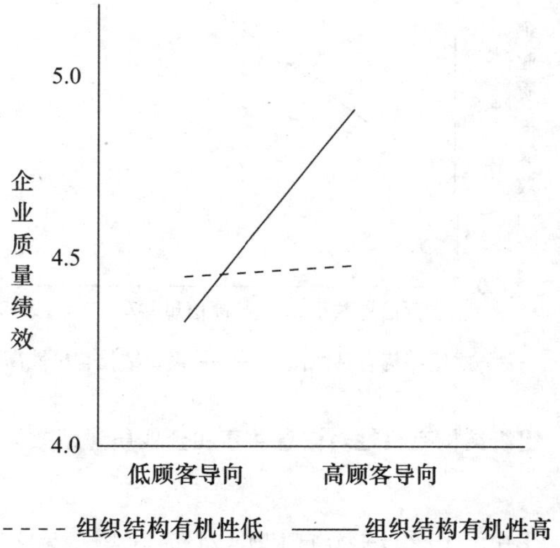

图 6-8　组织结构有机性对顾客导向和企业质量绩效的调节效应

根据图 6-8 可知，组织结构有机性对顾客导向和企业质量绩效具有显著的正向调节作用（H29）。意味着企业的组织结构有机性越高，顾客导向对企业质量绩效的促进作用越显著。在动态性高的环境中，扁平化、分权化为主要特征的柔性组织，能够敏锐地处理大量的市场信息，并能够及时调整营销策略，取得先机（彭杨，2005）。王重鸣（2006）、余绍忠（2012）分析了有机式组织的核心特征，包括鼓励多样化的思路、鼓励承担企业的风险、能够容忍失败与冲突、最低限度的监控、更多的放权与责任承担等，而具有这些特征的柔性组织，往往能够快速并有效地应对动态的环境。另外，顾客导向的原则使员工能够处处以顾客为先，彻底贯彻全员质量管理的意识，并且能够与供应链上其他企业一同为顾客创造价值而协调工作，提升企业质量绩效（Oldham and Cummings，1996；Chang，Chen and Chiou，2015）。

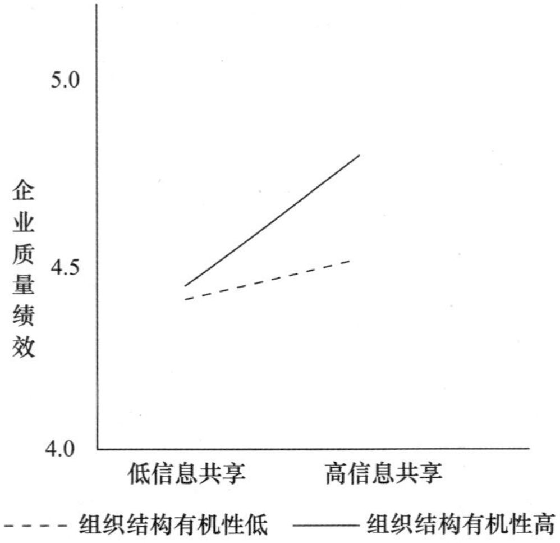

图6－9　组织结构有机性对信息共享和企业质量绩效的调节效应

由图6－9可知，组织结构有机性对信息共享和企业质量绩效具有较显著的正向调节作用（H30）。意味着企业的组织结构有机性越高，信息共享对企业质量绩效的促进作用越显著；反之，则呈现出较弱的正向影响。本书的研究结论和学者Zeffane（1996）、Hall（1997）、Stickland（1998）、彭杨（2005）、郑馨（2007）、余绍忠（2012）等相似，研究发现，有机式结构往往呈现出较大的柔性、充分的交流与沟通以及知识共享、团队协作等。这也积极有效地促进了信息的交流与共享，使信息转化为生产力变得更为快捷，促进了企业适应动态环境并整合资源的能力，提升了企业质量绩效。反之，有机性低的组织，表现出机械性，其强调集权化，信息处于封闭状态，信息共享机制基本不存在，不利于与外界环境的匹配与适应，失去了捕捉信息和商机的机会，降低了企业质量绩效。

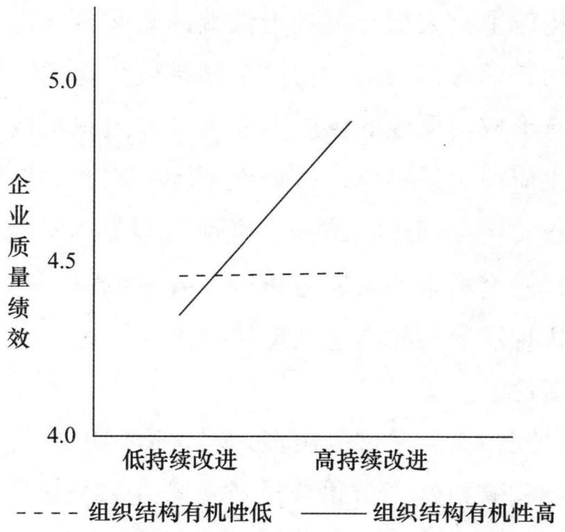

图 6－10　组织结构有机性对持续改进和企业质量绩效的调节效应

根据图 6－10 可知，组织结构有机性对持续改进和企业质量绩效具有显著的正向调节作用（H31）。意味着企业的组织结构有机性越高，持续改进对企业质量绩效的促进作用越显著。究其原因，组织结构有机性越高的企业，对于持续改进的宽容度越大，越有利于创新文化的贯彻，也越容易与供应链上的其他企业形成跨层次跨组织的持续改进同盟，从而有利于企业可持续发展（Benhon，Hulbert and Pitt，1999；Day，1994）。另外，有机性越高的企业，对于持续改进的资源支持也越大，包括物质资源以及精神鼓励等（Hurley and Hult，1998；Abrunhosa and Moura，2008；Kim，Liu and Diefendorff，2015），促进员工自主性学习和知识的共享（杨智、张茜岚和谢春燕，2009；冯长利、张明月、刘洪涛等，2015），以创造性提出独特解决方案（Lorente，Dewhurst and Dale，1999；Baronien and Neverauskas，2015），从而更好地促进企业产品质量效和过程质量绩效的提升。

但是，上述数据分析结果并未支持组织结构有机性对供应商关系和企业与质量绩效关系的调节作用（H32）。分析其原因，主要是在供应链背景下，组织结构有机性高的企业，正规化程度低，分权化程度高，企业相互之间的联系和沟通较以前有所提高，但是，在企业与供应商关系的构建上，大部分仍处于低端的短暂合作上，至于战略伙伴关系的建立与长期合作，由于其关系基础较为薄弱，企业之间信任程度不够，没有形成实质性的供应商关系，和组织结构有机性较低的企业所形成的供应商关系相比，差异性不大。因此，导致供应商关系和企业质量绩效关系受到组织结构有机性的调节影响较小。另外，从研究方法上看，研究样本的限制也可能是导致结论不显著的原因。未来研究需要从机理探寻与样本选取上进行深入探讨。

二 研究结论

综合以上研究，本书通过应用多元层次回归的分析方法，对环境动态性与组织结构有机性调节供应链质量管理和企业质量绩效关系的相关假设进行了大样本的检验，假设检验情况汇总如表 6－12 所示。研究结果表明，初始的研究假设大部分得到了证实，而部分假设未得到支持。

表 6－12　　调节效应检验结果汇总

假设	研究结论
H21	支持
H22	不支持
H23	支持
H24	不支持
H25	支持
H26	不支持
H27	支持
H28	支持
H29	支持
H30	支持
H31	支持
H32	不支持

根据上述检验结果，外部的环境动态性、内部的组织结构有机性，对于供应链质量管理和企业质量绩效关系的调节作用与原有假设有所差异，需要进行概念模型的修正，修正后的结果如图 6 - 11 所示。

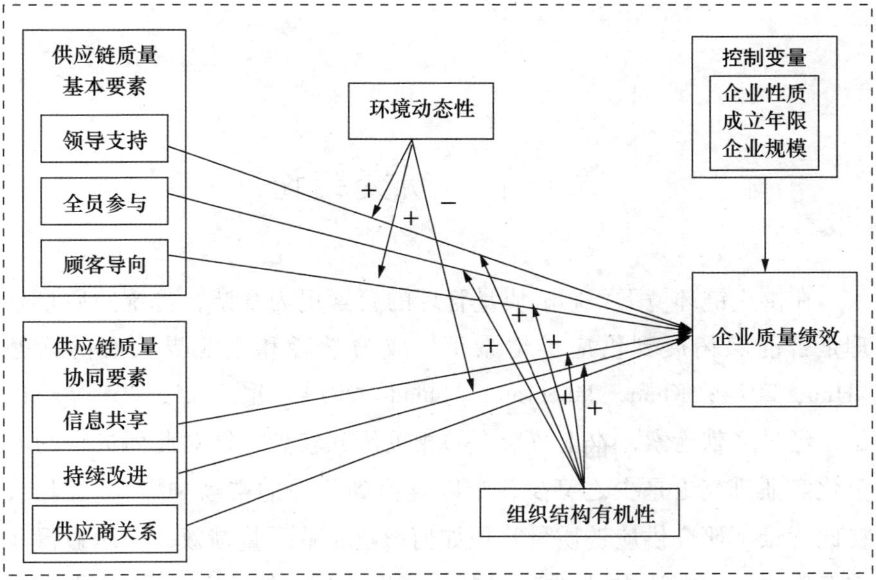

图 6 - 11　供应链质量管理和企业质量绩效关系的调节效应修正模型

第七章　结论与展望

第一节　研究结论

在供应链环境下，影响质量管理的要素更为复杂，传统的质量管理是否能够拓展到供应链情景下，成为学者和企业界关心的话题（Huo，2014；Khan，Jaber and Ahmad，2014；霍宝锋，2015）。但是，经过文献检索，本土情景下的相关研究较少，针对此而进行的本土化实证研究更是少之又少，难以查找到相关的文献和资料。因此，在此背景下研究供应链质量管理如何影响企业质量绩效的命题显得非常有价值，本书遵循“提出问题—分析问题—解决问题”的研究范式，通过文献梳理、问卷调查、扎根理论等研究方法，并采用了 SPSS 以及 AMOS 等数理统计工具，逐层深入地解答了以下四个研究问题：供应链动态能力的构念内涵及其维度结构如何表征？中国情景下供应链质量管理对企业质量绩效有何影响？供应链质量管理、供应链动态能力和企业质量绩效的内在作用机制如何？权变条件下，供应链质量管理诸要素对企业质量绩效影响有何变异表现？通过对以上四个具体问题的探寻，本书明晰了供应链质量管理、供应链动态能力和企业质量绩效三者之间的影响机理，形成了以下四个研究结论：

一　供应链动态能力包含供应链学习能力、供应链协调能力和供应链重构能力三个子维度

经过查阅，对于供应链动态能力的研究文献较少，作为本书研究的核心概念和主要变量，开发其关键要素构成及维度构思，探讨它与

一般动态能力的异同显得非常重要，也非常必要，这是本书创新性研究成果之一。对此问题的解答构成了本书第四章研究的核心内容。本书界定了供应链动态能力的内涵，探索了其维度构成。在研究中，采用扎根理论的规范研究方法，通过对10家高新技术企业进行调研和访谈，基于开放式编码、主轴编码和选择性编码，探索性地从原始的资料中发现，供应链动态能力包含供应链学习能力、协调能力和重构能力三个维度。在扎根理论研究成果的基础上，通过对企业获得的调研数据进行检验，结果表明，供应链动态能力三维度具有良好的信度和效度。本书通过对供应链动态能力的探索性研究，挖掘出其维度构思，开发出本土情景下的量表，拓展了动态能力概念在供应链上的应用，具有积极的创新意义，为探究供应链质量管理作用于企业质量绩效的中介作用奠定了研究基础。

二　本土情景下供应链质量管理对企业质量绩效有显著正向促进作用

供应链质量管理（SCQM）既是对传统质量管理技术和方法的继承及拓展，也对质量管理实践的普适性提出了挑战，因为曾经被戴明、朱兰和克罗斯比大力推崇的“普适性质量”理论是否适用于供应链情景，Garvin、Parasuraman、Saraph、Flynn 和 Adam 等提出的质量管理框架能否应用于供应链范畴仍然是尚未明确的问题。同时，鉴于供应链质量管理对企业质量绩效的影响仍存在分歧，因而厘清两者的关系具有十分重要的意义。本书在辨析供应链质量管理内涵及其构成要素基础上，构建了本土供应链质量管理测量量表，通过对企业问卷调查和结构方程建模分析发现，供应链质量管理分为基础要素和协同要素，其中，基础要素包括领导支持、全员参与和顾客导向，协同要素包括信息共享、持续改进和供应商关系。经检验，供应链质量管理基础要素中的领导支持、全员参与和顾客导向对于企业产品质量绩效和过程质量绩效具有显著的正向促进作用，并且供应链质量管理协同要素中的持续改进对于企业产品质量绩效和过程质量绩效具有显著的正向促进作用，而信息共享、供应商关系对于企业过程质量绩效具有显著的正向促进作用，对企业产品质量绩效的积极影响没有得到支持，总体上说，供应链质量管理要素对企业质量绩效的正向影响得到支持。此外，供应链质量管理基础要素与协同要素存在交互作用，对企业质量绩效具有正向作用。

三　供应链动态能力在供应链质量管理作用于企业质量绩效的过程中起中介作用

本书从动态能力视角进行切入，深入探讨并验证了供应链质量管理对企业质量绩效的作用机制。通过对 8 个省市的样本企业进行问卷调查，并对收集到的大样本数据运用结构方程进行建模。研究结果表明，供应链质量管理基础要素（领导支持、员工参与和顾客导向）能够促进形成供应链学习能力、供应链协调能力和供应链重构能力，进而正向影响产品质量绩效和过程质量绩效。此外，供应链学习能力、供应链协调能力在供应链质量管理协同要素（信息共享、持续改进和供应商关系）与企业产品质量绩效和过程质量绩效之间的中介作用也得到证实，但供应链质量管理协同要素对供应链重构能力的直接作用没有通过检验。从实证分析的总体来看，供应链质量管理对于结果变量（产品质量和过程质量）是正向作用，这种作用是通过供应链动态能力来实现的。这也证实了供应链动态能力（供应链学习能力、供应链协调能力和供应链重构能力）是理解供应链质量管理影响企业质量绩效的关键桥接变量，在一定程度上推动了供应链质量管理理论研究的进展。

四　环境动态性和组织结构有机性对供应链质量管理和企业质量绩效的关系具有不同程度的调节作用

质量管理研究强调情景因素的依赖性（Sousa and Voss，2001）。因此，为了探讨供应链质量管理对于企业质量绩效的影响，本书遵循 Sousa 和 Voss（2001），宋永涛、苏秦和程子潇（2010），张群祥（2012）等的建议，引入环境动态性与组织结构有机性作为调节变量，深入探讨这两个调节变量的作用机制和过程，从而整体性框定作用机制的边界条件，提高研究结论的解释力与预测力（Sitkin et al.，1994）。多元层级回归分析结果表明：①在供应链环境下，环境动态性能够显著增强供应链质量管理基础要素中的领导支持和顾客导向对企业质量绩效的正向影响，但对全员参与和企业质量绩效关系的影响并不显著；环境动态性负向调节供应链质量管理协同要素中的持续改进和企业质量绩效的关系，但是，对于供应链质量管理协同要素中的信息共享、供应商关系和企业质量绩效的影响并不显著。②在供应链环境下，组织结构有机性能够显著增强供应链质量管理基础要素中的领导支持、全员参与、顾客导向对企业质量绩效的正向影响。同时，组织结构有机性正向调节供应链质量管理协同要素中的信息共享、持续改进和企业质量绩效的关系，但是，对于供应链质量管理协同要素中的供应商关系和企业质量绩效的影响并不显著。

第二节　理论贡献

本书以现实问题驱动为背景，从供应链动态能力视角切入，探索性地对供应链质量管理和企业质量绩效的相关关系进行研究，逐层深入剖析了供应链质量管理、供应链动态能力和企业质量绩效的关系，探明了供应链质量管理对企业质量绩效的内在作用机制。本书综合运用质量管理理论、供应链理论、动态能力理论以及情景理论，对相关理论研究进行了拓展与深化，具有一定的理论前沿探索性和现实问题针对性。本书的主要理论贡献有以下三个方面：

一　基于扎根理论，探索并开发出了供应链动态能力的概念构思、结构表征以及测量量表，拓展并推动了动态能力理论

供应链动态能力是动态能力在供应链环境下的具体表现，它是供应链适应外部环境的自组织能力。动态能力理论为全面分析供应链质量管理作用于企业质量绩效的机理注入了新的活力。遗憾的是，供应链动态能力没有成熟的理论和测量量表，本书通过多种方法探索性地构建了供应链动态能力量表，如访谈方法（包括半结构化访谈和焦点小组讨论方法）、扎根理论研究方法、探索性因子分析方法（EFA）、验证性因子分析方法（CFA）等。最终抽取出供应链动态能力的核心特征，即供应链学习能力、协调能力和重构能力；同时借鉴动态能力

理论的有关成熟量表，结合供应链的具体情景，遵循量表开发的科学原则与一般步骤，形成了包括14个类目的供应链动态能力测量工具，并进行了信度和效度的检验。通过企业实际数据的收集，并采用扎根方法提炼出来的供应链动态能力的结构表征以及由此开发的量表，是对动态能力在供应链环境下进行研究的拓展，丰富了企业的动态能力理论。

二　基于动态能力理论，探明并解析了供应链质量管理对企业质量绩效的内在作用机制，提出了“供应链质量管理—供应链动态能力—企业质量绩效”的IPO模型

本书在融合质量管理理论、供应链理论基础上，首先厘清了本土情景下供应链质量管理和企业质量绩效的关系，并以供应链动态能力为研究视角，运用SPSS、AMOS等统计分析工具，系统地分析了“供应链质量管理—供应链动态能力—企业质量绩效”的路径关系和过程机理。通过国内外数据库检索，相关研究较少，本书探索性地从供应链动态能力和视角进行研究，具有重要的理论创新意义。另外，经过文献梳理，对于供应链质量管理的研究多是定性研究或者小样本的案例分析，大样本的定量研究较少，加之供应链本身属于跨学科的领域与范畴，具有协同性、整体性、动态性等特点，对其研究需要多种理论的支撑。并且，就中国本土来讲，针对我国情景下的供应链质量管理研究为数不多，多数是基于企业内部质量管理方法或者理论的研究（何帧，2008；苏秦等，2010；熊伟，2012），对于供应链质量管理如何影响企业质量绩效也需要进一步挖掘。因此，通过研究前者对于后者的影响，发现其作用机制，厘清理论上的分歧，对于供应链质量管理理论的发展具有重要的价值。本书采用大样本调研数据，并从供应链动态能力切入，来实证检验供应链质量管理影响企业质量绩效的本质过程，全面透视了供应链质量管理作用于企业质量绩效的作用机制，推动了质量理论、供应链理论、动态能力理论的纵深发展。

三　基于权变理论，明晰并深化了供应链质量管理对企业质量绩效的情景影响，提出了内外部双重情景视角下的供应链质量管理作用企业质量绩效的机制模型

情景变量一直被视为组织管理理论中的关键调节变量（Venkatraman，1990）。本书从外部和内部两方面引入环境动态性与组织结构有机性作为情景变量，深入探讨了这两个变量在供应链质量管理影响企业质量绩效关系中的调节效应。完整解析了“何种情景下供应链质量管理对企业质量绩效的影响呈现变异”这一基本问题，厘定了其作用边界条件。研究成果从理论上明晰和深化了对供应链质量管理作用情景的理解。另外，基于本土化供应链质量管理的实证研究，发展与之适应的相关理论，能够补充和完善既有理论的不足，廓清当前学者研究的分歧。同时，我国特定情景下的研究成果，为搭建中西方研究的对话平台提供了可靠的理论参考和经验支持，推动了该理论的积极发展。

第三节　实践价值

本书既要立足于推动理论发展，同时，又要服务于现实企业。本书以供应链情景为实践背景，深入探讨了供应链质量管理对企业质量绩效的影响，并从供应链动态能力视角揭示了其影响的过程机理，从而更好地为我国企业能够根据外界环境和自身特征，导入适宜的供应链质量管理活动，并通过培育其在供应链网络环境中的动态能力，提升企业质量绩效等提供参考。

一　注重供应链质量管理实践活动来提升企业质量绩效

本书通过实证研究，表明在我国情景下，供应链质量管理对于企业质量绩效提升具有明显作用。这和 Adam（1997），Forker（1997），Tracey（1998），Kannan（1998），Kuei 和 Madu（2001），Chinho Lin（2005），熊伟（2012），姜鹏、苏秦和张鹏伟（2013），R. Zhao（2015）等的结论一致。因此，立足于研究结论，注重我国企业的供应链质量管理实践活动的有效开展，对于企业可持续发展不无裨益。具体来说，在供应链质量管理活动开展时，企业领导要给予积极的支持，包括设立相应的奖励机制和规章制度，开展全面质量管理文化措施，为员工创造积极创新和质量改进的氛围，包括 QC 小组的设立、质量工具的普及与应用，如 QFD、TRIZ、DOE 等（熊伟，2014），为员工提供进行质量管理的资源支持和智力支持。另外，供应链核心企业的管理者应该积极引导其他企业参与到质量管理中，通过共同参与供应链上的质量管理活动，提升整体质量水平（K. C. Tan，S. B. Lyman，J. D. Wisner，2002；Chinho Lin，Wing S. Chow，Christian N. Madu et al.，2005；HaleKaynak，Janet LHartley，2008）。同时，员工积极参与必不可少，员工参与在于领导支持和企业文化的无形熏陶（Dow，1999；霍宝锋，2015），企业应该设立质量文化活动，如质量月、质量文化竞赛，使员工认识到质量的重要性和必要性（Lakhal，2006；Nair，2006；Sila，2007）。对于积极参与供应链质量文化活动的员工和团队，设立先进质量个人、先进质量团队等，并给予一定的物质奖励和精神鼓励，并作为未来晋升的依据，如此，员工参与度才会提升，参与水平也才会提高（Flynn，2005；尹懿，2015）。员工参与和顾客导向是分不开的，顾客导向作为企业生存的基本理念，也是关键理念，要在企业的各个方面进行宣传贯彻，并将顾客导向落到质量管理的实处（Reeves and Bednar，1994）。核心企业要和供应链节点企业定期召开分析会，针对市场上出现的需求动向，共同就产品开发积极商讨（Mentzer，2001）。对供应商来说，要保质保量提供原料，生产加工企业要生产高质量的产品，并积极研究产品的渠道铺设，真正将顾客的需求作为第一要务，整体提升供应链质量水平，彻底在供应链上落实顾客导向质量实践活动（Bardi Coyle，Langley，1996；Dow，1999；白世贞和姜曼，2013）。另外，由于供应链质量管理与企业内部质量管理存在一定的差异，供应链质量管理活动更复杂，需要协调的因素更多，因此，信息共享是开展质量协同的必要手段（Zhou et al.，2007；Car，2007）。信息共享在供应链质量活动中能够有效整合资源，互通信息，使链条上的无效劳动和内耗降低到最小，促进企业质量水平提高（Zhao et al.，2002）。核心领导企业要建立沟通交流的信息系统，与供应商和其他利益相关者尽可能进行无缝对接，做到真正的信息共享（叶飞、徐学军，2009）。在供应链质量管理中，供应链各企业是以分散的独立组织形式存在的，要想协调这些企业共同提升质量水平，持续改进非常必要。供应链核心企业在持续改进质量活动中要起到领导作用，建立跨组织的改进小组，真正做好质量协同创新活动（Garvin，1994；Baronien and Neverauskas，2015）。另外，由于我国本土企业注重短期利益，对于企业长期发展不利，供应链核心企业要注意发展与其他企业的合作伙伴关系，如邀请供应商参与企业生产的革新和研发等，真正做到利益共享、荣辱与共，提升企业的合作水平，如此也才会提升企业自身的质量绩效（Kannan，1999；吴绮和许统邦，2001；陈江宁，2008；徐可、何桢和王瑞，2015）。总之，研究结论为本土企业大力实施供应链质量管理提供了理论依据，使供应链核心企业能够通过强化供应链质量管理要素水平，切实做好供应链质量管理的关键工作，以提升其质量绩效水平，从而使企业能够在激烈的市场竞争中获取核心竞争优势。

二 积极构建供应链核心企业的动态能力

供应链核心企业要想保持持久的生命力，提升其质量绩效，必须构建与外部环境相适应的动态化战略，不断获取新知识，并通过知识积累、消化和吸收，克服路径依赖性，获得柔性能力和持续竞争优势。这也是本书研究结论给我国企业带来的实践启示，即供应链动态能力对于供应链质量的开展以及企业质量绩效非常重要。在实践中，供应链核心企业在培育和利用自身战略性资源之外，要积极建立与其他企业的联盟关系，进行外部知识的学习（Fiol，1985；Aggestam，2015；A. C. Gillies，2015），如与供应商协同创新，共同就质量工具的应用进行学习。在组织学习过程中，可以开发知识管理的工具，将一些隐性知识显性化，并建立知识共享的定期机制（Bessant，2003；王宁，2008；彭灿，2010；姜鹏、苏秦、张鹏伟，2013；吴建秋、季晓芬，2014；冯长利、张明月、刘洪涛等，2015）。在知识分享之后，企业要组织自己的力量，进行知识内化，保存知识存量，并积极将知识转化为生产力。另外，核心企业要设立供应链协同团队，建立明确的组织结构和人员构成，并建立相应的职责和制度，借助供应链管理工具（如企业文化）和信息网络，实现信息共享，管理协同。另外，外界的变化速度很快，供应链核心企业要建立对环境的敏感性和柔性（曹永辉，2013），从而实现供应链资源的重组，并快速改进，保证企业持续的竞争优势，如保持生产柔性，可以建立智能制造的生产车间；保持供应柔性，可以建立与供应商协同的业务机制和信息系统等。总之，积极构建供应链核心企业的动态能力，促进其学习能力、协调能力和重构能力的发展，从而发挥其对企业质量绩效的积极作用。

三　动态调整供应链质量管理实施策略以持续提升企业质量绩效

本书研究发现，供应链质量管理对企业质量绩效的影响受到外部动态环境、企业组织结构有机性等因素的共同影响。因此，企业需要动态调整供应链质量管理的实施策略，使之与外部环境以及自身特征等情景因素相匹配，以促进企业质量绩效水平提升（Sousa and Voss，2001；宋永涛和苏秦，2010；Loe and Ferrell，2015）。具体而言，在信息技术等市场环境动态性高的行业，企业应强化领导支持、顾客导向等要素的实施，以提高企业质量绩效；在机械制造等相对稳健的市场环境下，企业应注重全员参与、持续改进的导入，以提升企业质量绩效。此外，组织结构有机性高的企业需要同时推进供应链质量管理基础要素（领导支持、全员参与和顾客导向）与协同要素（信息共享、持续改进）的实施，以获取高水平的企业质量绩效。概言之，由于供应链质量管理对企业质量的影响受到情景因素的调节（Perdomo and Ortiza，2009；张群祥，2012；R. Zhao，2015），因此，依据情景条件，选择相宜的供应链质量管理实施策略，从而提升企业质量绩效。

第四节 研究局限

本书遵循规范的企业管理研究范式，对供应链质量管理、供应链动态能力和企业质量绩效进行了系统分析，深入挖掘了它们之间的作用机理，取得了一定的成效。但是，由于是探索性的研究以及供应链质量问题的复杂性，加之个人能力所限，难免存在不足之处。

一 研究范围界定问题

供应链质量管理涉及上下游企业或组织，相对较为复杂。在本书研究中，对研究范围进行了界定，包括核心企业以及上游的供应商企业等，对于分销商没有进行考究。虽然对于复杂问题的研究，可以先进行局部分析，然后进行拓展，但是，这也可能使研究成果的普适性有所降低。以后，可以在本书研究的基础上，综合考虑上下游以及核心企业组成的供应链条进行整体分析。

二 变量测度与取样问题

在供应链动态能力量表开发过程中，虽然参考了以往动态能力相关的成熟的研究量表，并经过实地访谈，结合扎根研究结论编制形成测量问卷，再通过探索性因子分析、验证性因子分析进行了信度和效度的检验，但是，作为新构思的概念，对它的探索性研究需要后来者进行不断的反复检验和完善。另外，关于研究取样问题，尽管笔者花费了大量时间，通过多种途径进行调研，所获取的有效问卷尽量兼顾不同性质、产业、年龄、规模与地域的企业，也基本满足了研究的取样要求，但可能在一定程度上对研究结果的概化能力造成影响，未来研究可进一步运用纵向截面数据进行验证。

三 调节变量问题

本书虽从外部环境和内部特征两方面引入环境动态性与组织结构有机性两个情景变量，细致考察了其调节影响，得出一些有价值的研究结论，在一定程度上对供应链质量管理和企业质量绩效的情景变异进行了考察，从而深化了对供应链质量管理作用情景的理解。但是，供应链质量管理和企业质量绩效的关系还可能会受到其他潜在调节变量的影响，如技术导向、业务范围、管理特征等，因此，未来研究仍需探索其他可能影响供应链质量管理和企业质量绩效之间关系的调节变量。以上不足也为后续研究提供了进一步完善的空间。

总之，研究供应链质量管理对企业质量绩效的影响路径并探索其作用机制，具有积极的理论价值和现实意义，尤其是在供应链质量管理提升企业持续竞争能力的今天，深入考察两者之间的内在关系，不仅可以廓清研究者的分歧，为供应链质量管理理论提供新的研究视角，也可以为本土企业实践者提供借鉴和参考。

参考文献

[1] Adam, E. E., Corbett, L. M., Flores, B. E. et al., "An international study of quality improvement approach and firm performance", *International Journal of Operations & Production Management*, Vol. 17, No. 9, 1997, pp. 842 – 873.

[2] Ahi, P., Searcy, C., "A comparative literature analysis of definitions for green and sustainable supply chain management", *Journal of Cleaner Production*, No. 52, 2013, pp. 329 – 341.

[3] Ahire, S. L., Dreyfus, P., "The impact of design management and process management on quality: An empirical examination", *Journal of Operations Management*, Vol. 18, No. 5, 2000, pp. 549 – 575.

[4] Alfalla – Luque, R., Marin – Garcia, J. A., Medina – Lopez, C., "An analysis of the direct and mediated effects of employee commitment and supply chain integration on organizational performance", *International Journal of Production Economics*, No. 162, 2015, pp. 242 – 257.

[5] Ambrosini, V., Bowman, C., "What are dynamic capabilities and are they a useful construct in strategic management?", *International Journal of Management Reviews*, Vol. 11, No. 1, 2009, pp. 29 – 49.

[6] Arend, R. J., "Ethics – focused dynamic capabilities: A small business perspective", *Small Business Economics*, Vol. 41, No. 1, 2013, pp. 1 – 24.

[7] Bernon, M., Upperton, J., Bastl, M., Cullen, J., "An exploration of supply chain integration in the retail product returns process", *Inter-*

national Journal of Physical Distribution & Logistics Management, Vol. 43, No. 7, 2013, pp. 586 –608.

[8] Blome, C., Paulraj, A., Schuetz, K., "Supply chain collaboration and sustainability: A profile deviation analysis", *International Journal of Operations & Production Management*, Vol. 34, No. 5, 2014, pp. 639 –663.

[9] Chan, R. Y., He, H., Chan, H. K., Wang, W. Y., "Environmental orientation and corporate performance: The mediation mechanism of green supply chain management and moderating effect of competitive intensity", *Industrial Marketing Management*, Vol. 41, No. 4, 2012, pp. 621 –630.

[10] Choi, B., Kim, J., Leem, B., Lee, C., Hong, H., "Empirical analysis of the relationship between Six Sigma management activities and corporate competitiveness: Focusing on Samsung Group in Korea", *International Journal of Operations & Production Management*, Vol. 32, No. 5, 2012, pp. 528 –550.

[11] Choo, A. S., Linderman, K. W., Schroeder, R. G., "Method and context perspectives on learning and knowledge creation in quality management", *Journal of Operations Management*, Vol. 25, No. 4, 2007, pp. 918 –931.

[12] Chuang, S. S., Chen, K S., Tsai, M. T., "Exploring the antecedents that influence middle management employees' knowledge – sharing intentions in the context of total quality management implementations", *Total Quality Management & Business Excellence*, Vol. 26, No. 1 –2, 2015, pp. 108 –122.

[13] Davis, J. M., Mora – Monge, C., Quesada, G., Gonzalez, M., "Cross – cultural influences on e – value creation in supply chains", *Supply Chain Management: An International Journal*, Vol. 19, No. 2, 2014, pp. 187 –199.

[14] Ebrahimi, M., Sadeghi, M., "Quality management and perform-

ance: An annotated review", *International Journal of Production Research*, Vol. 51, No. 18, 2013, pp. 5625 – 5643.

[15] Feiler, P., Teece, D., "Case study, dynamic capabilities and upstream strategy: Supermajor EXP", *Energy Strategy Reviews*, No. 3, 2014, pp. 14 – 20.

[16] Flynn, B. B., Flynn, E. J., "Synergies between supply chain management and quality management, emerging implications", *International Journal of Production Research*, Vol. 43, No. 16, 2005, pp. 3421 – 3436.

[17] Gillies, A. C., "Tools to support the development of a quality culture in a learning organization", *The TQM Journal*, Vol. 27, No. 4, 2015.

[18] Hale Kaynak, Janet L. Hartley, "A replication and extension of quality management into the supply chain", *Journal of Operations Management*, Vol. 26, No. 4, 2008, pp. 468 – 489.

[19] Hsieh, C. C., Liu, Y. T., "Quality investment and inspection policy in a supplier – manufacturer supply chain", *European Journal of Operational Research*, Vol. 202, No. 3, 2010, pp. 717 – 729.

[20] Huo, B., Zhao, X., Lai, F., "Supply chain quality integration: Antecedents and consequences", *IEEE Transactions on Engineering Management*, Vol. 61, No. 1, 2014, pp. 38 – 51.

[21] Kaynak, H., Hartley, J. L., "A Replication and Extension of Quality Management into the Supply Chain", *Journal of Operations Management*, Vol. 26, No. 4, 2008, pp. 468 – 489.

[22] Kuei, C., Madu, C. N., Lin, C., "Developing global supply chain quality management systems", *International Journal of Production Research*, Vol. 49, No. 15, 2011, pp. 4457 – 4481.

[23] Lee, S. M., Rha, J. S., "Ambidextrous supply chain as a dynamic capability, building a resilient supply chain", *Management Decision*, Vol. 54, No. 1, 2015.

[24] Lin, C., Chow, W. S., Madu, C. N. et al., "A Structural Equation Model of Supply Chain Quality Management and Organizational Performance", *International Journal of Production Economics*, Vol. 96, No. 3, 2005, pp. 355 – 365.

[25] Lo, V. H. Y., Yeung, A. H. W., Yeung, A. C. L., "How Supply Quality Management Improves an Organization's Quality Performance: A Study of Chinese Manufacturing Firms", *International Journal of Production Research*, Vol. 45, No. 10, 2007, pp. 2219 – 2243.

[26] Madu, C. H., Kuei, C. H., Lin, C., "A comparative analysis of quality practice in manufacturing firms in the US and Taiwan", *Decision Sciences*, Vol. 26, No. 5, 1995, pp. 621 – 635.

[27] Mangiameli, P., Roethlein, C. J., "An examination of quality performance at different levels in a connected supply chain, a preliminary case study", *Integrated Manufacturing Systems*, Vol. 12, No. 2, 2001, pp. 126 – 133.

[28] Mellat – Parast, M., "Supply chain quality management: An inter – organizational learning perspective", *International Journal of Quality & Reliability Management*, Vol. 30, No. 5, 2013, pp. 511 – 529.

[29] Mentzer, J. T., DeWitt, W., Keebler, J. S. et al., "Defining supply chain management", *Journal of Business Logistics*, Vol. 22, No. 2, 2001, pp. 1 – 25.

[30] Nair, A., "Meta – Analysis of the Relationship between Quality Management Practices and Firm Performance Implications for Quality Management Theory Development", *Journal of Operations Management*, Vol. 24, No. 6, 2006, pp. 948 – 975.

[31] Narasimhan, R., Schoenherr, T., "The effects of integrated supply management practices and environmental management practices on relative competitive quality advantage", *International Journal of Production Research*, Vol. 50, No. 4, 2012, pp. 1185 – 1201.

[32] Pereira – Moliner, J., Claver – Cortes, E., Molina – Azorin, J.

F. , Jose, Tari J. , "Quality management, environmental management and firm performance: Direct and mediating effects in the hotel industry", *Journal of Cleaner Production*, No. 37, 2012, pp. 82 - 92.

[33] Prajogo, D. , Olhager, J. , "Supply chain integration and performance: The effects of long - term relationships, information technology and sharing, and logistics integration", *International Journal of Production Economics*, Vol. 135, No. 1, 2012, pp. 514 - 522.

[34] Robert Sroufe, Sime Curkovic, "An examination of ISO 9000, 2000 and supply chain quality assurance", *Journal of Operations Management*, Vol. 26, No. 4, 2008, pp. 503 - 520.

[35] Romano, P. , Vinelli, A. , "Quality management in a supply chain perspective, strategic and operative choices in a textile - apparel network", *International Journal of Operations & Production Management*, Vol. 21, No. 4, 2001, pp. 446 - 460.

[36] Romano, P. , "Impact of supply chain sensitivity to quality certification on quality management practices and performances", *Total Quality Management*, Vol. 13, No. 7, 2002, pp. 981 - 1000.

[37] S. Thomas, Foster Jr. , "Towards an understanding of supply chain quality management", *Journal of Operations Management*, Vol. 26, No. 4, 2008, pp. 461 - 467.

[38] Saraph, J. V. , Benson, P. G. , Schroeder, R. G. , "An instrument for measuring the critical factors of quality management", *Decision Sciences*, Vol. 20, No. 4, 1989, pp. 810 - 829.

[39] Singer, M. , Donoso, P. , Traverso, P. , "Quality strategies in supply chain alliances of disposable items", *Omega*, Vol. 31, No. 6, 2003, pp. 499 - 509.

[40] Sroufe, R. , Curkovic, S. , "An Examination of ISO 9000: 2000 and Supply Chain Quality Assurance", *Journal of Operations Management*, Vol. 26, No. 4, 2008, pp. 503 - 520.

[41] Teece, D. J., Pisano, G., Shuen, A., "Dynamic capabilities and strategic management", *Strategic Management Journal*, 1997, pp. 509 – 533.

[42] Terziovski, M., Hermel, P., "The role of quality management practice in the performance of integrated supply chains: A multiple cross – case analysis", *The Quality Management Journal*, Vol. 18, No. 2, 2011, pp. 10 – 25.

[43] Vanichchinchai, A., Igel, B., "The Impact of Total Quality Management on Supply Chain Management and Firm's Supply Performance", *International Journal of Production Research*, Vol. 49, No. 11, 2011, pp. 3405 – 3424.

[44] Wiengarten, F., Fynes, B., Onofrei, G., "Exploring synergetic effects between investments in environmental and quality/lean practices in supply chains", *Supply Chain Management: An International Journal*, Vol. 18, No. 2, 2013, pp. 148 – 160.

[45] Wu, I., Chuang, C., Hsu, C., "Information sharing and collaborative behaviors in enabling supply chain performance: A social exchange perspective", *International Journal of Production Economics*, No. 148, 2014, pp. 122 – 132.

[46] Youn, S., Yang, M. G. M., Hong, P., Park, K., "Strategic supply chain partnership, environmental supply chain management practices, and performance outcomes: An empirical study of Korean firms", *Journal of Cleaner Production*, No. 56, 2013, pp. 121 – 130.

[47] Zahra, S. A., Sapienza, H. J., Davidsson, P., "Entrepreneurship and Dynamic Capabilities: A Review, Model and Research Agenda", *Journal of Management Studies*, Vol. 43, No. 4, 2006, pp. 917 – 955.

[48] Zeng, Jing et al., "Supply Chain Quality Management Practices and Performance: An Empirical Study", *Operations Management Research*, No. 6, 2013, pp. 19 – 31.

[49] Zhang, D. L., Kevin, L., Roger, G. S., "The moderating role of

contextual factors on quality management practices", *Journal of Operations Management*, Vol. 30, No. 1-2, 2011, pp. 12-23.

[50] Zhu, Q., Cordeiro, J., Sarkis, J., "Institutional pressures, dynamic capabilities and environmental management systems: Investigating the ISO 9000 - Environmental management system implementation linkage", *Journal of Environmental Management*, No. 114, 2013, pp. 232-242.

[51] 曹永辉:《供应链合作关系对供应链绩效的影响——基于长三角企业的实证研究》,《经济与管理》2013 年第 2 期。

[52] 曹永辉:《供应链协同对运营绩效的影响》,《中国流通经济》2013 年第 3 期。

[53] 陈敬贤、薛梅、施国洪:《应用质量管理实践提高供应链风险管理绩效——基于三个结构模型的实证研究》,《工业工程与管理》2013 年第 2 期。

[54] 陈瑞义、琚春华、盛昭瀚、江烨:《基于零售商自有品牌供应链质量协同控制研究》,《中国管理科学》2015 年第 8 期。

[55] 陈晓萍、徐淑英、樊景立:《组织与管理研究的实证方法》,北京大学出版社 2008 年版。

[56] 董保宝、葛宝山、王侃:《资源整合过程、动态能力与竞争优势:机理与路径》,《管理世界》2011 年第 3 期。

[57] 费小东:《扎根理论研究方法论:要素、研究程序和评判标准》,《公共行政评论》2007 年第 3 期。

[58] 冯军政、魏江:《国外动态能力维度划分及测量研究综述与展望》,《外国经济与管理》2011 年第 33 期。

[59] 冯长利、张明月、刘洪涛、张慧中、何明海:《供应链知识共享与企业绩效关系研究——供应链敏捷性的中介作用和环境动态性的调节作用》,《管理评论》2015 年第 11 期。

[60] 顾力刚、于辉:《基于供应链的质量管理模式研究》,《世界标准化与质量管理》2007 年第 4 期。

[61] 侯杰泰、温忠麟、成子娟:《结构方程模型及其应用》,教育科

学出版社 2004 年版。
[62] 霍宝锋：《质量管理须整合供应链》，《北大商业评论》2015 年第 4 期。
[63] 霍红、田娜：《供应链质量管理问题及其对策研究》，《商业经济》2013 年第 21 期。
[64] 江成城：《供应链动态能力及其对企业竞争优势影响研究》，博士学位论文，暨南大学，2011 年。
[65] 姜鹏、苏秦、张鹏伟：《质量管理实践与企业绩效关系模型研究——扩展知识路径的研究视角》，《科学学研究》2013 年第 6 期。
[66] 姜鹏、苏秦：《质量管理——企业绩效关系模型研究述评与展望》，《外国经济与管理》2013 年第 1 期。
[67] 蒋家东、赵晗萍、冯允成：《供应链质量风险特征研究》，《航空标准化与质量》2008 年第 1 期。
[68] 焦豪、魏江、崔瑜：《企业动态能力构建路径分析：基于创业导向和组织学习的视角》，《管理世界》2008 年第 4 期。
[69] 金昕、陈松：《知识源战略、动态能力对探索式创新绩效的影响——基于知识密集型服务企业的实证》，《科研管理》2015 年第 2 期。
[70] 鞠芳辉、谢子远、黄文军：《可持续供应链的动态能力——一个理论分析框架》，《浙江万里学院学报》2014 年第 1 期。
[71] 李怀祖：《管理研究方法论》，西安交通大学出版社 2004 年版。
[72] 李剑、苏秦、宋永涛：《质量管理实践对企业绩效影响机制的实证研究》，《科研管理》2008 年第 1 期。
[73] 李全喜、孙磐石：《供应链质量管理免疫的内涵及机理研究》，《东北大学学报》（社会科学版）2010 年第 6 期。
[74] 李永飞、苏秦、郑婧：《考虑质量改进的双渠道供应链协调研究》，《软科学》2015 年第 7 期。
[75] 林焜、彭灿：《知识共享、供应链动态能力与供应链绩效的关系研究》，《科学学与科学技术管理》2010 年第 7 期。

[76] 罗彪、张哲宇、王琼：《绩效产出过程的机理综述与建模——基于动态能力和领导力视角》，《电子科技大学学报》（社会科学版）2014 年第 2 期。
[77] 麻书城、唐晓青：《供应链质量管理特点及策略》，《计算机集成制造系统—CIMS》2001 年第 9 期。
[78] 马鸿佳、宋春华、葛宝山：《动态能力、即兴能力与竞争优势关系研究》，《外国经济与管理》2015 年第 11 期。
[79] 孟庆峰、盛昭瀚、李真：《基于公平偏好的供应链质量激励机制效率演化》，《系统工程理论与实践》2012 年第 11 期。
[80] 缪书超：《电子企业供应链质量管理与企业绩效关系的实证研究》，《物流工程与管理》2015 年第 11 期。
[81] 蒲国利、苏秦、刘强：《一个新的学科方向——供应链质量管理研究综述》，《科学学与科学技术管理》2011 年第 10 期。
[82] 荣泰生：《SPSS 与研究方法》，东北财经大学出版社 2012 年版。
[83] 闪四清、王婧：《质量管理与知识管理相关领域研究综述》，《现代经济信息》2010 年第 5 期。
[84] 宋永涛、苏秦、程子谦：《权变视角下的质量管理研究前沿探析》，《外国经济与管理》2010 年第 32 期。
[85] 孙磐石：《免疫视角下供应链质量管理及质量绩效的关系研究》，博士学位论文，吉林大学，2012 年。
[86] 谭狄溪、张群祥：《国外质量管理研究现状及趋势分析——基于理论构建与研究方法视角》，《科技管理研究》2011 年第 19 期。
[87] 唐晓青、段桂江：《面向全球化制造的协同质量链管理》，《中国质量》2002 年第 9 期。
[88] 魏江、邬爱其、彭雪蓉：《中国战略管理研究：情景问题与理论前沿》，《管理世界》2014 年第 12 期。
[89] 温忠麟、侯杰泰、张雷：《调节效应与中介效应的比较和应用》，《心理学报》2005 年第 37 期。
[90] 文东华、陈世敏、潘飞：《全面质量管理的业绩效应：一项结构方程模型研究》，《管理科学学报》2014 年第 11 期。

[91] 吴航：《动态能力视角下企业创新绩效提升机制研究：以战略导向为调节》，《中国地质大学学报》2015 年第 1 期。
[92] 吴建秋、季晓芬：《基于跨组织学习视角的供应链质量管理》，《经营与管理》2014 年第 2 期。
[93] 吴明隆：《结构方程模型——Amos 的操作与应用》，重庆大学出版社 2010 年版。
[94] 吴绮、许统邦：《供应链质量管理——21 世纪质量管理新思路》，《中国质量》2001 年第 12 期。
[95] 熊伟、奉小斌：《基于企业特征变量的质量管理实践与绩效关系的实证研究》，《浙江大学学报》（人文社会科学版）2012 年第 42 期。
[96] 徐可、何桢、王瑞：《供应链关系质量与企业创新价值链——知识螺旋和供应链整合的作用》，《南开管理评论》2015 年第 1 期。
[97] 徐淑英、张志学：《管理问题与理论建立：开展中国本土管理研究的策略》，《重庆大学学报》（社会科学版）2011 年第 4 期。
[98] 许芳、田雨、沈文：《服务供应链动态能力、组织学习与合作绩效关系研究》，《科技进步与对策》2015 年第 11 期。
[99] 杨婷、龙子泉：《供应链质量需求风险形成机理及定量描述》，《商业经济研究》2015 年第 2 期。
[100] 叶飞、徐学军：《供应链伙伴关系间信任与关系承诺对信息共享与运营绩效的影响》，《系统工程理论与实践》2009 年第 8 期。
[101] 张钢、王宇峰：《组织模块性、知识基础与创新绩效——以动态能力为中介变量的实证研究》，《浙江大学学报》（人文社会科学版）2012 年第 42 期。
[102] 张群祥：《质量管理实践对企业创新绩效的作用机制研究——创新心智模式的中介效应》，博士学位论文，浙江大学，2012 年。

[103] 张异：《基于供应链质量管理的供应商激励机制的研究》，《物流工程与管理》2012 年第 2 期。

[104] 赵建华、胡悦王：《供应链的“质量牛鞭效应”研究》，《企业管理》2015 年第 5 期。

[105] 郑素丽、章威、吴晓波：《基于知识的动态能力：理论与实证》，《科学学研究》2010 年第 28 期。

[106] 周荣辅、朱超博：《基于解释结构模型的供应链质量形成影响因素研究》，《科技管理研究》2012 年第 7 期。